Fethullah Gülen

Was ich denke, was ich glaube

Fethullah Gülen

Was ich denke, was ich glaube

HERDER

FREIBURG · BASEL · WIEN

Textauswahl von Ercan Karakoyun

MIX
Papier aus verantwortungsvollen Quellen
FSC® C083411

Originalausgabe

www.herder.de

Umschlaggestaltung: Christian Langohr, Freiburg
Umschlagmotiv: © Selahattin Sevi

Satz: Barbara Herrmann, Freiburg
Herstellung: CPI books GmbH, Leck

Printed in Germany

ISBN 978-3-451-33274-6

Inhalt

Teil 3: Der Islam

Teil 4: Der globale Frieden

„Was ich über Gülen gelesen und gehört hatte, hat mich sehr beeindruckt. Es ist eine wunderbare Art, sich der modernen Welt zu nähern. Die Verwirklichung dieser wahrlich schönen und notwendigen Ideen wäre sowohl für die Türkei als auch für die in Deutschland lebenden Türken, aber auch für die ganze Menschheit von großem Nutzen. Die Menschheit muss Fethullah Gülen und seine Ideale kennen lernen. Fethullah Gülens Ideale zu den Themen ‚Nachsicht, Toleranz und der vorbehaltlose Akzeptanz der Menschen' sind besonders wichtig. Sie sind nicht nur gute Ideen, sondern auch unerlässliche Ideale. Man darf die Gegenseite nicht durch Gewalt zu verändern versuchen. Doch in unseren Tagen geschieht oft genau dieses. Es gibt sehr viele Menschen, die aus missionarischem Antrieb versuchen, alle Menschen so zu verändern, wie sie selbst sind. Das aber darf nicht geschehen. Es ist unumgänglich, die anderen so zu akzeptieren, wie sie sind. Auch in unseren Gärten gibt es nicht nur eine Art von Blumen. Es gibt viele Arten, es gibt sowohl die Rosen als auch die Tulpen. Und niemand muss wie die Rose oder wie die Tulpe sein."

Professor Dr. Annemarie Schimmel,
Zaman, 24. August 2001

Ercan Karakoyun

Vorwort

M. Fethullah Gülen und ein Blick auf seine Ideale
Eine historische und gesellschaftliche Reflexion

Die modernen Staaten der Gegenwart bauen auf den städtischen Gesellschaften auf, die sich im Laufe der beiden letzten Jahrhunderte herausgebildet haben. Infolgedessen werden die Probleme der Menschen, der Gemeinschaften und ihr Umgang mit den demokratischen Werten zunehmend komplexer. Sie erfahren grundlegende Veränderungen. Die moderne Gesellschaft ist ein Produkt des Rationalismus. Ihre einzelnen Bestandteile werden von Nutzen und Interessen dominiert. „Gegenleistung und Belohnung" sind Begriffe, die der moderne Mensch verinnerlicht hat. Politik, Wirtschaft, aber auch die gesellschaftlichen und kulturellen Akteure wollen an diesem Prämiensystem ihren Anteil haben. Der moderne Mensch kann sich gar nicht vorstellen, etwas zu tun oder zu leisten, ohne dafür eine Gegenleistung zu erhalten. Wir stehen somit an der Schwelle zu einer Epoche, in der jener Menschentypus ausstirbt, den frühere Generationen als „Mensch aus dem Volk", „Gesellschaftsmensch" oder als „Gemeinschaftsmensch" beschrieben haben, also den Typ Mensch, den die modernen Sozialwissenschaften nunmehr als „den öffentlichen Menschen" definieren. Aber dieser hinterlässt ein Vakuum. Nicht von ungefähr befinden sich daher auf der ganzen Welt geistige, moralische und kulturelle Bewegungen im Aufwind. Sie wollen den eingangs beschriebenen alten Menschentyp retten. Aber wie kann das gelingen?

Viele glaubten, wenn die demokratischen Institutionen etabliert und die durch sie eröffneten Rechte und Möglichkeiten jedem Bürger offen stünden, dass dann alle ethnischen, religiösen, kulturellen und sozialen Probleme gelöst werden könnten. Es würde dann keine Konflikte mehr geben. Doch der Schein trog und trügt weiterhin.

Es ist offensichtlich: die Welt benötigt eine Kultur des „gegenseitigen Verständnisses und des Dialogs". Natürlich gibt es dabei keine singuläre und einfache Methode, mit der man alle Probleme lösen könnte, ebenso wenig eine Zauberformel. Aber es gibt Hinweise. Die Erfahrungen der gesamten Menschheit müssen berücksichtigt werden, um die Welt von Vorurteilen zu befreien. Dann wird man erkennen, dass viele lokale Bewegungen Lösungsmodelle für eine Vielzahl globaler Probleme anbieten.

M. F. Gülen und die Arbeit der Hizmet-Bewegung besitzen unter solchen Umständen eine ganz besondere Bedeutung. Denn die Bewegung unternimmt seit Jahrzehnten den Versuch, Eigenes mit Fremdem, die eigene Existenz Bereicherndem, zu vereinen. Dass Gülens Engagement weltweit Aufmerksamkeit erregte, hat nicht nur mit seinen historischen, philosophischen, wissenschaftlichen und gesellschaftlichen Ideen und Entwürfen zu tun, sondern auch unmittelbar mit der Persönlichkeit des Mentors.

Wer ist Fethullah Gülen? Welche Konzepte vertritt er? Was ist sein Islamverständnis? Spätestens an dieser Stelle besteht somit ein Bedarf, kurz auf die Lebensgeschichte Gülens einzugehen.

Wer ist M. Fethullah Gülen?

Fethullah Gülen wurde offiziell 1941 in der Türkei in dem Dorf Korucuk geboren, das im Landkreis Pasinler in der Provinz Erzurum liegt. Seine Eltern hatten insgesamt sieben Kinder, fünf Jungen und zwei Mädchen. Gülens Vater, Ramiz

Efendi, war Imam und als Beamter an zahlreichen Orten im Lande tätig. Erzurum ist eine Provinz im Nordosten der Türkei, die gesellschaftlich und kulturell als ziemlich konservativ gilt. Und konservativ war auch Gülens Elternhaus.

Kindheit und Jugend Fethullah Gülens verliefen somit in einem Umfeld, in dem sehr konservative Begriffe und Vorstellungen gepflegt und neu definiert wurden, im Einzugsbereich von Gebetshäusern und islamischen Bildungsstätten. Gülen besaß jedoch eine unstillbare und ständig neu aufflammende Neugierde, einen großen Wissensdrang. Die Wissenschaft zog ihn besonders an. Unter solchen Umständen konnte seine enge Umgebung und die Randlage dieser Landschaft seine geistigen Bedürfnisse und Bestrebungen auf Dauer nicht befriedigen. Daher wandte sich Gülen bereits in jenen Jahren der großen Welt zu, den Fragen von Kultur, Politik und Gesellschaft. Wie er selbst berichtet, beschäftigte er sich bereits in diesen ersten Jahren seiner Ausbildung in der Medrese, der traditionellen Schule mit v. a. islamisch-theologischem Inhalt, häufig mit gesellschaftlichen Problemen. Das begabte Kind wandte sich aber auch schöngeistigen Disziplinen zu, der Kunst, Literatur, dem Film, dem Theater und anderen kulturellen Feldern.

Gülen hatte in der Umgebung, in der er seine Kindheit verbrachte, inmitten der Traditionen von zwei Zivilisationen gelebt: einerseits der des Islam und der islamischen Hochschulen, auf der anderen Seite in der westlichen Kultur und europäischen Zivilisation. Mindestens drei Generationen vor ihm hatten zwischen diesen beiden Kulturen und Zivilisationen existiert und nach einer eigenen Identität gesucht. Sein Konservatismus war nicht der Art, dass er die großen Entwicklungen und die gesellschaftlichen Veränderungen lediglich beobachtete und analysierte. Gülen begnügte sich nicht damit, sie den Zeitläuften zu überlassen. Schon gar nicht war es seine Art, andere Verhaltensweisen, als er sie kannte, mittels einer herkömmlichen, gefestigten Wachsamkeit abzulehnen. Gesellschaftliche und institutionelle Veränderungen berührten Gülen hingegen emotional, riefen in ihm zunächst moralisch-ethische Bedenken hervor. Aber er schottete sich nicht ab, sondern suchte die Auseinandersetzung mit solchen Veränderungen aufgrund seiner individuellen und traditionellen Erfahrungen.

Gülens prinzipielle Vorgehensweise besteht darin, die Verlässlichkeit von Werten, die in langen zeitlichen Prozessen und in der historischen Praxis entstanden sind, durch eine bewusste Teilhabe an den Ereignissen der Zeit und des gesellschaftlichen Alltags zu relativieren. Er entwickelt damit seine ganz persönlichen moralischen und kulturellen Ideale und gewinnt einen ganz eigenen Blickwinkel auf die Welt, der sich aus seinen hinzugewonnenen Erkenntnissen speist.

Sein Mittel war die Rede, die Kunst der Rede. Mit seinen Predigten löste er eine ungeahnte Welle von Enthusiasmus aus, er forderte die seit zwei Jahrhunderten in seinem Lande schlummernde traditionelle Denkbewegung auf, aus der Defensive herauszukommen. Gülen versuchte, eine Debatte um Werte wieder auf die Tagesordnung der Muslime zu bringen. Seiner Meinung nach mussten die Probleme zunächst identifiziert und danach auf eine aktive Weise neu geordnet werden. Er war entschlossen, neue Begeisterung und Sehnsucht bei den Menschen zu wecken.

Die zu überwindende geistige Hürde war hoch genug: Sowohl für die säkularen intellektuellen wie auch für die religiösen Kreise des Landes waren die Ursachen des Verfalls nicht eindeutig, sie wiesen eine Janusköpfigkeit auf. Dies galt für die Lösungswege ebenso wie für die seit zwei Jahrhunderten durch den Anschluss an die modernen westlichen Zivilisation entstandenen philosophischen und politischen Ideen. Die einen waren hochkonservativ und rückständig, die anderen lehnten die eigene Vergangenheit, Tradition und gesellschaftliche Praxis ab. Sie schlugen das große religiös-kulturelle Erbe des Osmanischen Reiches aus und bevorzugten stattdessen eine nahezu völlig kritiklose und identitätslose Anpassung an die westliche Welt und Zivilisation und agierten dementsprechend. Die Konservativen hingegen definierten die Dynamik des Fortschritts so gut wie ausschließlich anhand der Koordinaten, die von der historischen und gesellschaftlichen Praxis konfiguriert worden waren. Ihre Gegenspieler verstanden sich anhand der materiellen und kulturellen Werte westlicher Zivilisation und Lebensweise. Natürlich gab es auch andere Menschen und Gruppen, die einen dritten und vierten Weg vorschlugen, derart, dass sie eine Synthese der beiden Kulturkreise herzustellen versuchten.

Gülen selbst entstammte, wie schon gesagt, einer konservativen Familie. Geprägt durch das private Umfeld und die weitere Umgebung, war es nur allzu natürlich, dass er zunächst wie seine Umgebung dachte. Neue Interpretationen wären in diesen Kreisen auf Ablehnung gestoßen. Gülen musste daher umsichtig vorgehen. Tatsächlich riefen seine ersten diesbezüglichen Gehversuche die zu erwartenden Reaktionen hervor.

Gülen ist ein Mensch, der sich den Traditionen, den hergebrachten Werten verbunden fühlte. Aber er war kein Traditionalist. Daher scheute er sich schon bald nicht davor zurück, die traditionellen kulturellen Werte denen der modernen westlichen Zivilisation gegenüberzustellen, sie miteinander zu vergleichen. Seine Bemühungen zielten daher von einem frühen Zeitpunkt an sowohl theoretisch als auch praktisch auf neue Interpretationsmöglichkeiten ab. Er wollte sowohl den zeitgenössischen als auch den traditionellen Einstellungen neue Perspektiven eröffnen. Somit hat es den Anschein, als wenn Gülen sowohl in seiner frühen religiösen und sozialen Ausrichtung als auch später während seiner Lehrtätigkeit einen einzigen großen Nachweis hat führen wollen: nämlich dass die religiösen und traditionellen kulturellen Werte nicht im Widerspruch zu den modernen wissenschaftlichen Erkenntnissen stehen. Im Gegenteil, sie unterstützen sich offenbar gegenseitig. In Wirklichkeit, so Gülens Erkenntnis, bestehe zwischen beiden Feldern eine tiefe Harmonie, durch deren Synthese man der Menschheit einen wahren Dienst erweisen könnte.

Gülen hat seine religiöse Identität niemals verleugnet, er ist sich treu geblieben. Er ist ein Mensch, der sein Lebensziel selbstbewusst und dank einer tiefen religiösen Erfahrung verwirklicht hat. Gülen lehnt es ab, sich seine religiöse Identität, Erfahrung und Existenz unabhängig von der gesellschaftlichen Existenz des Menschen vorzustellen. Auch darin besteht seine ganzheitliche Weltsicht. Eine aufrichtige und gläubige Persönlichkeit, so glaubt er, bereichere und fördere sowohl den Staat als auch die Gesellschaft. Nach seinem Dafürhalten ist das zentrale Problem der modernen Zivilisationen die Bildung des Menschen. Wenn sich der einzelne Mensch tugendhaft verhalte, werde der Staat, die Gesellschaft, die Stadt und die Wirtschaft ebenfalls „tugendhaft“ funktionieren. Doch Gülen hat das Thema Mensch nicht nur in Form eines intellektuellen Diskurses behandelt, er hat aus diesem Leitgedanken ein ernsthaftes Projekt für die gesellschaftliche Praxis gemacht.

Für eine traditionelle Haltung ist typisch, dass sie sich gegenüber Veränderungen bzw. neuen Fragen ablehnend verhält. Genau an diesem Punkt hat Gülen eingesetzt und versucht, neue Wege einzuschlagen. Leitplanken und Orientierungshilfen waren für ihn dabei einerseits das Gefühl der Sicherheit, das die Tradition bietet, andererseits neue gesellschaftliche Werte, die von außen kommen, durch andere Staaten, Gesellschaften, Kulturen und den entsprechenden Wissenstransfer.

Die Tradition des mündlichen Diskurses

Um die Bewegung um Gülen besser begreifen zu können, muss man die Tradition des Sohbets verstehen, der Gesprächskultur im Islam. Die mündliche Überlieferung ist seit der Entstehung des Islam, also seit fast eineinhalb Jahrtausenden, eines der wichtigsten Elemente der Enkulturation und der Tradierung gesellschaftlicher Werte. Die Systematik religiösen Denkens hat sich in und durch die Medresen entwickelt, also durch die theologischen Schulen. Die Weitergabe an die breiten Bevölkerungsschichten erfolgte durch Reden und Gespräche. Die Kanzeln der Moscheen bildeten die natürlichen Kanäle und Zentren dieser Weitergabe. Sie wurden eine Art von Triebwerk für die Entstehung der Volkskultur im Islam. Die Kunst der Rede und des Gesprächs im Islam sind in ihren originellen Strukturen ein authentisches Produkt dieses Kulturraumes. Außerdem waren und sind die Moscheen die zentralsten Elemente der islamischen Zivilisation und der städtischen Kultur in diesem geographischen Raum. Sie bildeten geradezu eine Hauptader, eine Verkehrskreuzung der Städte, der Märkte, wohin die Menschenmassen strömten. Deshalb hatten sie die Grundfunktion, dass dort die breiten Volksmassen die islamische Kultur prägten und ihr Ausdruck verliehen.

Die kulturelle Umgebung von Gülen hatte also diese oben dargestellten, unterschiedlichen traditionellen Wurzeln. Er kam aus der Medrese-Kultur und führte ein Leben, das einerseits direkt mit der Moschee, andererseits aufs engste mit den breiten Bevölkerungsschichten verbunden war. Die gesellschaftliche Manifestation des religiösen Denkens war durch das Leben und den Glauben strukturiert, es bewegte sich innerhalb dieser Koordinaten.

Als Gülen in seinen ersten Berufsjahren in der Moschee zum Predigen auf die Kanzel stieg, konnte er nach eigener Aussage kaum über das Pult hinweg blicken. Das Leben in der Medrese und in der Moschee bildete für ihn zusammen mit dem gesellschaftlichen Leben eine untrennbare Einheit. Gülen hatte seit seiner frühesten Jugend sensibel und strebsam gelebt. Diese Sensibilität und dieser Enthusiasmus zeichneten dann seine Predigten und seine Art aus. Sie wurden ein wesentlicher Bestandteil seiner unverwechselbaren Rhetorik. Als er zu predigen begann, entdeckte er von Neuem die positive Wirkung der Rhetorik auf die Menschen. So beschloss er, sein ganzes Leben, seine gesamte Lebensführung, seine Bereitschaft zum Helfen in den Dienst dieser Kunst zu stellen. Er war bereit, dieses Mittel der Kommunikation und der richtigen Wegweisung gänzlich der Religion, dem Dienst an der Gesellschaft und am Ende dem eigenen Land zur Verfügung zu stellen. Gülen wollte die Menschen der Türkei antreiben und motivieren. Die Macht des „Wortes" würde sich einmal mehr im historischen Sinne beweisen und am Ende auch ihm die Autorität verleihen, die von der hohen geistigen Rhetorik ausgeht.

Gülens Rhetorik ist vielleicht diejenige seiner Eigenschaften, die am stärksten von außen wahrnehmbar ist. Viele Menschen in der Türkei kennen ihn vor allem aufgrund seiner mitreißenden Ansprachen. Sein Wissen, seine Weisheit sowie seine große denkerische Kraft standen lange Zeit im Schatten seiner Redekunst. Dabei verfügt er sowohl in den grundlegenden islamischen als auch in den zeitgenössischen Wissenschaften über eine breite Kompetenz. Aber diese Aspekte seiner Wissenswelt blieben in seinen frühen Jahren in der Türkei unbemerkt. Dennoch publizierte er in einer Reihe von Zeitschriften Artikel und sogar Gedichte. Neben religiösen und theologischen Fragen beschäftigte er sich auch jahrelang mit Disziplinen wie Geschichte, Philosophie, Soziologie, Literatur, Kunst und weiteren zeitgenössischen Wissensgebieten.

Seine erste offizielle Aufgabe übernahm Gülen im Jahre 1959, nachdem er eine vom Amt für Religionsangelegenheiten der Republik Türkei (*Diyanet İşleri Başkanlığı*) vorgeschriebene Aufnahmeprüfung bestanden hatte. Diese Aufgabe umfasste die Pflichten eines Geistlichen, den Dienst eines Predigers, die Leitung von Korankursen sowie Verwaltungsarbeit in einer Reihe von Provinzen der Türkei. Sie dauerte fast 30 Jahre. Gülen war in den Provinzen Edirne, Kırklareli, Izmir, Edremit, Manisa, Çanakkale und einigen anderen Orten beschäftigt und vor allem als Prediger tätig. In dieser Zeit sammelte er nicht nur Erfahrungen und konnte sein Wissen mehren, sondern er pflegte auch eine sehr enge Beziehung zur Bevölkerung. Er schaffte es, durch seine aufrichtige Haltung und seine Rednergabe Tugenden wie den Einsatz für das Gemeinwohl und eine persönliche Spiritualität neu zu erwecken. Abertausende von Menschen in der Türkei, deren Inbrunst und Hoffnungen längst erloschen waren, erhielten durch seine Predigten die Chance, mit neuem Optimismus in den Alltag zu gehen. Sie entwickelten mit der Zeit ein Gefühl des Vertrauens und der Zuversicht, gegenüber sich selbst und gegenüber den Werten der eigenen Zivilisation.

Gülens markanteste Aktivität in diesen ersten Berufsjahren war also die eines „Wanderpredigers". In dieser Funktion besuchte er viele Städte in der Türkei. Seine Ernährungsweise und seine Kleidung korrespondierten mit der sozialen und psychologischen Situation seiner Ansprechpartner. Die Sensibilität seines Verhaltens und die Wahl seiner Worte wirkten, als wären sie tausendfach abgewogen worden. Gülen legte dieses Verhalten nicht an den Tag, um als ein Schöngeist unter den Gläubigen zu gelten. Dies hatte mit seiner tiefen Verbundenheit zum Derwischtum und dessen jahrhundertealten Traditionen zu tun. Ihm zufolge stehen jedes Wort und jede Tat unter ständiger himmlischer Beobachtung. Ein Derwisch soll stets höchst sensibel leben. Im wahrsten Sinne des Wortes war Gülen also ein aufrechter Gottesdiener seiner Zeit, ein Asket und ein Derwisch. Und darum ging es ihm auch in seinen Worten, seinen Verhaltensweisen und der Sensibilität, in der sich die unablässige Wachsamkeit seines Wesens ausdrückte.

Je mehr sich Gülen den Menschen zuwandte, um so besser erkannte er ihre religiösen, gesellschaftlichen und kulturellen Probleme. Der enge Kontakt zu den Menschen konfrontierte ihn unausweichlich mit den fundamentalen Sorgen seiner Hörerschaft und veranlasst ihn dazu, nach Lösungen zu suchen. Gleichzeitig befasste sich Gülen mit einer Fülle von theoretischen Fragen und Themen der Gegenwart der Türkei.

In seinen Predigten wies er mit wachsendem Nachdruck darauf hin, dass es in unserer Zeit viel wichtiger sei, mehr Schulen zu errichten als Moscheen. Gülen versuchte, die Unterstützung der Menschen in diese Richtung zu lenken und sie für diese Aufgabe zu motivieren. In manchen konservativen Kreisen wurde dieses Engagement kritisiert. Hier war man, was das gesellschaftliche Engagement betraf, mit kurzfristigeren Projekten beschäftigt. Aber Erziehung und Schulen waren und sind langfristige Projekte. Außerdem waren Schule und Bildung Themen, für die sich Konservative nicht direkt interessierten. So waren sie auch nicht in der Lage, die langfristigen gesellschaftlichen Folgen von Vorhaben zu erfassen, die mit Schule und Bildung zu tun haben. Die konservative Bevölkerungsschicht zeigte ihre Ablehnung zwar nicht offen, jedoch schenkte sie dem Vorhaben Gülens keine besondere Beachtung.

Jahrelang versuchte Gülen von der Kanzel aus, Verbündete zu gewinnen. Er schlug aber auch mittelbar und unmittelbar innovative Wege ein, um Unterstützer zu gewinnen. Es galt, seine Ansprechpartner einerseits über das neue Projekt aufzuklären und als Beispiel zu dienen, andererseits die offiziellen staatlichen Stellen von seinen Ideen zu überzeugen. Gülen wollte sie miteinbeziehen, und ihnen vor allem eines verständlich machen, dass diese zivile Initiative so etwas wie die zwei Seiten einer Medaille darstellte: Auf der einen Seite sollte sie den Geist der Gesellschaft neu beleben, auf der anderen Seite verfolgte sie aber keinerlei politische und ideologische Zwecke. Die Institutionalisierung, die dann in Form der Hizmet-Bewegung stattfand, ging in der Tat aus vollkommen politisch neutralen zivilen Initiativen hervor.

Die ersten pädagogischen Einrichtungen der Hizmet-Bewegung (Grundschulen, Gymnasien und Studentenwohnheime) schossen wie Pilze aus dem Boden. Sie waren in den 1990er Jahren bereits so weit gediehen, dass sie sowohl in der Türkei als auch weltweit bei Wissens-Olympiaden antreten konnten. Bei diesen Wettbewerben erzielten sie sogleich vielbeachtete Ergebnisse. Damit wurde offensichtlich, dass sich diese Schulen schon etabliert hatten und eine Bereicherung im Bildungsbereich waren.

Gülen rückte in seiner Heimat nun in den Mittelpunkt des Interesses, er wurde als Person und Mentor zu einem wichtigen Gesprächsthema in der Türkei. Große Gesellschaftskreise interessierten sich für ihn, unter anderem auch Berufspolitiker, die staatliche Bürokratie, aber auch viele Akademiker und Künstler. Die 1990er Jahre sollten einerseits die Jahre werden, in denen sich die Türkei dem Ausland gegenüber öffnete, andererseits die Zeit eines breiten Dialogs mit Menschen aus vielen Bereichen, die nun selbst Gegenstand des medialen Interesses wurden. In der Geschichte der Türkei war das ein einmaliger Vorgang, einen Dialog zwischen unterschiedlichsten gesellschaftlichen Gruppen hatte es nie zuvor gegeben. Vor 1980 war die Türkei Schauplatz geistiger, politischer und ideologischer Kämpfe gewesen. Bei den bürgerkriegsähnlichen Auseinandersetzungen hatten zehntausende junge Menschen ihr Leben verloren. Die ideologischen Konflikte, die in den 1970er Jahren die ganze Welt erfassten, hatten auch die Türkei in Mitleidenschaft gezogen und die Entwicklungen sehr stark beeinflusst. Gülen war es gelungen, die Mitstreiter in seiner Bewegung und darüber hinaus seine breite

Zuhörerschaft, die er mit seinen Reden erreichte, durch Voraussicht, Umsicht und Geduld von diesen Kämpfen und ideologischen Auseinandersetzungen fernzuhalten. Der Militärputsch von 1980 verhängte dann über dem Land ein großes Schweigen, mit dramatischen Folgen, denn die Türkei hatte bereits in den 1960er und 70er Jahren mehrere Generationen von jungen, engagierten Menschen verloren, die sich nun endgültig in die innere Emigration begaben oder sogar das Land verließen. Die Menschen waren müde geworden und wirkten hoffnungslos. Die Auseinandersetzungen hörten nur im öffentlichen Raum auf, den das Militär überwachte. Die Köpfe der Menschen, die Auffassungen und die Weltanschauungen waren weiterhin mit Mauern ummantelt, betoniert. Dies waren die sozialen Parameter, als Gülen damit begann, die Grundlagen des Dialogs und eine Kultur der Verständigung zu schaffen und auszubauen. Er war von der Richtigkeit seines Weges überzeugt, denn er war der Mentor eines Projektes, das sich bereits weltweit unter Beweis gestellt hatte. Inzwischen haben Gülen und die Hizmet-Bewegung globale Beachtung gefunden.

Erste Erfahrungen auf dem Weg des Dialogs und der Verständigung

Gülen startete in der Türkei nun die ersten Versuche, sein großes Projekt eines Dialogs zwischen den Religionen (oder Religionsangehörigen) und Zivilisationen zu realisieren. Es begann mit großen Abendveranstaltungen und mit Menschen, die unterschiedliche geistige Hintergründe und Lebenserfahrungen hatten. Menschen, die während der 1960er und 70er Jahre zunächst gesellschaftlich aktiv gewesen waren, in den 1980er Jahren dann geistig und sozial zu unterschiedlichen Gruppierungen gehört hatten, wurden zu diesen Zusammenkünften eingeladen. Höflich formulierte Schreiben boten den Eingeladenen erstmalig die Gelegenheit, zusammenzukommen. Die meisten hatten wahrscheinlich zum ersten Mal einen engen Kontakt zu Andersdenkenden. Menschen, die sich möglicherweise in den zurückliegenden Jahren mit Waffen gegenseitig bekämpft hatten, saßen nun am gleichen Tisch, aßen zusammen und sprachen miteinander. Sie gehörten unterschiedlichen politischen Lagern an, waren führende Kader der jeweiligen Jugendorganisationen gewesen, aber das spielte nun plötzlich keine Rolle mehr.

Die ersten Zusammenkünfte verliefen im Rahmen und innerhalb der Grenzen, die die Höflichkeit gebietet – mehr geschah zunächst nicht. Doch sicherlich brannte in den Herzen vieler dieser Menschen, die sich auf die Begegnung eingelassen hatten, der Wunsch, die geistigen, philosophischen und sozialen Grundlagen eines neuen, friedlichen Zusammenlebens gemeinsam zu schaffen. Sonst wären sie vermutlich nicht gekommen. Es existierte anscheinend bereits eine Idee, die es galt so bald wie möglich in die Tat umzusetzen. Binnen kürzester Zeit entstand eine Bewegung, eine Woge der Begeisterung, die zu einer Reihe von wissenschaftlichen und akademischen Veranstaltungen führte. Sie gingen unter dem Namen „Tagungen von Abant“ und später als „Dialogplattform von Abant“ in die Geschichte der modernen Türkei ein. Diese Veranstaltungen waren nicht länger nur Höflichkeitsbekundungen. Man wurde konkret. Denn es wurden dort wissenschaftliche Teams ins Leben gerufen, die sich aus Hochschullehrern einer Reihe von Universitäten der Türkei zusammensetzten. Wie nicht anders zu erwarten, vertraten ihre Mitglieder unterschiedliche ideologische und intellektuelle Positionen. Die Auseinandersetzungen und Konfliktlinien verlagerten sich aber schon bald auf eine wissenschaftliche und philosophische Ebene und vereinigten sich am Ende in einem Aktionsplan. Die Teilnehmer, die anfangs sehr unterschiedliche kulturelle, ideologische und politische Hintergründe hatten, erbrachten damit einen großen Beitrag für ein neues Diskussionsklima im Lande. In der Türkei entstand binnen kürzester Zeit ein öffentlicher Raum, der ein gemeinsames Leben und eine Partizipation aller Gruppen an der Gesellschaft möglich machte. Dafür arbeiteten die mit brillanten Köpfen bestückten Teams mit vereinten Kräften.

Es handelte sich tatsächlich um ein großes und wichtiges Projekt, das nun neue Akteure nach vorn brachte. Während die grundlegende Initiative von Gülen und seinen Schülern ausgegangen war, verwandelte sich das Vorhaben nun zu einem wirklichen Programm und zu einer großen Plattform. An ihr waren viele Menschen beteiligt, etwa Vertreter aus der Politik, Juristen, aber auch Persönlichkeiten aus dem künstlerischen Bereich und dem geistigen Leben. Gülen wurde lediglich Ehrenvorsitzender der Stiftung „*Gazeteciler ve Yazarlar Vakfı*" (Stiftung der Journalisten und Schriftsteller), die der Anschieber und Financier dieser Plattform und der Versammlungen gewesen war. Die Bemühungen um Dialog und Verständigung führten dank des Einsatzes der Teilnehmer, wie schon gesagt vorrangig Hochschullehrer, nun zu einer Institutionalisierung und gewannen ein ernsthaftes Profil.

Von der „Stiftung der Journalisten und Schriftsteller" zum Dialog zwischen den Religionen und Zivilisationen

Die „Stiftung der Journalisten und Schriftsteller" wurde 1994 gegründet. Die Eröffnungssitzung der Stiftung fand in den türkischen Medien ein großes Echo. Das anfängliche Ziel war lediglich eine Bekundung des guten Willens und ein Bekenntnis zur Verständigung. Das war das „Grundkapital" der Stiftung. Während der ersten Meetings und bei der „Dialogplattform von Abant" wurden die geistigen Grundlagen im Sinne der

Konstitution der Stiftung gelegt. Daraus gingen ein Verlag und zwei Zeitschriften als intellektuelle Aktivitäten hervor.

Aber es war bereits ein Momentum entstanden. Die Menschen aus unterschiedlichsten gesellschaftlichen Schichten, die an den ersten Empfängen und Veranstaltungen teilgenommen hatten, schlossen persönliche Bekanntschaften und sogar Freundschaften. Pluralität und Verschiedenheit haben nun einmal eine große Anziehungskraft. Die Idee konnte sich wahrscheinlich deshalb so rasch und so intensiv entfalten, weil ein derartiger Gedankenaustausch in der Türkei zum ersten Mal in diesem Umfang verwirklicht wurde. Die Teilnehmer entdeckten sehr bald, dass in der Verschiedenheit und Vielfalt unbekannte Emotionen und damit ein Reichtum steckten. Insbesondere zwischen den Vertretern der verschiedenen Religionen entstand eine sehr harmonische Atmosphäre. Sie waren es auch, die die ersten intensiven Dialoge miteinander führten.

Seit 1999 lebt Fethullah Gülen in den Vereinigten Staaten von Amerika im Bundesstaat Pennsylvania. Dorthin hatte er sich zur Behandlung von gesundheitlichen Problemen begeben. Kurz nach seiner Einreise wurde in der Türkei ein Gerichtsverfahren gegen ihn eingeleitet. Um zu verhindern, dass die Rückkehr in sein Heimatland zu möglichen Unruhen im Land führen und von einigen Kreisen als Anlass genommen würde, die „demokratischen Errungenschaften umzukehren“, ist Gülen – trotz des einstimmigen Freispruchs im Jahre 2006 – in Amerika geblieben. Seit 2008 ist er im Besitz einer dauerhaften Aufenthaltsgenehmigung (Green Card).

So hat sich, in Kurzform dargestellt, die enthusiastische Hinwendung von Gülen an die Menschen entwickelt. Niemand in der Türkei hatte sich vorstellen können, dass ausgerechnet eine fromme Persönlichkeit wie Gülen Vorreiter einer solchen gesellschaftlichen Öffnung und derartiger Aktivitäten werden könnte. Der grundlegende Trugschluss derer, die sich damit schwer taten, Andersdenkende zu akzeptieren, bestand darin, Gülen auf seine Identität als klassischen Imam zu reduzieren. Man kannte weder sein solides Fundament in den islamischen Wissenschaften, noch wusste man von seinen persönlichen Interessen, seinen fundierten Kenntnissen über die modernen westlichen Philosophien und die neueren Gesellschaftswissenschaften. Umso größer war dann die Überraschung über den religiös-moralisch-geistigen Siegeszug eines einzelnen Menschen.

Zur Auseinandersetzung mit Gülen und den vielen von ihm inspirierten Menschen gehört aber auch, auf Vorwürfe und Vorbehalte einzugehen, die regelmäßig bezüglich Gülens Ideen und Werten geäußert werden. Insbesondere in den letzten zwei, drei Jahren kam es sowohl in der Türkei als auch in anderen Ländern – darunter Deutschland – zu kritischen Fragen zu „Hizmet" bzw. der Gülen-Bewegung. In Deutschland standen dabei vor allem die Verfassungstreue der Bewegung und die Vereinbarkeit ihrer Aktivitäten mit demokratischen Werten im Mittelpunkt der Aufmerksamkeit. Zahlreiche Repräsentanten Hizmet-naher Einrichtungen wie auch Fethullah Gülen selbst haben in diesem Zusammenhang immer wieder betont, dass ihr Engagement voll und ganz im Einklang mit demokratischen Prinzipien und universellen Grundrechten steht. Hizmet steht für gesellschaftliche Teilhabe in einem pluralistischen Gemeinwesen und beruht auf Werten wie Toleranz und Respekt, Gleichstellung und Gewaltfreiheit sowie Meinungs- und Religionsfreiheit. Denn Fethullah Gülen verkörpert einen modernen Islam, der sich klar zur Demokratie bekennt und sie als unwiderrufliche Basis eines guten Lebens wertschätzt.

Für eine differenzierte Auseinandersetzung mit Gülens Ideen und Werten

Gerade vor dem Hintergrund immer wieder vorgebrachter Vorwürfe und Vorbehalte ist eine fundierte und differenzierte Betrachtung der Äußerungen Fethullah Gülens unabdingbar. Im medialen Diskurs werden diese oft verkürzt oder einseitig dargestellt und als Anhaltspunkt bzw. Beweis für den „wahren" Charakter der Hizmet-Bewegung angeführt. Zugegeben: die Sprache Gülens ist nicht immer leicht verständlich. Doch wenn man sich auf Gülens Ideen einlässt und sie nicht nur auf der Suche nach der nächsten skandalträchtigen Schlagzeile durchpflügt, entdeckt man nicht nur kontinuierliche Weiterentwicklungen seiner Positionen, sondern auch höchst differenzierte und historisch einfühlsame Analysen unserer Zeit und ihrer Herausforderungen. Dieses Buch dient dem Zweck, eine solche facettenreiche Auseinandersetzung zu ermöglichen. Denn viele Vorbehalte gegenüber Gülen und den vielen Menschen weltweit, die sich von ihm inspiriert fühlen, lösen sich dann auf, wenn man sich eingehender mit den betreffenden Positionen beschäftigt. Die folgenden Texte geben hierzu die Gelegenheit und widerlegen gängige Vorurteile gegenüber Gülen mit überraschender Klarheit. Da alle Texte in den letzten Jahren entstanden sind, können durch sie auch manche Aussagen aus früheren Jahrzehnten, die in bestimmten historischen Kontexten zu verstehen sind, als überholt gelten.

Gespräche

Gespräch mit Rainer Hermann, Frankfurter Allgemeine Zeitung, Dezember 2012[1]

Vorbemerkung

Im Ausland kennen ihn erst wenige, und doch ist sein Einfluss auf die Entwicklung der Türkei kaum zu überschätzen. Lange bevor Anatolien zu dem wirtschaftlichen Entwicklungsschub der vergangenen Jahre angesetzt hat und auch lange bevor die AKP Erdogans im Jahr 2002 erstmals an die Regierung gewählt worden war, hatte Gülen bereits einen Islam gepredigt und verbreitet, der den Muslimen den Anschluss an die Moderne ermöglichen sollte. Er wurde damit zum Erwecker Anatoliens und zur Stimme jener „schwarzen Türken“, also der Mehrheit der anatolischen Muslime, auf die die urbane Elite des Landes, die „weißen Türken“, lange meist nur mitleidig herabgeblickt hatte. Unter dem Eindruck der Lehren Gülens, der aus der Toleranz des gemäßigten Sufi-Islams schöpft, ist in Anatolien in den vergangenen Jahrzehnten aber eine dynamische Mittelschicht entstanden.

Die Anatolier waren ungebildet und provinziell, arm und fromm. Motiviert durch Gülens Lehren strebten sie nun nach Bildung und wurden wohlhabend, sie blieben aber weiter fromm. Gülen brachte ihnen die Bedeutung von Bildung und unternehmerischem Erfolg nahe, die Vereinbarkeit von Islam, Moderne und Demokratie, aber auch die Unvereinbarkeit von Islam und Gewalt. Er rief seine Anhänger auf, mit eigenen

---

[1] Nachdruck des Artikels „Islam und Moderne stehen nicht im Widerspruch“, F.A.Z. vom 06.12.2012 von Rainer Hermann. © Alle Rechte vorbehalten. Frankfurter Allgemeine Zeitung GmbH, Frankfurt. Zur Verfügung gestellt vom Frankfurter Allgemeine Archiv.

Händen Arbeit und Wohlstand zu schaffen und nicht zu vergessen, diesen auch unter Bedürftigen zu verteilen. In seinen Predigten verbindet er in langen Sätzen Suren aus dem Koran, Aussprüche des Propheten und die Erfahrungen der Mystiker mit den Erfordernissen der modernen Welt, er führt die Welt des Glaubens und der Lebenswirklichkeit zusammen.

Gülen wurde 1938 bei Erzurum geboren, und er knüpfte an den Lehren des bekannten Mystikers Nursi Said (1876 bis 1960) an. Der erste türkische Politiker, der regelmäßig seinen Predigten zuhörte, war der Reformer Turgut Özal (1927 bis 1993). Gülen unterhielt auch Kontakte zum Sozialisten Bülent Ecevit (1925 bis 2006). Viele oppositionelle Bewegungen haben den Kemalismus, die Ideologie der „weißen Türken", herausgefordert. Da Gülen die kemalistische Elite wirkungsvoll in Frage stellte, erklärte sie ihn zum Staatsfeind. Daher ging Gülen 1999 ins Exil und lebt seither in den Vereinigten Staaten, wo er medizinisch behandelt wurde und als „religiöser Gelehrter" eine Aufenthaltsgenehmigung erhalten hat.

Herr Gülen, Sie leben als einer der einflussreichsten Prediger der islamischen Welt seit mehr als zehn Jahren in den Vereinigten Staaten. Muslime werfen der westlichen Kultur Islamophobie vor, und Nichtmuslime kritisieren die Gewalt, die Muslime zur Verteidigung ihres Glaubens ausüben. Ist eine friedliche Koexistenz zwischen Muslimen und Christen möglich?

Ja. Die Ursache für die Gefährdung eines friedlichen Zusammenlebens von Muslimen und Christen ist, dass auf beiden Seiten Randgruppen in Erscheinung treten. Einige Muslime wahren bei ihren Reaktionen gegen die Angriffe und Diffamierungen der Werte, die der Islam als heilig erachtet, nicht das Maß; sie gehen zu weit. Dabei beabsichtigen die Initiatoren dieser Diffamierungskampagnen ja gerade, wie es ihren Verlautbarungen in den Medien zu entnehmen ist, die Muslime zu Ausschreitungen zu bewegen und so den Islam zu diffamieren. Einige Muslime, die nicht bemerken, dass es sich nur um die Taten einer Randgruppe handelt, beschuldigen darauf also die gesamte westliche und christliche Welt der Islamophobie. In der Folge rechnet die westliche Welt – verallgemeinernd – diese extremen Reaktionen der gesamten muslimischen Welt zu, ja sogar dem Islam. Die Muslime dürfen keineswegs einzelne Vorkommnisse der gesamten westlichen Welt anlasten. Andererseits kann und darf es im Westen ebenfalls nicht sein, einige extreme Reaktionen in der muslimischen Welt, die durch Provokationen hervorgerufen wurden, dem Islam und den Muslimen anzurechnen.

Wie steht es dann mit dem friedlichen Zusammenleben?

Im Islam gibt es keinen Wert, der ein Hindernis für das friedliche Zusammenleben mit Christen, Juden oder Angehörigen anderer Religionen und Überzeugungen wäre. Im Gegenteil. Es gibt Koranverse, Hadithe, also Aussagen des Propheten, und historische Erfahrungen, die gerade ein gemeinsames Leben ermöglichen. Der ehrenwerte Ali sagte: „Die Muslime sind unsere Geschwister in der Religion, und die Nichtmuslime sind uns in der Schöpfung gleich." Dieser Satz des vierten Kalifen in einem Brief an den ägyptischen Gouverneur Malik bringt diese Wahrheit sehr deutlich zum Ausdruck. Wir haben den anderen in dessen Existenz zu akzeptieren. Möglich sein wird das Zusammenleben von Muslimen und Christen nur durch die Einrichtung einer Kultur des Zusammenlebens. Dazu müssen die Grundrechte und Freiheiten für alle verteidigt und geschützt werden. Beide Seiten haben sich gegenseitig zu akzeptieren, in der Situation des anderen, so dass den Provokationen so weit wie möglich kein Publikum geboten wird. Ereignen sich dann solche Dinge, lässt sich zivilisiert auf sie antworten.

Ein Hassfilm über Muhammad hatte in vielen Ländern der islamischen Welt Proteste ausgelöst, die teilweise von Gewalt

begleitet waren. Was ist wichtiger: Meinungsfreiheit oder der Respekt vor der Religion?

Das war ja nicht der erste Vorfall dieser Art. Nachdem es solche Vorfälle wiederholt gegeben hat, sollte man Vorkehrungen treffen, um Entwicklungen zu verhindern, die in Provokationen münden. Das machen der gesunde Menschenverstand und das gesunde Herz erforderlich. Wir sind gläubige Menschen. Der Islam zeigt gegenüber jeder Religion Respekt. Mit Respekt spricht unser Prophet über alle Propheten, beginnend bei Adam. In Bezug auf den ehrenwerten Moses sagte er: „Zieht mich Moses nicht vor!" Sehr wichtig ist Empathie im Dienst einer respektvollen Begegnung mit den Gefühlen des Gegenübers. Über unseren ehrenwerten Herrn Jesus spricht unser Prophet sehr lobende Worte. Er deutet darauf hin, dass die Religion durch ihn wieder zum Wesen ihres eigentlichen Auftrags findet. Wir sind mit einer solchen Erziehung und Kultur aufgewachsen. Wir brauchen zunächst den Respekt gegenüber allen Religionen. Können die UN oder die EU in diesem Sinne ein Gesetz verabschieden, das uns den Respekt vor allem Heiligen abverlangt? Würde das aber nicht dem Recht auf Meinungsfreiheit widersprechen? Mir erscheint dieser Ansatz daher schwierig. Eher sollte man das Problem über die Erziehung der Menschen, über die Erziehung zu einem guten Charakter lösen. Das basiert auf ethischen Regeln. Juristische Regeln, Menschenrechte, Meinungsfreiheit vermögen nicht, diese Angelegenheit zu lösen.

Wie groß ist die Gefahr, dass salafistische Eiferer in der Welt das Bild vom Islam prägen?

Meinen Sie mit Salafisten jene Gruppen, die ihre antiwestliche Haltung mit Gewalt und Terror in die Tat umsetzen, so ist ihr negativer Einfluss auf die weltweite Wahrnehmung des Islam nicht zu leugnen. Dass einige Medien sich ganz auf diese extremen Randgruppen konzentrieren – statt auch das positive Verhalten der Mehrheit zu vermitteln – und sie immerzu einseitig ins Bewusstsein rücken, bewirkt leider, dass sich eine solche Wahrnehmung rasch ausbreitet. Aufgabe der Muslime sollte sein, diese Wahrnehmung zu brechen und die wahre muslimische Religion vorzustellen. Dazu müssen sie die Sprache des öffentlichen Auftretens beherrschen und sich der Medien bedienen.

Manche im Westen argumentieren: Muhammad habe einen Staat gegründet, Jesus habe sich von der Politik aber fern gehalten, habe dem Kaiser gegeben, was des Kaisers ist. Ist das Erlangen weltlicher Herrschaft Teil der Lehren des Islam?

Nichts ist dagegen einzuwenden, wenn in der islamischen Welt eine politische Ordnung auf islamischer Ethik, islamischen Disziplinen und islamischen Prinzipien basiert. Unserem Herr Jesus war mit seinen Jüngern nicht die Möglichkeit gegeben, einen Staat zu gründen. Andernfalls hätte wohl auch er eine Ordnung geschaffen, wie seine Vorgänger David und Salomon. Sie hatten einen Staat gegründet, das „Zeitalter der Könige", wie es im Alten Testament heißt. Moses hat eine staatliche Ordnung geschaffen, auch Joshua. Daher besteht eine Verwandtschaft zwischen Jesus, dem Messias, mit Zacharias und Johannes, die ebenfalls nicht die Möglichkeit zur Gründung eines Staats hatten. Als später das Römische Reich unter Konstantin dem Großen das Christentum als Staatsreligion annahm, regierte es nach den Regeln des Christentums. Ja, unser Prophet hat zu seiner Zeit eine Staatsordnung aufgebaut; die Strukturen verfestigten sich aber erst nach ihm unter den vier rechtgeleiteten Kalifen. Jene waren rechtgeleitet, haben sehr richtig gehandelt. Das können wir nicht über alle Herrscher der Omayyaden sagen, genauso wenig über die der Abbasiden; das trifft auch nicht auf alle osmanischen Sultane zu und nicht auf alle islamisch-asiatischen Reiche. Wir können nicht sagen, dass unter den späteren Herrschern das Recht, die

Gerechtigkeit, die Rechtleitung und die soziale Gerechtigkeit für alle Menschen gleichermaßen angewendet worden sind.

Aber sie haben sich dabei auf den Islam berufen, bei Selbstmordattentätern ist es ebenso.

Einige Herrscher ließen sich von Emotionen leiten, begingen Grausamkeiten und Ungerechtigkeiten – und versteckten sich dann hinter dem Islam. Manchmal wurde versucht, das Morden mit dem Islam zu rechtfertigen. Heute wird das in noch brutalerer Art und Weise begangen. Lebende Bomben, Selbstmordattentate – und es sind unschuldige Menschen, die darunter leiden. Der Islam bezeichnet die Vergeltung einer schlechten Tat in der gleichen Art und Weise deutlich als Unrecht. Letztlich sind die Grausamkeiten, welche Al-Qaida oder die Hizbullah begehen, nichts anderes als die Verunglimpfung des sauberen Antlitzes des Islam. Sie kennen den Koran nicht richtig.

Aber sie führen doch Krieg und töten im Namen des Islam?

Auch in der westlichen Welt hat es sie gegeben: die Kriege um Kapital, Arbeit, Wohlstand. Bei uns werden sie angeblich im Namen der Religion geführt. Ich halte es jedoch für ausgeschlossen, dass es dabei um Religion geht. Persönliche Interessen spielen eine Rolle, das Ego der Menschen. Sie lassen im Namen der Religion morden. In Wahrheit sind es Morde gegen die Religion. Ein Professor, der auch Priester ist, fragte mich, ob es der feste Glaube an die Existenz von Hölle und das Paradies sei, was diese Menschen zu Morden und zu Selbstmordattentaten ermutige. Ohne zu zögern antwortete ich, diese Menschen gelangen nicht ins Paradies, sondern mitten in die Hölle. So etwas kann nicht im Namen der Religion sein. Im Namen der Religion darf man nicht töten, Recht und Gerechtigkeit übergehen, Sachen entwenden, die Religion als etwas Bestialisches zeigen. Das kann nicht mit der Religion rechtfertigt werden.

Wie kommt es, dass der Islam dann so verschieden ausgelegt wird?

Vieles ist offen für eine Auslegung und eine Exegese in der Zeit. Das kann mit den Bedingungen einer Zeit erklärt werden. Wir haben zum einen Grundprinzipien, zum anderen aber Interpretationen in einer Zeit, die auf diesen Grundlagen basieren. [Der mystische türkische Prediger] Bediüzzaman Nursi sagt, die Zeit sei der größte Exeget. Die Anforderungen ändern sich mit der Zeit. Wir nennen diese Auslegung Idschtihad. Wenn heute kein Idschtihad praktiziert wird, dann weil es an Menschen fehlt mit der entsprechenden Kompetenz und Qualifikation. Das Tor zum Idschtihad steht vollkommen offen. Berücksichtigt man die Zeit, die wissenschaftlichen und technologischen Entwicklungen sowie die internationalen Verhältnisse, gibt es viele Gründe, weshalb ein Idschtihad durchgeführt werden muss. Wegen des Idschtihads gab es in der Vergangenheit Abspaltungen. Jemand sagte einmal: „Die Wege zu Gott sind so viele wie der Atem der Geschöpfe."

Herr Gülen, Sie gelten als der Erneuerer des Islam in der Türkei und als der geistliche Mentor der neuen anatolischen Elite der Türkei. Kann der Islam modern sein – oder trifft zu, was Kritiker behaupten: dass die Moderne doch nur islamisiert wird?

Zunächst: Ihre Worte vom Erneuerer und der geistlichen Führerschaft akzeptiere ich nicht. Unstrittig ist, dass es zur Moderne – wegen der verschiedenen politischen, soziologischen, philosophischen und kulturellen Auslegungen und Anwendungen – keine eindimensionale Definition gibt, was ähnlich für den Begriff Demokratie gilt. In der Literatur zur Moderne werden Prinzipien genannt – wie die Bedeutung von Vernunft und Wissenschaft, die Befreiung der Individuen von der Macht anderer oder des Staats, die Glaubens- und Meinungsfreiheit, der Schutz der Menschenrechte, das Primat des Rechts und einer demokratischen Führung. Keines steht im Widerspruch zu den islamischen Werten. Setzen Muslime diese Prinzipien auf individueller oder staatlicher Ebene um, bedeutet es nicht eine Modernisierung des Islam. Vielmehr kann man von einer Auslegung der interpretierbaren Seiten des Islam in Richtung auf die Prinzipien sprechen, die zwar von der Moderne herrühren, den Grundprinzipien des Islam aber nicht widersprechen. Andererseits kann man nicht davon ausgehen, dass der Islam jene Ansprüche billigt, die man ebenfalls in den Auslegungen und Anwendungen der Moderne antrifft: etwa die rein materialistische Herangehensweise an den Menschen und den Kosmos, die Praktizierung des Laizismus als Religionslosigkeit, uneingeschränkte absolute Freiheiten oder die Behauptung vom Ende der Religion sowie ihre Ersetzung durch Vernunft und Wissenschaft. Andererseits ist es doch keine „Islamisierung der Moderne", wenn Muslime der Moderne ihre eigenen Farben hinzugeben und zu einigen Fragen ihre eigenen Auslegungen entwickeln.

Der Atheismus breitet sich aber in Europa aus, und die Atheisten schätzen weder den Islam noch eine andere Religion. Wie kann ein Muslim in einer solchen Umgebung leben?

In Europa gibt es Atheisten und Deisten, auch in der Türkei und in Amerika. Menschen gehören anderen Religionen an, Christen betonen die Dreifaltigkeit. Die Realität zu sehen bedeutet, die Welt, die Menschen und ihre Gefühle richtig zu verstehen. Ich muss mit einer Empathie sprechen und handeln, mit der ich die Gefühle aller wahrnehme und auf sie Rücksicht nehme. So muss der Umgang mit Menschen sein. „Der wahre Gläubige ist jener Mensch, vor dessen Händen und Zunge die Menschen sicher sind", sagte unser Prophet. Das Prinzip ist, niemandem zu schaden. Ob nun Atheisten, Deisten, Materialisten oder Naturalisten: Jeder Mensch ist zunächst ein Mensch, und der Mensch ist Gottes ausgezeichnetes Werk, und er ist wert, ihn zu respektieren. Das kann man für eine humanistische Betrachtungsweise halten: Der Respekt vor dem Menschen kommt an erster Stelle. Gott sagt im Koran: „Wir haben den Menschen in schönster Form geschaffen." Der Koran berichtet, dass sich die Engel vor unserem Herrn Adam niedergeworfen, sich vor ihm verbeugt haben. Das zeigt die Erhabenheit des Menschen, seine Heiligkeit. Daher gebührt jedem Menschen Respekt.

Sie rufen also dazu auf, den Anderen zu respektieren, wie er ist?

Uns wurde aufgetragen, jeden Menschen entsprechend seiner Wirklichkeit zu akzeptieren und diesem gegenüber respektvoll zu sein. Erwartet man Respekt, darf man nicht versäumen, auch dem Nächsten Respekt zu erweisen. So muss man sich auch gegenüber Atheisten verhalten. Schließlich ist er ein Mensch, und man muss Menschen umarmen. Der Mystiker Dschalal ad-Din ar-Rumi (Mawlana), der vor mehr als sieben Jahrhunderten in Anatolien ein erhabener Meister für Toleranz und Dialog war, hatte gesagt: „Komm, komm, wer du auch bist, komm, zu welcher Religion du auch gehörst, komm!" Und er öffnete sein Herz gegenüber jedem. Wenn ihr euer Herz öffnet und ich euch umarme, dann werden eure Hände nicht herunterhängen; auch ihr werdet dann ein Bedürfnis empfinden, mich zu umarmen. Wir brauchen heute diese Haltung. In einer Zeit, in der tödliche Waffen großes Elend bringen, ist es eine wichtige Pflicht, die Wege des Friedens und des innigen Zusammenseins zu erforschen. Hat man Respekt für seinen eigenen Weg, erfordert das nicht, gegenüber der anderen Seite respektlos zu sein. Nicht respektieren darf man aber einige Verhaltensweisen. Das kann Muslime betreffen, Christen, Atheisten, Deisten. Ist der Mensch grausam oder bestialisch, vergießt er Blut, begeht er Unrecht, verletzt er das Recht der Menschen: Dann zerstört er die hohe

Moral. Will der Mensch gegen etwas vorgehen, sollte er es gegen solche negativen Eigenschaften tun. Er sollte versuchen, soweit er dazu imstande ist, diese zu beseitigen, und zwar mit Erziehung, Vermittlung von Bildung und gutem Benehmen, indem man die Wege des Friedens erforscht und Dialog führt.

Sind fundamentale Errungenschaften wie Demokratie, Pluralismus und die Menschenrechte lediglich westliche Erfindungen – oder sind sie universal und können damit auch in islamischen Gesellschaften praktiziert werden?

Bei Demokratie, Pluralismus und den Menschenrechten hat es wichtige Fortschritte gegeben. Das sind aber keine Werte, die sich allein in der westlichen Welt und nur in moderner Zeit gezeigt haben. Wir sehen, dass es im Entwicklungsprozess der Demokratie viele verschiedene Anwendungen gegeben hat und dass die Demokratie in diesem Prozess Verbesserungen und Revisionen unterzogen wurde. Der Begriff Demokratie wird in unserer Zeit oft mit Wörtern wie sozial, liberal, christlich, direkt, repräsentativ oder parlamentarisch verbunden, wobei in der Praxis sich diese unterschiedlichen Formen manchmal gegenseitig die Demokratie absprechen könnten. Die Prinzipien, die die Fundamente der Demokratie sind, stimmen mit den islamischen Werten und den dadurch aufgestellten Prinzipien der Verwaltung überein. Werte und Prinzipien, die der Islam wie auch die Demokratie akzeptieren, sind unter anderem Beratung, Gerechtigkeit, Religionsfreiheit, der Schutz der Rechte von Individuen und von Minderheiten, das Recht eines Volkes zur Wahl seiner Regierung, die Verantwortung der Regierenden für ihre Tätigkeiten und die Unzulässigkeit der Herrschaft einer Minderheit oder Mehrheit über den jeweils anderen. Die allgemeinen Prinzipien des Islam zur Regierungsform sind also kein Hindernis für die Umsetzung der Demokratie. Sie bieten sogar eine geeignete Grundlage dazu.

Aber meist wurden sie in der islamischen Geschichte ja nicht angewandt. Weshalb?

Demokratie entwickelt sich evolutionär. Sie wird über die Zeit anders wahrgenommen, die Völker wenden sie unterschiedlich an. Es gibt Sozialdemokraten und es gab Kommunisten, die sich vielleicht als Demokraten bezeichnet haben. Man spricht von Christdemokraten, es kann auch muslimische Demokraten geben. Weil sich Demokratie wandelt, ist sie nicht vollkommen. Sie hat weiter nicht die Reife, die sie bräuchte, um auf alle materiellen, geistigen und seelischen Wahrnehmungen zu antworten. Sie entwickelt sich weiter. Ein Aspekt, der zur Demokratie gehören sollte, ist, dass der Mensch sich einen Raum für seine Bedürfnisse bezüglich des Jenseits schafft – ob er daran glaubt oder nicht. Er muss die Grundlage schaffen, dass er beten, fasten, zur Kirche, zur Synagoge gehen kann. Demokratie sollte auch diesen Dingen einen Raum geben, wenn sie umfassend und universell sein will. Sonst wird sie ein System, das lediglich entsprechend der Wünsche und Forderungen bestimmter Menschen funktioniert. Das würde einengen. Erlangt die Demokratie eine solche Größe, findet in ihr jeder für sich einen Platz. Vielleicht werden die Muslime eines Tages „muslimische Demokratie" oder „religiöse Demokratie" sagen. Der Mensch ist für die Ewigkeit geschaffen. Durch nichts findet er Befriedigung, außer durch die Ewigkeit. Das mögen einige nicht so sehen. Doch müssen auch die Gefühle der Menschen berücksichtigt und geachtet werden, die so glauben.

Wie sichern Sie die Menschenrechte?

Der Islam kennt fünf fundamentale Prinzipien: Leben, Vermögen, Religion, Vernunft, Nachkommenschaft. Sie sind für die Menschenrechte maßgeblich; Koranverse, Sprüche des Propheten und nahezu alle autoritative Rechtsentscheidungen stellen sie unter Schutz. Die vom Propheten erlassene Verfassung von Medina ist ein Beispiel dafür. Dort sieht man die Verantwortung, die Rechte und Freiheiten von Muslimen und von Nichtmuslimen. Der Islam hat jeden dieser fünf Prinzipien als wichtiges Prinzip deklariert. Die islamische Jurisprudenz und das Leben der Muslime haben sich um diese Prinzipien organisiert. In Bezug auf den Schutz der Nachkommenschaft kann viel nachgedacht werden. Darf man Abtreibung zulassen? Es betrifft das Kind ebenso wie die Eltern. Haben wir ein Recht darauf, sein Recht zu verletzen?

Noch einmal zum Anderen. Lässt der Islam ihn wirklich zu und akzeptiert damit Pluralismus?

Im Kern des Islam bestehen Prinzipien wie: Jeden in seiner Situation akzeptieren; gewährleisten, dass jeder die Rechte und Freiheiten vor dem Gesetz als gleicher Bürger genießen kann, solange die Rechte und Freiheiten anderer nicht beschnitten werden; gewährleisten, dass ein bestimmtes Glaubenssystem oder eine bestimmte Lebensweise nicht durch die Politik aufgezwungen wird; gewährleisten, dass niemand wegen ethnischer, kultureller, religiöser oder ähnlicher Gründe gedemütigt und erniedrigt wird; es gibt das Prinzip, dass keiner einer Ungleichbehandlung ausgesetzt werden darf.

Aber schränken nicht mehrere Koranverse, etwa zu den Juden von Medina, das Recht des Anderen ein?

Aspekte für den Pluralismus und die Akzeptanz des anderen sind die Gleichheit des Menschen vor dem Gesetz, die Glaubensfreiheit, die Erziehung und Unterrichtung im Glauben. Die Prinzipien gelten, solange sie die Rechte anderer nicht beschneiden. Wenn einige Verse des gesegneten Koran dem auf den ersten Blick entgegengesetzt scheinen, muss man die Offenbarungsursachen dieser Verse genau im jeweiligen Kontext ansehen. Entscheidend ist, dass sich diese Verse nicht verallgemeinernd gegen die Personen und Gruppen richten, sondern gegen ihre Haltung und ihr Verhalten. Die islamische Religion hat ihre Beziehung zu den Christen, Juden und Polytheisten nicht auf den Glaubensunterschieden aufgebaut, sondern auf deren Haltung und Verhalten. Bereits der Koran und die Sunna haben die Prinzipien des Zusammenlebens entworfen.

Ist der Islam tolerant – oder strebt er nach der Unterwerfung der Andersgläubigen?

Die Glaubensfreiheit ist in der muslimischen Religion ein Prinzip. Ich will das mit einem Beispiel aus der islamischen Geschichte verdeutlichen. Als der ehrenwerte Prophet zum Auszug von Mekka nach Medina rief, hatte es in Medina neben Arabern jüdische Stämme und einige Christen gegeben, auch Araber waren Juden oder Christen geworden. Die damals polytheistischen Araber zeigten ihnen gegenüber Respekt. Als Väter und Mütter dieser Kinder Muslime wurden, wollten sie ihre Kinder zwingen, ebenfalls Muslime zu werden. Darauf wurde ein Koranvers herabgesandt, der besagt, dass es in den Fragen der Religion keinen Zwang geben dürfe, dass die Religion ein göttliches Angebot sei, dass die Menschen dieses Angebot nur mit ihrem freien Willen akzeptieren oder ablehnen sollten. Der Vers 2: 256 untersagte also, den Kindern Zwang anzutun. Das islamische Prinzip ist, die Freiheit der Glaubensausübung – der Muslime wie der Nichtmuslime – unter Schutz zu stellen. Die jedoch unterschiedlichen Umsetzungen in der Geschichte müssen in ihrem eigenen historischen Kontext gesehen werden. Jedes Ereignis muss innerhalb seiner politischen, sozialen und wirtschaftlichen Bedingungen und Umstände bewertet werden.

Welche Rolle spielt in Ihrem Denken die Frau?

Frauen können nahezu alle Rollen übernehmen, sie können Richter und Staatsoberhaupt sein. Zu beachten sind zwar die Natur der Frau und religiöse Empfindlichkeiten. Die Rolle der

Frau ist aber nicht auf die Beschäftigung zu Hause und auf das Großziehen der Kinder beschränkt. „Die Frau im Islam" gehört zu den Themen, die im Westen negativ und am häufigsten behandelt werden. Der Grund ist, dass die Muslime Dinge praktizieren, die den Grundwerten des Islam widersprechen. Einiges, was negativ erscheint, muss man im Zusammenhang mit den Bedingungen der jeweiligen Epochen und Staaten bewerten. Zudem herrschen in einigen Regionen und Gesellschaften weiter Gewohnheiten und Traditionen, die es vor dem Islam gegeben hat und die weitergeführt werden. Das dem Islam anzurechnen, ist nicht richtig. Für die muslimische Religion ist es aber niemals zulässig, die Rolle der Frau in der Gesellschaft und ihren Handlungsspielraum einzuschränken. Bedauerlicherweise wurde diese Tatsache mit der Zeit unter manchen Muslimen missachtet. Ein grobes Verständnis und ein plumpes Denken hat damit das System zerstört, welches auf der gegenseitigen Hilfe von Mann und Frau sowie auf das gemeinsame Teilen aufgebaut war. Mit dieser Zerstörung wurden auch der Familienfrieden und die gesellschaftliche Ordnung zerstört.

Sind Mann und Frau gleich?

Auch die Frau ist eine freie und eigenständige Persönlichkeit. Ihre Weiblichkeit hebt keine der Qualifikationen auf, die sie besitzt, verengt sie auch nicht. Wenn eine ihrer Rechte berührt wird, kann sie, wie die Männer, ihre Rechte einfordern. Gehört ihr etwas, was jemand anderes in Besitz hält, kann sie es zurückholen. Muslime unterschiedlicher Völker hatten ihren historischen Erfahrungsschatz mit dem Kleid des Islam gekleidet, sie präsentierten ihre Gewohnheiten und Traditionen, als gehörten sie zu den Grundlagen der Religion. In dieser Richtung gab es auch einige theologische Gutachten, Idschtihads. So wurden die Rechte der Frau veräußert, von Tag zu Tag wurde sie in einen immer engeren Bereich gedrängt und sie wurde, ohne zu erfassen, wohin das Ganze hinausläuft, in einigen Gebieten sogar ganz aus dem Leben ausgeschlossen. Einen Unterschied der Frau zum Mann gibt es bei keinem der Themen, die die Grundprinzipien des Islam betreffen – etwa bei der Glaubens- und Meinungsfreiheit, den Vermögens- oder Eigentums- und Verbraucherrechte, der Gleichheit vor dem Gesetz, dem Recht auf eine gerechte Behandlung vor dem Gesetz, dem Recht auf Heirat und der Gründung einer Familie, dem Recht auf Intimität und die Unantastbarkeit der Privatsphäre. Wie bei Männern stehen auch ihr Vermögen, Leben und ihre Sexualität unter Schutz. Wer das verletzt, dem drohen schwere Strafen.

Welche Stellung sollte die Frau in Ihrem Netzwerk haben?

Die in der Bewegung aktiven Frauen üben, indem sie der Menschheit zur Hilfe stehen, wichtige Aufgaben aus. Sie schöpfen, wie die Männer, die Möglichkeiten aus, die ihnen zur Verfügung stehen. Sie sind mit ihrer Haltung und ihrem Verhalten ein Vorbild. Entsprechend ihrer Ausbildung und Erfahrungen setzen sie, auch in leitenden Positionen, die ihnen obliegenden Pflichten um, und sie reisen, ist es erforderlich, in alle vier Himmelsrichtungen. Auch wenn wir im Vergleich zu früher enorme Wege zurückgelegt haben, ist die Partizipation der Frauen in der Gesellschaft und in der Bewegung nicht dort, wo sie sein müsste. Sie hat das gewünschte Niveau nicht erreicht.

Herr Gülen, Sie leben seit mehr als zehn Jahren in den Vereinigten Staaten. Aus welchem Grund? Wollen Sie in die Türkei zurückkehren?

Erstens bin ich wegen meiner gesundheitlichen Probleme nach Amerika gekommen. Freunde, die sich um mich und meine Gesundheit sorgen, hatten darauf beharrt. Die Ärzte rieten mir, meinen Aufenthalt zu verlängern. Ich war zudem, zweitens, durch haltlose und falsche Publikationen gegen meine Person zahlreichen Verleumdungen und Diffamierungen ausgesetzt. Um sie richtigzustellen, habe ich den Rechtsweg eingeschlagen. Da sich das fern von mir abspielt, werde ich hier von solchen belästigenden Dingen weniger beeinflusst. Drittens habe ich weiter die Sorge, dass meine Rückkehr in die Türkei von einigen Kreisen zum Anlass genommen werden würde, die demokratischen Errungenschaften umzukehren. Obwohl ich so sehr in die Türkei zurückkehren möchte, werde ich es nicht tun, solange sich meine Bedenken nicht verflüchtigen.

Die Regierung der AK Parti hatte in ihren ersten Jahren zahlreiche Reformen auf den Weg gebracht, dieser Elan ist verschwunden. Wie ist Ihr Verhältnis zu Ministerpräsident Erdogan und der AK Parti, die ja eine islamisch-konservative Partei ist?

Die derzeitige Regierung hat im Namen der Demokratisierung viele Reformen verwirklicht. Unser Wunsch ist, diese Errungenschaften noch viel weiter zu führen. Ich habe mein ganzes Leben lang zu allen Parteien den gleichen Abstand gehalten, das gilt auch für die AK Parti. Wenn ich in der Vergangenheit und der Gegenwart Handlungen von Parteien unterstützt habe, war das keine Unterstützung für die Partei, sondern für die Demokratisierung oder für Handlungen, die mit den Werten übereinstimmen, an die wir glauben. So habe ich im Jahr 2010 unser Volk motiviert, in einem Referendum den Verfassungsänderungen zuzustimmen. Für mich war sehr wichtig, dass unser Volk erstmals in der Republik aus eigenem, freiem Willen die Verfassung ändern konnte. Wären diese Änderungen nicht in der Amtszeit der AK Parti, sondern bei einer von der CHP geführten Regierung zur Wahl gestellt worden, hätte ich sie ebenfalls unterstützt. Zu Ministerpräsident Erdogan: Ich kannte ihn, als er Oberbürgermeister von Istanbul war. Wir sahen uns von Angesicht zu Angesicht vielleicht ein-, zweimal. Seit ich in den Vereinigten Staaten bin, haben wir uns nicht mehr getroffen. Bisher habe ich lediglich, entsprechend meiner demokratischen Rechte und meiner Verantwortung als einfacher Bürger, auf verschiedenen Wegen sowohl dem Ministerpräsidenten wie auch früheren Staatsmännern bei einigen Themen meine Ansichten und Überzeugungen mitgeteilt.

Wie halten Sie von Pennsylvania aus Kontakt zu Ihren Schülern und zu den Mitgliedern des Netzwerks, das in Ihrem Namen entstanden ist?

Ein einfaches, zurückgezogenes Leben entspricht meinem Gemüt im Alter immer mehr. Ich möchte die letzten Abschnitte meines Lebens mit Gebeten zum Herrn verbringen. Vor uns liegt ein ewiges Leben. Mit dem Alter denkt man noch mehr nach über das diesseitige Leben, den Tod und das Leben danach. Mein Alltag wird bestimmt durch tägliche Leserunden mit einigen Theologie-Absolventen. Ich beantworte ein- bis zweimal in der Woche Fragen, die an mich gestellt werden. Die Kollegen und Freunde veröffentlichen sie anschließend auf einer Webseite. Lässt es mein gesundheitlicher Zustand zu, empfange ich meine Gäste, die sich die Mühe gemacht und einen langen Weg hierher zurückgelegt haben, und führe mit ihnen einen konstruktiven Meinungsaustausch.

Wie erklären Sie sich, dass Sie als Prediger und in der Nachfolge von Bediüzzaman Nursi in diese zentrale Führungsrolle für die türkische Gesellschaft hineingewachsen sind?

Wenn Sie sagen, ich sei der Nachfolger von Bediüzzaman – das mag das Ergebnis Ihrer guten Absicht sein – sage ich Ihnen: Das trifft nicht zu. Das bedeutet keineswegs, dass ich die Werke Bediüzzamans nicht lese. Im Gegenteil: seine Werke sind eine meiner wichtigsten Quellen. Zum Stichwort „führende Persönlichkeit der türkischen Gesellschaft“: Mein Leben lang habe ich nach einem Dasein als ein guter Muslim unter anderen gestrebt. Nie war es meine Absicht, aus der Menge herauszuragen, geschweige denn eine führende Persönlichkeit zu werden. In meinen Predigten, Vorträgen, Konferenzen, Aufsätzen und Büchern habe ich stets versucht, als jemand aus dem Volk aufzutreten. Es ist der guten Absicht der Menschen zu verdanken, dass sie mir eine besondere Sympathie und einen besonderen Stellenwert zukommen lassen. Ich sehe es aber als eine große Ungerechtigkeit, dass diese wunderbaren Taten und Errungenschaften einer einzigen Person zugesprochen werden und er mehr Lobpreisungen erhält als er verdient.

Haben Sie eine Vorstellung, wie groß Ihre Gefolgschaft in der Türkei und weltweit ist?

Ich bin kein Führer, daher sollte es auch keine Anhänger geben, deren Anzahl ich kennen sollte. Mein höchstes Ziel ist es, als einer unter anderen Gott und den Menschen zu dienen und im Namen des Schöpfers und der Erschaffenen meinen religiösen und menschlichen Pflichten nachzukommen. Kreuzt sich mein Weg mit den Wegen anderer und teilen wir dieselben Ziele und Ideale, sollte dies keineswegs als eine Führung meinerseits aufgefasst werden. In der islamischen Literatur nennen wir das „Iktiran“, die unbeabsichtigte Zusammenfügung zweier Dinge oder Ereignisse. Es liegt nicht in unserer Hand, sondern in der Macht des Herrn. Daher habe und hatte ich niemals den Gedanken, dass ich Anhänger habe, auch nicht die Absicht, mich über ihre Anzahl zu informieren. Möge Gott mich vor solchen Fehlleitungen beschützen.

Die Bewegung, die sich auf Sie beruft, nennt sich „Hizmet-Bewegung“, wobei Hizmet den Dienst am anderen bedeutet. Ist „Bewegung“ der richtige Ausdruck für die Gemeinschaft Ihrer Anhänger, zu der viele Millionen in der Türkei und weltweit zählen?

Die Anfänge der „Hizmet-Bewegung" kann man als Gemeinschaft (cemaat) bezeichnen. Denken wir an alle jene, die sich heute mit „Hizmet" mehr oder minder identifizieren – das sind Menschen unterschiedlichster Religion, Sprache und Kultur –, reicht dieser Begriff nicht mehr aus. Bei „Bewegung" denkt man normalerweise an gesellschaftliche und politische Strömungen. Zu einer „Bewegung" gehören Aktivitäten, Freiwillige, die diese Aktivitäten ausführen, und Institutionen, die von den Freiwilligen gegründet werden. Daher nenne ich das, was meinem Namen zugeordnet wird, entweder „Hizmet", „Bewegung der Freiwilligen" oder eine „Bewegung sui generis". Eine passende, wenn auch lange Kennzeichnung lautet: „Die Bewegung von Menschen, die um erhabene menschliche Ideale zusammengefunden haben".

Ein oft zu hörender Vorwurf an die Bewegung ist, dass sie eine islamistische Elite heranziehe, die heimlich den Umsturz, etwa in der Türkei, vorbereite. Die Bewegung sei intransparent, wie die Mafia oder ein Geheimbund organisiert, sagen Kritiker. Stimmt das?

Nicht einmal jene, die uns so etwas vorwerfen, glauben doch wirklich an solche Vorwürfe. Dass die Aktivitäten von „Hizmet" mit einem Begriff wie „Islamismus" gleichgesetzt werden, zeugt von Ignoranz. Entweder werden bewusst falsche Informationen verbreitet, oder diese Personen wissen weder, was Hizmet ist noch was Islamismus bedeutet. Auf der Gegenseite werfen andere Kritiker der „Hizmet-Bewegung" Verrat am Islam vor, Knechtschaft gegenüber den Vereinigten Staaten und Israel, Propaganda für das Christentum und Judentum, eine geheime Kooperation mit dem Vatikan oder anderen religiösen Zentren. Ich bin 74 Jahre alt. Mein Leben und meine Werke stehen jedem offen. Nichts ist verborgen. Bis zum jetzigen Zeitpunkt habe nicht versucht, ein Dorf unter meine Kontrolle zu bringen, geschweige denn Staaten. Die gegenstandslosen Anschuldigungen und die Gerichtsurteile dazu sind allseits bekannt. Mittlerweile habe ich nicht mehr die Kraft, über diese frei erfundenen Vorwürfe zu lachen. Ich bin nur traurig um jene, die solches behaupten. Außerdem finden die Aktivitäten von „Hizmet“ ja in aller Öffentlichkeit statt, mit Menschen aus allen Bereichen des Lebens, aus allen Nationen und Religionen. Die Aktivitäten der Institutionen sind von den staatlichen Behörden genehmigt und obliegen ihrer Kontrolle. Aktivitäten außerhalb dieser Institutionen im privaten und gesellschaftlichen Bereich geschehen auf der juristischen Grundlage der jeweiligen Staaten, welche darüber informiert sind. Ich würde gerne wissen, was daran intransparent ist.

Nehmen wir das Beispiel Schulen. Oft heißt es, das sei eine „Gülen-Schule“. Denn die Gründer und Träger einer Schule sind von Ihren Ideen inspiriert. Welchen Einfluss üben Sie über diese Schulen aus?

Mein Einfluss auf diese Schulen besteht höchstens darin, dass ich ihre Gründung angeregt habe und dass ihre Gründer und Leiter meine Ideen zum Thema Bildung beherzigen. Ich persönlich bin in keiner dieser Schulen Gründungs- oder Vorstandsmitglied oder habe sonst eine Zuständigkeit. Dass sie als „Gülen-Schulen“ bezeichnet werden, habe ich nie für richtig empfunden, und ich habe dem auch nie zugestimmt.

Herr Gülen, die Ihnen nahe stehende Bewegung betätigt sich in den fünf Bereichen Bildung, Medien, Dialog, Unternehmen und Wohltätigkeit. Zunächst eine Frage zur Bildung: Warum ist die „Hizmet-Bewegung“ vor allem in diesem Bereich aktiv? Wie viele Schulen gibt es in Deutschland und auf der Welt, die Ihren Vorstellungen entsprechen?

Alle gesellschaftlichen Probleme beginnen beim Menschen, und sie hören beim Menschen auf. Über die Bildung läuft der

Weg, damit ein Mensch einen konstruktiven Beitrag zu seiner Familie, der Gesellschaft und der Menschheit leistet. Außerdem bin ich überzeugt, dass wir als Geschöpfe Gottes nur durch eine weltliche und spirituelle Bildung zur vollen individuellen Reife gelangen. Diese bescheidenen Ideen habe ich ein Leben lang in Moscheen gepredigt, habe sie in meinen Schriften und auf Konferenzen zum Ausdruck gebracht. Menschen, deren Streben Menschlichkeit ist und deren Nation die gesamte Menschheit ist, beweisen Patriotismus. Um ihrer Umgebung und der gesamten Menschheit zu dienen, gründeten diese Menschen zunächst in der Türkei und anschließend überall auf der sich globalisierenden Welt Bildungseinrichtungen. Sie unterstützen sie und engagieren sich für sie. Der Grund liegt in der zentralen Rolle der Bildung. Zur Anzahl der Schulen in Deutschland und anderen Ländern, die gegründet wurden von Menschen, die diese Bewegung auf die eine oder andere Weise in ihr Herz geschlossen haben: Ich hatte nie den Drang verspürt, ihre Anzahl festzustellen. Ich weiß es nicht.

Zu den Medien. Ihnen folgen in der Türkei Zeitungen wie Zaman und Fernsehsender wie Samanyolu, in den Vereinigten Staaten Ebru TV. Sind diese anders als die übrigen Medien?

Meine Grundsätze bei Medien sind: die Wahrheitstreue bei der Berichterstattung; das Bewusstsein der gesellschaftlichen Verantwortung bei der Veröffentlichung; die Notwendigkeit, einer breiten Palette von Meinungen eine Plattform zu bieten. Ich bin der Ansicht, dass Medien einen Beitrag leisten können, in der Gesellschaft eine demokratische und tolerante Kultur des gegenseitigen Respekts zu etablieren. Die Befugnisse zur Umsetzung dieser Überlegungen haben die Redakteure und Redaktionsleiter der jeweiligen Medien. Die Öffentlichkeit soll entscheiden, inwieweit es ihnen gelingt.

Ein großer türkischer Unternehmerverband beruft sich auf Sie, und der Aufschwung Anatoliens ist eng verbunden mit dem Begriff der „anatolischen Tiger". Welche Bedeutung haben für Sie Selbständigkeit und Unternehmergeist, welche Arbeitsethik lehren Sie?

Ich habe die Unternehmer, die mich wertschätzend besucht haben, immer dazu aufgerufen, einen aufrichtigen Unternehmergeist zu haben. Ich rate ihnen zu einem bedachtem Risikokalkül und ermutige sie, angemessen zu investieren und auch im Ausland zu expandieren. Ich rege sie dazu an, sich zu vernetzen und Unternehmerverbände zu gründen, erinnere sie auch stets an ihre soziale und gesellschaftliche Verantwortung. Ich rufe sie dazu auf, sich für Hizmet stark zu machen. Besonders in den achtziger Jahren des letzten Jahrhunderts, als sich die Türkei der Welt öffnete, habe ich, wie viele andere, die türkischen Unternehmer motiviert, rund um den Globus zu investieren, bilaterale Wirtschaftsbeziehungen zu fördern sowie lokale Bildungs- und Wohltätigkeitsaktivitäten finanziell zu unterstützen. Aufgabe der Experten ist, über Unternehmensführung, die Volkswirtschaft, Gewinne und Entwicklung zu sprechen. Mein bescheidener Beitrag betrifft den religiösen Aspekt, er besteht aus einigen allgemeinen Richtlinien und ethischen Prinzipien – beispielsweise dass sich die Unternehmer von Betrug, von Spekulationen, Schwarzmarkthandel und ähnlichem fernhalten, dass sie für Vertrauen und Sicherheit stehen, dass sie bei der Auskostung der Gaben Gottes nicht verschwenderisch und habgierig sind, dass sie die Rechte der Arbeiter respektieren, dass sie nicht vergessen, dass die Gesellschaft, in der sie leben, ebenfalls einen Anteil an ihren Gewinnen hat und dass sie im Bewusstsein leben, dass letztendlich alles von Gott kommt.

In Ihren Lehren nimmt der Begriff des „Gottgefälligkeit" eine zentrale Rolle ein. Hat das eine neue Arbeitsethik geschaffen?

Dem Begriff der „Gottgefälligkeit" wird im Koran und in der Sunna des Propheten, auch in den Schriften großer islamischer Gelehrter, von Dschalal ad-Din ar-Rumi (Mawlana) über Abdulqadir al-Dschilani bis zu Bahanddin Naqschiband, sehr großen Wert beigemessen. Das Streben nach Allahs Wohlwollen ist auch ein Merkmal der eigenen Zufriedenheit mit Allah. Nach Wegen zu Allahs Wohlwollen zu suchen, ist eine äußerst wertvolle Sache. Fixiert sich jemand darauf, erscheint im Vergleich dazu alles andere klein und zweitrangig. Man nehme an, die Menschen erschließen für sich das Universum, schaffen dort Lebensräume, das wäre ein grandioses Ereignis. Es gibt aber nichts, was das Wohlwollen Gottes übersteigt; Höheres kann es nicht geben. Danach sollte der Mensch streben. Ist dies der Fall, gibt es keine Grenzen mehr, die einen aufhalten können. Das Leben, das Hab und Gut – das wird zweitrangig. Um das Wohlwollen Gottes zu erlangen, kann man etwa hilfsbedürftige Studenten fördern und so der Menschheit dienen. Wird Hizmet im Bereich der Bildung betrieben, geschieht es, um Allahs Wohlwollen zu verdienen. Schmieden wir Stahl, backen wir Brot – und finanzieren mit dem Verdienst Schulen. Suchen wir Dialog, dienen wir durch Bildung der Menschheit, errichten wir Brücken für Frieden und Dialog: Geschieht das alles zum Wohlwollen Gottes, kennen die Anstrengungen kein Ende. Bis zum letzten Cent würde man alles dafür ausgeben, ohne zu zögern, sogar liebend gerne. Bindet man sein Handeln aber an vergängliche Ziele, etwa an politische Ämter, gelangt man zu einem Ende, sobald man dort ist. Im Grunde ist dies ein Ausdruck der Endlichkeit. Das Streben nach Gottes Wohlwollen ist aber ein Ausdruck der Unendlichkeit. Das hält bis in alle Ewigkeit.

Weshalb legen Sie Wert auf karitative Arbeit, wo doch der Staat sozialpolitisch helfen kann?

In der Türkei wie in den westlichen Staaten gibt es staatliche Sozialprogramme, wobei sich über deren Erfolg diskutieren lässt. Allseits anerkannt ist bei Sozialprogrammen die ergänzende Rolle und Bedeutung von Nichtregierungsorganisationen. Selbst die reichsten Staaten sind auf sie und auf Freiwillige angewiesen. Abgesehen davon betreffen gesellschaftliche Wohltätigkeitsaktionen auch Aspekte der gesellschaftlichen Verantwortung eines Muslims, der sozialen Gerechtigkeit und des gesellschaftlichen Friedens. Den Bedürftigen zu helfen, ist religiöse und ethische Verpflichtung eines Muslims. Dass ein Muslim diese Verpflichtung komplett dem Staat überlässt, darf nicht der Fall sein. Zudem sind Hilfs- und Wohltätigkeitsaktionen ein Ansatz, aus unterschiedlichsten Gründen verursachte Spannungen und Anfeindungen innerhalb einer Gesellschaft zu beseitigen.

In Deutschland hört man häufig, dass Türken nicht bereit oder in der Lage seien, sich zu integrieren und Teil der deutschen Gesellschaft zu werden. Was raten Sie bei der Integration?

Die Integration hätte besser laufen können. Verantwortlich sind die Migranten, aber auch die europäischen Staaten. Die Migranten dachten lange nicht daran, sich in die gastgebende Gesellschaft zu integrieren, weil sie von der Rückkehr in ihre Heimat ausgegangen sind, zu der es nicht kam. Den Preis für diese Passivität haben sie und noch mehr ihre Kinder bezahlt. Aus demselben Grund haben auch die Gastgeberländer zunächst keine Integrationsmaßnahmen ergriffen. Sie waren nicht in der Lage, notwendige und integrationsfördernde Angebote und Möglichkeiten in den Bereichen Bildung, Politik, Gesellschaft, Kultur und Wirtschaft zu schaffen. Ferner haben sich die Herkunftsländer der Migranten nicht rechtzeitig und ausreichend um sie gekümmert. Heute tut sich auf beiden Seiten viel. Die europäischen Staaten haben in den letzten Jahren nachhaltige Integrationsmaßnahmen getroffen, um bestehende Hürden zu beseitigen. Die Migranten haben erkannt, dass sie in ihrem Gastland eine neue Heimat gefunden haben, und investieren nun in die Bildung ihrer Kinder und Enkelkinder, bauen sich eine wirtschaftliche Existenz auf und ergreifen die Initiative. In diesem Rahmen leistet die Hizmet-Bewegung durch Bildungseinrichtungen und Sprachkurse einen akademischen, kulturellen und sozialen Beitrag zur Integration. Diese Einrichtungen setzen sich dafür ein, dass die neuen Generationen als teilhabende Bürger einen konstruktiven Beitrag für die Gesellschaft leisten, ohne ihre Herkunftskultur zu leugnen. Ich bin zuversichtlich, dass dieser Perspektivenwechsel und die damit verbundenen vielseitigen Integrationsbemühungen positive Früchte tragen.

Welche Entwicklung erwarten Sie in der arabischen Welt, nachdem mehrere Diktaturen gestürzt worden sind?

Nach dem Sturz langjähriger Diktaturen erwartet jeder, dass in den arabischen Staaten Demokratien entstehen. Über die Entwicklung demokratischer Strukturen entscheiden jedoch ideologische und kulturelle Aspekte, die Armee, das bürokratische und juristische System, die Medien, die Investoren, die Zivilgesellschaft, die globale Konjunktur und das Verhalten der Staatengemeinschaft. Nehmen wir das Beispiel Türkei. 1950 markierte den Übergang in ein Mehrparteiensystem. Dennoch hat die türkische Demokratie stark unter den Militärcoups gelitten, die alle zehn Jahre stattfanden. Bedeutende Fortschritte wurden in den letzten Jahren durch den EU-Beitrittsprozess und die Bestrebungen einiger mutiger Politiker erzielt. Von einer wirklich etablierten Demokratie kann noch immer nicht die Rede sein. Hoffen wir, dass die arabischen Länder nicht denselben langjährigen Prozess wie die Türkei durchmachen müssen und dass sie die Übergangsphase schnell(er) überwinden.

Können Sie Ihre Lehre kurz zusammenfassen?

Von einer Lehre, die meiner Person gehört, kann nicht die Rede sein. Ich kann lediglich einige Prinzipien aus den Quellen wiedergeben, aus denen ich gelernt habe, wie aus dem Koran und der Sunna des Propheten sowie Werken früherer Gelehrter und großer Persönlichkeiten der Menschheitsgeschichte. Solche Prinzipien sind: wahrer Glaube; Menschenliebe; sich anderen Menschen nicht überlegen fühlen; die Liebe zu lieben und den Hass zu hassen; die Einheit von Herz und Vernunft; freies Denken; diszipliniertes Arbeiten; sein Glück im Glück anderer suchen; Aufopferungsbereitschaft; den Menschen helfen, ohne eine Gegenleistung zu verlangen; jeden akzeptieren, wie er oder sie ist; den freien Willen in vollem Maße für das positive Handeln nutzen; das Bewusstsein der sozialen Verantwortung; positives Handeln; den Frieden als Basis nehmen und Gewalt jeglicher Form ablehnen; Beachtung des gemeinsamen Verständnisses; ein Gleichgewicht zwischen Denken und Handeln herstellen. Ein Leben nach folgendem Hadith sollte angestrebt werden: „Der Beste unter den Menschen ist derjenige, der anderen Menschen von größtem Nutzen ist."

Gespräch mit ZAMAN, März 2014

In letzter Zeit werden viele Lügen und Verleumdungen über Ihre Person verbreitet. Verletzende Worte wurden benutzt. Gegenüber diesen Vorwürfen haben Sie geschwiegen?

Natürlich habe ich es sehr bedauert, es hat mich bedrückt. Ich habe es bisher nicht enträtseln können, mit welchem Fundament und welchen Beweisen sie all dies so selbstbewusst in öffentlichen Reden ausgesprochen haben. Selbst Nichtgläubige haben in der Vergangenheit nicht derart abscheuliche Ausdrücke gegen die Gläubigen verwendet. Ich hätte solche Beleidigungen von den betreffenden Leuten nicht erwartet. Ich werde sie nicht als Lügner bezeichnen, da meine persönliche moralische Überzeugung dem keinen Raum gibt. Ich ziehe es vor zu sagen, dass sie die Menschen mit den Tatsachen widersprechenden Behauptungen täuschen.

Ich habe mich jedoch damit getröstet, dass in jeder Phase der Geschichte, besonders zu Zeiten des Aufruhrs, Menschen diffamiert wurden, mit der Würde der Gläubigen gespielt wurde und dass dabei Menschen bewusst oder unbewusst mitgemacht haben, denen nicht bewusst war, was tatsächlich geschieht. Wer sind wir schon? Unsere Mutter Aisha[2] wurde verleumdet. Bösewichte haben sogar Gott gelästert. In mehreren Stellen geht der Koran auf diese Verleumdungen ein. Es wurde behauptet, Gott habe Kinder oder die Engel wären die Töchter Gottes – dabei ist Gott von all dem weit entfernt. Es gab immer wieder solche ungebührlichen Aussagen über Gott, die mich persönlich verletzten. Und wenn man derlei nun über Gott, seinen Propheten oder den Gottesfreunden ge-

---

[2] Anm. d. Red.: Aischa war die Ehefrau des Propheten Muhammed.

genüber zu behaupten pflegt, so denke ich mir: „Ist es bei all dem denn so wichtig, dass es auch Menschen gibt, die Lügen über mich verbreiten?" Und so finde ich Trost.

Jeder Mensch handelt entsprechend seinem Charakter. Menschen, die die Begabung zur Tyrannei haben, unterdrücken eben. Wenn man keine Zähne zum Beißen hat, kann man eben niemanden beißen. So ist es besser. Sollen sie ihre Grausamkeiten doch fortsetzen, wir jedoch sollten mit Behutsamkeit und Wachsamkeit zu Gott beten, auf dass er diejenigen (die Unterdrücker), die die Fähigkeit und das Potenzial dazu haben, rechtleite, ihnen vergebe und mit ihnen nach seiner Barmherzigkeit verfahren möge. Die Konfrontation mit Komplotten, Verleumdungen und Lügen ist das Schicksal jedes Menschen, der sich diesem Weg verpflichtet hat. Besonnenheit und Weitblick werden aber mit der Zeit dominieren und helfen, diese schweren Steine aus dem Weg zu räumen. Kein Komplott, keine Diffamierung hat gegenüber Besonnenheit und Weitsichtigkeit dauerhaft Gültigkeit. Wie gut wäre es doch, wenn diejenigen, die sich in Verschwörungstheorien und Ängsten verlieren, ihren Weg erneut im Lichte des Koran und der Sunna des Propheten überdenken und überprüfen würden.

Reichen die folgenden Verse Fuzulis aus, um Ihre aktuelle Situation zu beschreiben: „Untreu der Freund, rücksichtslos das Schicksal. Des Leides ist viel, der Anteilnehmenden sind wenige. Der Feind ist gewaltig, das Glück ist schwach."?

Fast alle unserer Freunde haben ihre Treue bewahrt. Trotz des massiven Gegenwindes gab es aufseiten unserer Freunde fast keine Erschütterungen, fast niemand hat mit uns gebrochen. Das Herz wünscht sich natürlich, dass jeder entsprechend seines Amtes und seinen Möglichkeiten entsprechend handelt. Manchmal erfüllt sich diese Erwartung aber leider nicht. Ich weiß nicht, ob wir einen Anspruch darauf haben, zu erwarten, dass unsere alten Freunde im Namen der Gerechtigkeit zu der aktuellen Situation Position beziehen. Aber lassen Sie mich doch eines sagen: Von einigen Menschen hätte ich mehr erwartet, als dass sie lediglich in guten Zeiten Freunde sind.

Es gab einmal jemanden, der einst gesagt hatte, dass er dazu bereit wäre, für meine Wenigkeit sein Leben zu geben. Nach der Militärintervention vom 12. März 1971 waren wir im Gefängnis. Nach der Entlassung waren wir mit der Gründung des Studentenwohnheims in Bozyaka (Izmir) beschäftigt. Ich sagte: „Lass uns dies noch fertigstellen." Er aber meinte dann: „Ich will mit dem Vorhaben nichts zu tun haben." Wichtig ist, sich in solch schwierigen Phasen nicht erschüttern zu lassen. Jeder handelt seinem Charakter entsprechend. Wir sollten nicht gekränkt sein und uns aufregen. Denn spätestens im Jenseits wird deutlich werden, wer beschämt seinen Kopf senken wird. Um des Jenseits willen ertragen und erdulden wir all das. Wir streben nach dem ewigen Leben, deswegen lohnt sich der Blick auf das Weltliche nicht.

Die ganze Welt soll wissen, dass wir persönliche Beleidigungen und Verleumdungen vergeben. Jedoch werden auch heilige und religiöse Werte angegriffen. Diese zu vergeben liegt nicht in meiner Hand. Diese Rechenschaft ist vor einer höheren Macht abzulegen. Der eine oder andere kann dann in unerwarteter Form die Konsequenzen seines Unrechts erfahren.

Sie sind eines der wichtigsten Opfer des postmodernen Putsches vom 28. Februar 1997. Sie wurden damals nach einer beispiellosen Medienpropaganda angeklagt und der Gerichtsprozess dauerte 8 Jahre. Eine Gruppe, die ihr Dasein einzig durch die Gegnerschaft zu Ihrer Person legitimiert, behauptet, sie hätten den postmodernen Putsch unterstützt. Und baut auf diese These neue Ungerechtigkeiten auf. Werden bei Ihnen Erinnerungen wach?

Derartige Bedrängnis und Unterdrückung haben wir in der Vergangenheit mehrmals erlebt. Auf der Basis des Militär-Memorandums vom 12. März 1971 saß ich aufgrund der Anklage, „den Staat zu unterwandern“, sechseinhalb Monate lang im Gefängnis. Bis der damalige Ministerpräsident Turgut Özal den Paragraphen 163 des türkischen Strafgesetzbuches aufhob, fungierte dieser für die gläubigen Muslime lange Zeit wie eine Guillotine. Nach dem Militärputsch vom 12. September im Jahre 1980 wurde ich sechs Jahre lang wie ein Verbrecher verfolgt. Staatliche Repressionen auf gläubige Muslime waren an der Tagesordnung. Unsere Freunde wurden bedrängt. Unter Verfolgung, Druck und staatlicher Beobachtung zu leben, war unser Lebensalltag. Das, was wir heute durchmachen, übertrifft das Unrecht zu Zeiten der Militärintervention um das Zehnfache.

Trotz allem beschwere ich mich nicht. Heute sind wir ähnlichen Behandlungen ausgesetzt. Dieses Mal aber von einer zivilen Regierung, mit deren Mitgliedern wir die gleiche Gebetsrichtung teilen, so waren wir überzeugt. Dies fügt uns natürlich zusätzlichen Schmerz zu. Das Einzige, was wir nun aber tun können, ist Geduld zu üben und uns mit der Gewissheit zu trösten: „Auch dieses Leid wird vergehen, oh Allmächtiger.“

Ihnen wird vorgeworfen, dass Sie den damaligen Premierminister Necmettin Erbakan kritisiert und sich somit auf die Seite der Putschgeneräle vom 28. Februar gestellt hätten …

Nachdem die Refah Partisi[3] von Erbakan als Sieger aus den Parlamentswahlen hervorgegangen war, reagierten die türkischen Streitkräfte (TSK) mit Argwohn, den heute noch jeder bezeugen kann. Die Wolken hatten sich am Horizont aufgetürmt, aber der Sturm war noch nicht losgebrochen. Ich

---

[3] Anm. d. Red.: Dt. Wohlfahrtspartei.

kann mich an Gespräche mit den Journalisten Fehmi Koru, Fatih Çekirge und dem mittlerweile verstorbenen Yavuz Gökmen erinnern. Ich habe mit ihnen über meine Sorgen bezüglich der damaligen prekären Situation gesprochen. Die niveaulose Kritik in diesem Zusammenhang ist unberechtigt. Auch andere Personen sahen die Gefahr kommen.

Nach dem Susurluk-Skandal haben manche Kräfte die Proteste in der Bevölkerung zu ihren Gunsten missbraucht und der postmoderne Putsch war unaufhaltsam. Als der Putsch in die Tat umgesetzt wurde, war es schon zu spät. In dem Susurluk-Bericht des türkischen Geheimdienstes (MIT) wurde in letzter Sekunde auch mein Name hinzugefügt. Obwohl ich im Nachhinein erfahren habe, wer dafür verantwortlich war, habe ich nie schlechte Absichten gegenüber gläubige Menschen gehegt.

Kurz darauf erlebten wir den postmodernen Putsch vom 28. Februar 1997. Im zweiten Paragraf des dazugehörigen Putschmemorandums war vorgesehen, dass die Schulen im Rahmen des „Gesetzes der Vereinigung der Bildung" verstaatlicht werden sollten. In dieser politisch sehr angespannten Zeit habe ich mich, wie viele andere auch, für vorgezogene Parlamentswahlen und eine Änderung des Wahlgesetzes ausgesprochen. Ich sah darin einen Ausweg aus der Krise, mit möglichst geringem Schaden für unser Volk. Korkut Özal war ebenfalls für diesen Weg. Es gab auch Persönlichkeiten, die die damalige Koaltionsregierung von Erbakan und Çiller zwar unterstützten, sich aber gleichzeitig für Neuwahlen aussprachen.

Wenn man in Zeitungsarchive schaut, wird man nachverfolgen können, wer damals wann was gesagt und geschrieben hat.

Hinzu kommt ein weiterer Aspekt: Ich habe die Putschsituation mit dem damaligen Arbeitsminister Necati Çelik erörtert. Der damalige Herausgeber der Zeitung „Zaman", Alaeddin Kaya, und Melih Nural waren bei diesem Gespräch dabei. Ich sagte Çelik damals, dass die Militärs den Plan hegten, die Regierung zu beseitigen. Ich habe alles in meiner Macht Stehende versucht, um einem antidemokratischen Prozess (des Militärs) entgegenzuwirken. Der Arbeitsminister Çelik nahm meine Besorgnis aufmerksam und erregt zur Kenntnis. Er hat wohl über unser Gespräch mit Ministerpräsident Erbakan gesprochen. Jedoch sah man allem Anschein nach keine Notwendigkeit, den bevorstehenden Maßnahmen des Militärs etwas entgegenzusetzen.

Ich habe auch versucht, Frau Tansu Çiller von der sich anbahnenden Gefahr zu warnen, und teilte auch ihr meine Befürchtungen mit. Als Frau Çiller mir lediglich antwortete, wir sollten uns alle besonnen verhalten, war ich sehr enttäuscht.

Es liegt nicht in meiner Natur, jemandem zu sagen: „Ihr wart unfähig." Ich bemühe mich um einen respektvollen Umgang mit jedem Menschen. Jedoch genießen die Vertreter des Volkes in meinen Augen einen besonderen Respekt. Ich habe in diesen schwierigen Tagen Beispiele aus der Geschichte hervorgehoben und versucht darzulegen, dass ein Regierungsverzicht nicht zwangsläufig als Zeichen der Schwäche gewertet werden darf. Wenn solch ein unvermeidlicher Verzicht zum Wohle des Volkes ist und hilft, andere Komplikationen zu vermeiden, so sollte man dies tun. Das gleiche gilt für die Staatsstreiche vom 27. Mai 1960 und vom 12. September 1980. Die AKP hat genau dies nach dem E-Memorandum vom 27. April 2006 befolgt, Neuwahlen ausgerufen und dadurch die Gefahr abgewendet. Auch beim postmodernen Putsch vom 28. Februar 1997 hätte ein Rücktritt der Erbakan-Regierung mit anschließenden Neuwahlen Schlimmeres verhindert.

Und noch eines sollte hier nicht unerwähnt bleiben: Wenn man den damaligen Susurluk-Bericht und das Memorandum des 28. Februar richtig betrachtet, erkennt man, dass das eigentliche Ziel der Militärjunta die Hizmet-Bewegung war. Alles, was wir danach erlebt haben, bezeugt dieses. Das Gegenteil zu behaupten, wäre nicht gerecht und würde der Realität widersprechen.

Bei unserem letzten Gespräch sagten Sie, dass Sie die Vorwürfe gegen die Hizmet-Bewegung, sie strebe die Kontrolle über den Istanbuler Traditionsverein Fenerbahçe an, schwer nachvollziehbar und absurd fänden. Wie bewerten Sie diese Vorwürfe im Lichte der aktuellen Ereignisse?

Fenerbahçe ist einer der herausragenden Vereine des Landes. Ich beobachte, dass sich der Vorstand, die Zuschauer und die Anhänger sehr solidarisch verhalten. Das ist vorbildlich. Wer sollte sich davon gestört fühlen? Vor Jahren habe ich mich auch über den Erfolg von Galatasaray im Europapokal sehr gefreut. Auch anderen Klubs wie Beşiktaş, Trabzonspor wünsche ich, dass sie ihren bereits erlangten Erfolgen neue hinzufügen können und auch international Ansehen erlangen. Welche Absicht könnte eine Übernahme von Fußballvereinen wie Fenerbahçe oder Galatasaray erklären, außer politisches Kalkül. Alles, was vor der türkischen Öffentlichkeit nicht zu rechtfertigen ist, wird der Hizmet-Bewegung in die Schuhe geschoben. So hat es sich herausgestellt, dass auch dies nur eine Verleumdung war.

Momentan finden umfangreiche Entlassungen von Strafgefangenen, vor allem von Angeklagten und Verurteilten im Ergenekon-Prozess, statt. Wie bewerten Sie das?

Wir sind auf der Seite des Rechts und des Gesetzes. Die Behauptung der AKP-Regierung, man hätte den Angeklagten im Ergenekon-Prozess lediglich eine Falle (Kumpas) gestellt, war eine List. Sie haben versucht, ihre eigenen Vergehen der Hizmet-Bewegung in die Schuhe zu schieben. Es gibt Fälle, bei denen die Regierung für Einzelpersonen Gesetze durch das Parlament gebracht hat. Dieselbe Sensibilität hätte sie doch auch in Bezug auf die Ergenekon-Angeklagten an den Tag legen können.

Eine Entlassung ist das eine, der laufende Prozess das andere. Die Verfahren gegen die Angeklagten sind nicht abgeschlossen. Die Entscheidung des Gerichts muss man respektieren. Wir waren immer auf der Seite des Rechts und der universellen Werte. Da werden wir auch bleiben. Auch in schwierigsten Zeiten.

Besonders in regierungsnahen Medien wird behauptet, dass hinter den Korruptions- und Bestechungsermittlungen die Hizmet-Bewegung stünde. Wie beurteilen Sie die Ereignisse und die Entwicklung aus heutiger Sicht?

Obwohl wir mehrmals die Anschuldigungen widerlegt, dementiert und richtiggestellt haben, werden diese mit Beharrlichkeit weiterverbreitet. Es sieht ganz danach aus, als ob die ermittelnden Staatsanwälte und die ihnen unterstellten Behörden wohl nicht wussten, dass gegen Verdächtige zu ermitteln selbst ein Verbrechen darstellt, obwohl sie nach Recht und Gesetz handelten.

Sie haben nicht voraussehen können, für pflichtbewusstes und rechtmäßiges Handeln belangt zu werden. Ein Kolumnist, ich glaube, es war Yavuz Semerci, schrieb dazu: „Eines Tages wird man diese Menschen mit Medaillen auszeichnen". Jedoch wurden nach dem 17. Dezember die Ermittler und auch tausende Polizisten und Staatsanwälte, die mit den Ermittlungen nichts zu tun hatten, strafversetzt.

Die Rechte dieser unschuldigen Menschen und ihrer Familien wurden mit Füßen getreten. Man beschuldigt die Hizmet-Bewegung, als ob nichts geschehen sei, und verbreitete und verbreitet immer noch Lügen über Lügen.

Die Korruptions- und Bestechungsermittlungen sind nicht neu. Der Nationale Geheimdienst MIT hatte in einem Bericht bereits etwa acht Monate vor dem 17. Dezember festgehalten, dass Minister, deren Kinder und sogar das gesamte Kabinett möglicherweise unter Einfluss iranischer Agenten stehen könnten. Diese Warnungen des MIT wurden anscheinend ignoriert. In Medien, auch in regierungsnahen, sind vor dem 17. Dezember zig Artikel über Korruptionsvorwürfe erschienen. Auch diesen wurde keine Beachtung geschenkt. Man hat gar nicht in Erwägung gezogen, gegen Korruption vorzugehen. Als die Ermittlungen dann an die Öffentlichkeit gelangten, versuchte man, einen Sündenbock zu finden, um vom eigenen Verschulden abzulenken.

Ich gab auch vorher zum Ausdruck, dass ich zu keinem der Ermittler jemals Kontakt gehabt habe. Mehrere Male sagte ich: „Nicht mal ein Tausendstel von ihnen kenne ich", trotzdem wurde ich weiterhin mit den Ermittlungen in Verbindung gebracht.

Am meisten jedoch war ich über manch einen Politiker enttäuscht, den ich bisher als ehrenhaft und aufrichtig gekannt hatte. Da ich ihnen traute und davon überzeugt war, dass sie ihrer Aufrichtigkeit und ihrem Gewissen nicht zuwiderhandeln würden, hatte ich von ihnen gedacht, dass sie hinsichtlich der Korruptions- und Bestechungsbeziehungen nicht schweigen würden. Die gleiche Reaktion, die der verstorbene Turgut Özal[4] schmutzigen Geschäften gegenüber zeigte, hätte ich auch von ihnen erwartet. Dem war aber nicht so. Und da sie sich dazu entschieden zu schweigen, potenzierten bestimmte Kreise ihre Anschuldigungen auf das Tausendfache. Sie griffen auf Mittel zurück, die es im Laufe der Geschichte der Republik noch nie gegeben hat. Statt den Korruptionsvorwürfen nachzugehen, nahmen sie die ermittelnden Behörden und Beamten ins Visier.

---

[4] Anm. d. Red.: 1993 mutmaßlich ermordeter ehemaliger Premierminister und Staatspräsident der Türkei.

Im Islam gibt es hier klar definierte Regeln: Korruption jeglicher Art kann und darf in keiner Hinsicht geduldet werden. In einigen Fällen sind auch Strafen und Sanktionen vorgesehen. Jede Sünde und jeder Fehler bleibt individuell, und solange diese sich nicht auf das Gemeinwesen auswirken, soll den Menschen, die sündigen, vergeben werden. Der Islam gebietet die Erhaltung ihrer Menschenwürde und Ehre. Diese beiden unterschiedlichen Dinge dürfen aber nicht miteinander verwechselt werden. Sobald es um das Recht Dritter geht, die Rechte anderer beeinträchtigt werden, reagiert der Islam empfindlich und sieht die Duldung von solchen Taten als nicht vertretbar an. Es gibt unzählige Beispiele aus der (früh-)islamischen Geschichte, die hier angeführt werden könnten.

Falls nun Bestechungsgelder, Erpressungen, Vetternwirtschaft, Schiebungen im Zusammenhang mit Ausschreibungen vertuscht werden, wird Gott diejenigen, die an solchen illegalen Machenschaften beteiligt sind, im Jenseits zur Rechenschaft ziehen. Falls an den Ermittlungen auch Hizmet-Sympathisanten beteiligt waren, hätte ich etwa Einfluss auf sie ausüben und sagen sollen, dass die Korruptionsvorwürfe unter den Teppich gekehrt werden müssten? Offensichtlich haben das einige von mir erwartet. Wie könnte ich nur so etwas sagen, da es ja mein Leben im Jenseits ruinieren würde.

Ich wiederhole mich, wenn ich Folgendes ausführe: Falls diese Personen, die nun bezichtigt werden, einen „Parallelstaat" geschaffen zu haben, gegen das Gesetz verstießen und Seilschaften gegen die Regierung bildeten, hätte die Regierung nicht dann schon vor dem 17. Dezember gegen sie vorgehen müssen? Dies ist nicht geschehen, wieso nicht? Man spricht von fast 10 000 Entlassungen und Versetzungen, aber nie hat man was über Amtsmissbrauch oder widerrechtliches Handeln gehört.

Seit fast 60 Jahren predige ich ein und dasselbe. Es soll mein Vermächtnis an jene sein, die mich und meine Worte wertschätzen, obwohl ich dessen nicht würdig bin. Sie sollen weder sich selbst daran beteiligen, noch sollen sie solche Amtsmissbräuche ignorieren. Sie sollen das machen, was im Namen des Rechts und des Gesetzes nötig ist. Aus dem Eigentum Dritter Eigennutz zu ziehen, unberechtigt Gebrauch zu machen, öffentliches Eigentum zu entwenden bzw. veruntreuen, all das ist auch aus islamischer Sicht illegitim.

Der eigentlich Leidtragende ist die Religion, der Islam. Wenn viele von uns in ihrem privaten Leben die vom Islam geforderte Gewissenhaftigkeit und Geradlinigkeit nicht bewahren, schaden sie unbewusst religiösen Werten. Zugleich verursacht man damit Risse im Denken und in der Geisteshaltung anderer.

Aufgrund der Tatsache, dass Ämter in der Politik und im Staat hohe Provisionen und Nebenverdienstmöglichkeiten bieten und mit ihnen wichtigen Privilegien verbunden sind, steigt das Streben und der Ehrgeiz, diese Positionen zu erlangen. Unternehmen, die auf diesem Weg an staatliche Ausschreibungen gelangen, versuchen diese Zusatzkosten über den Staat zu refinanzieren. Das Recht der Allgemeinheit ist jedoch gleichzeitig das Recht Gottes. Sowohl das islamische Recht als auch das moderne zeigen in dieser Hinsicht keine Nachsicht. Weder Demagogie noch die Mecelle, das Zivilgesetzbuch des Osmanischen Reiches, aus dem manche Gelehrte dieses Recht abzuleiten meinen, können den Diebstahl öffentlichen Eigentums legitimieren. Auch wenn man sich mit seinen Kadern im Namen islamischer Werte wie Wahrhaftigkeit und Anständigkeit auf den Weg gemacht hat, kann man in einer Sackgasse landen. Somit enttäuschen sie Menschen, die Hoffnung in sie gesetzt hatten.

Erlauben Sie mir bitte noch Folgendes zu erwähnen: Man sollte sich gegenüber Menschen gnädig zeigen. Der Prophet sagte: „Ob Tyrann oder Opfer: Helfe deinen Geschwistern." Als er gefragt wurde: „Du Gesandter Gottes, den Opfern zu helfen, ist selbstverständlich. Wie aber sollen wir dem Tyrannen behilflich sein?“, antwortete er: „Indem ihr seiner Tyrannei entgegentretet“.

Dieses Hadith empfiehlt uns, sich gegen jegliche Art von Unterdrückung, Grausamkeit und Unrecht zu wehren. Diese Handlungen werden als schlecht dargestellt, damit die Menschen davon Abstand nehmen. Wenn man dieses Hadith befolgt, sorgt man für Einigkeit und Brüderlichkeit, nicht für Streit und Zwiespalt.

Teile der Medien haben Ihr Bittgebet als einen an die Regierung gerichteten Fluch dargestellt. Bei Veranstaltungen wurden Massen diesbezüglich in die Irre geführt. Haben Sie tatsächlich einen Fluch ausgesprochen?

Man hat mit Sturheit an dieser falschen Deutung des Bittgebetes festgehalten und sie verbreitet. Wenn jemand Sie der Lüge bezichtigt und Boshaftigkeit unterstellt, gelangt man irgendwann an die Grenzen seiner Geduld und sagt: „Wenn ich so bin, wie du es behauptest, soll Gott mich verfluchen, aber wenn das nicht zutrifft, soll er die Verleumder und Lügner verfluchen“. Das war mein Bittgebet an jenem Tag. Ich habe dabei weder Namen von Personen, noch Parteien oder Gruppen erwähnt. Ich habe lediglich einige Eigenschaften und Handlungen aufgezählt. Wenn jedoch die von mir aufgezählten Eigenschaften nicht auf sie zutreffen, sie nicht wie beschrieben gehandelt haben, warum haben sie sich dann angegriffen gefühlt? Ich hätte von denen, die ihre Verschwörungstheorien auf bloße Annahmen stützen, erwartet, dass sie dem Bittgebet beipflichten. Sie haben es jedoch nicht getan. Im Gegenteil, sie haben es missbraucht. An meinem Standpunkt hat sich nichts geändert: Falls wir eine illegale Organisation, eine Bande oder ein Parallelstaat sind, möge Gott uns verfluchen. Falls das aber nicht zutrifft und man diese Dinge einer unschuldigen und harmlosen Gemeinde (Hizmet) unterstellt, dann möge Gottes Fluch die Verleumder ereilen!

Bülent Arınç, der türkische Vizepremier und Regierungssprecher, hat in der Debatte um die Dershanes, die privaten Nachhilfezentren und Vorbereitungsschulen auf die Universität, gesagt, dass der Premierminister mit den Worten „Entweder Sie weichen von diesem Vorhaben ab, oder wir werden Sie stürzen" bedroht worden sei. Er soll erwidert haben: „Tut alles in eurer Macht Stehende, legt eure Karten offen, ich werde meinen Worten treu bleiben."

Wer auch immer das behauptet und in die Öffentlichkeit trägt, ist verpflichtet, Beweise vorzulegen und die Justiz einzuschalten. Die Öffentlichkeit hat das Recht zu erfahren, welche Personen den Premier bedroht haben. Die Regierung zu erpressen ist eine schwere Straftat. Solange diese Verdächtigungen nicht über bloße und unbelegte Aussagen hinausgehen, sehe ich keine Notwendigkeit, darauf einzugehen.

Wie Sie wissen, ist die Schließung der Dershanes kein Thema der letzten zwei, drei Monate. Man hat in jenen Tagen ja schließlich die Namen der früheren Bildungsminister aufgezählt und gesagt, dass der amtierende Bildungsminister[5] die Pläne zur Schließung der Dershanes umsetzen solle. Anscheinend ist das von langer Hand in Absprache mit bestimmten Kreisen geplant gewesen. Vielleicht war das auch eine Zusage, die die Regierung in gewissen Verhandlungen gemacht hat.

Die Diskussion um die Schließung der Dershanes hat aber verdeutlicht, dass die Ursache der Misere im türkischen Bildungssystem nicht die Dershanes sind. Es wurde offensichtlich, dass es auch nicht um die Verbesserung der Bildungsqualität geht. Man erkennt darin die klare Absicht, die Bildungsaktivitäten der Hizmet-Bewegung verhindern zu wollen. Dies wird ja bei Wahlveranstaltungen auch offen ausgesprochen, es wird gesagt: „Schickt eure Kinder nicht in die Nachhilfeschulen

---

[5] Anm. d. Red.: Nabi Avcı

und die Schulen der Hizmet-Bewegung". Die Schließung der Nachhilfeschulen bildet hier also nur den Anfang, dem anscheinend auch die Schließung der Schulen im In- und Ausland folgen sollte.

Die Erklärung der Journalistin Nazlı Ilıcak erscheint mir in diesem Zusammenhang plausibel. Sie hatte gesagt, dass die Regierung von den Korruptionsermittlungen im Vorfeld erfahren haben könnte und dass sie mit der Annahme, die Bewegung könnte die Ermittlungen verhindern, die Schließung der Dershanes als ein Druckmittel gegen sie, als ein Instrument der psychologischen Operation und als Ablenkungsmanöver auf die Tagesordnung gesetzt haben könnte.

Hätten sie uns doch von Anfang an klipp und klar gesagt: „Gründet und verwaltet keine Dershanes". Dann hätte ich meine Freunde gebeten, im Rahmen eines Zeitplanes diese zu schließen. Von den insgesamt 3800 betroffenen Nachhilfeschulen sollen etwa 3000 nichts mit der Hizmet-Bewegung zu tun haben. Hätten sie doch wenigstens diese in Ruhe gelassen. Man bedauert die prekäre Situation der kleinen Leute, die ihre wenigen Ersparnisse dafür eingesetzt haben, Dershanes zu gründen.

Abgesehen davon gibt es viel wichtigere Themen, denen sich das Bildungsministerium bzw. die Regierung zuwenden sollten. Wir leben in einer Zeit, in der Individuen wie auch Familien unter Werteerosion und sozialen Krisen leiden. In den letzten zwölf Jahren ist die Selbstmordrate um 36 Prozent gestiegen. Unter den Gymnasiasten herrscht eine bedrohliche Drogen- bzw. Medikamentenflut. 32 Prozent der Jugendlichen konsumieren Alkohol. Auch habe ich von einer Psychiaterin erfahren, dass die Zahl der behandelten Drogenabhängigen in den letzten zehn Jahren um das 17-fache gestiegen ist.

Dies sind erschreckende Zahlen, die die Werte der Gesellschaft ernsthaft bedrohen. Wie will man angesichts dieser erschreckenden Tatsachen, die die Zukunft des Landes gefährden, glaubhaft machen, mittels der Schließung der Dershanes die Bildungsmisere zu beheben? Nach meiner Kenntnis sind es gerade Einrichtungen der Hizmet-Bewegung, die sich neben der Bildung auch dieser Probleme annehmen. Allein der Gedanke ist schon beängstigend, welch eine Lücke durch die Schließung der Dershanes und Schulen im Südosten der Türkei entstehen wird. Ich tue mich schwer zu verstehen, wie manche Politiker für ihre kleinlichen Rechnungen die Zukunft der Türkei aufs Spiel setzen können.

In den letzten Wochen und Monaten tauchten eine ganze Reihe an Telefonmitschnitten auf, für die ebenfalls die Hizmet-Bewegung verantwortlich gemacht wird …

Seit jeher werden ähnliche Vorwürfe erhoben, ohne jeglichen Beweis. Angesichts dessen, dass diese unbelegten Vorwürfe immer und immer wieder erhoben werden, geht es also nicht darum, Wahrheiten ans Tageslicht zu bringen, sondern dieses Pseudo-Argument für andere Zwecke einzusetzen.

Es gibt sowohl gerichtlich angeordnete Abhörmaßnahmen als auch illegale Mitschnitte. Wie dem auch sei: Jeder, der Grenzen des Rechts überschreitet und abhört, muss gefunden und vor Gericht zur Rechenschaft gezogen werden, unabhängig davon, wer er ist und zu wem er Sympathien pflegt. Auch ich und meine Freunde sind illegalen Abhörungen im doppelten Sinne zum Opfer gefallen. Wir werden sowohl abgehört als auch öffentlich in den Medien angeprangert, hinter Abhörmaßnahmen zu stehen. Der einzige Weg ist der des Rechts.

Jeder, der illegal abgehört oder die Grenzen seiner Befugnisse überschritten hat, muss vor Gericht. Auch diejenigen, die ohne jeglichen Beweis mit dem Finger auf andere zeigen und behaupten: „Sie haben abgehört", müssen vor dem Gesetz zur Rechenschaft gezogen werden.

Es ist unmöglich, Gesetzlosigkeit mit dem gleichen Mittel zu beheben. Es ist weder moralisch noch rechtens, auf der einen Seite über illegale Mitschnitte zu klagen und auf der anderen Seite sie selbst rücksichtslos für eigene Zwecke zu nutzen.

Von außen betrachtet scheint es so, als gäbe es einen Kampf zwischen der Regierung und der Hizmet-Bewegung. Es sind viele Artikel und Kommentare erschienen, in denen diese These diskutiert wird. Ein anderer Punkt ist die Aussage: „Wenn uns eine Partei nicht gefällt, können wir sie abwählen. Wie aber sollen wir eine ganze Bewegung ändern?“

Lassen Sie mich zunächst einmal klarstellen, dass es sich bei dem aktuellen Konflikt nicht um einen Kampf zwischen der AKP und der Bewegung handelt.

In den letzten Jahren ist eine Einschränkung der Grundrechte und Freiheiten zu beobachten. Die zerstörende und beleidigende Rhetorik der Politik hat jede einzelne Gruppe der Gesellschaft ausgegrenzt und eine Spaltung und Polarisierung verursacht. Während der Gezi-Proteste habe ich dem Ausdruck „Çapulcular“ (Plünderer), ein Begriff, den Premier Erdoğan in Bezug auf die Demonstranten gebraucht und geprägt hat, genau aus diesem Grund widersprochen.

Dasselbe gilt für die Aleviten. Um ihre grundlegenden Rechte zu garantieren, findet man keine demokratischen Lösungen. Vielleicht will man auch keine finden. Wir haben das Moschee-Cemevi-Projekt unterstützt und mussten uns dafür harsche Kritik von unerwarteter Seite gefallen lassen.

Die Hizmet-Bewegung ist keine politische Partei. Sie wird es auch niemals sein. Folglich steht sie auch zu keiner anderen Partei in Konkurrenz. Sie steht jeder Partei gleich nah. Nichtsdestoweniger teilen wir unsere Hoffnungen und Ängste, die wir in Bezug auf die Zukunft unseres Landes haben, der Öffentlichkeit mit. Ich verstehe nicht, wieso sich einige davon gestört fühlen. Warum sollte es nicht erlaubt sein, den Regierenden seine Ideen und Meinungen mitzuteilen? In etablierten

Demokratien können Individuen und Nichtregierungsorganisationen problemlos ihre Ideen und Sorgen öffentlich kundtun, ohne dass sich davon jemand jemals gestört fühlt.

Jede Einrichtung, die der Hizmet-Bewegung nahesteht, ist gegenüber dem Staat transparent und hält sich an Recht und Gesetz. Durch manche Aussagen, die in den letzten Monaten als Lüge enttarnt wurden, konnte man sehen, wer in Wirklichkeit transparent ist und wer nicht. Hizmet basiert auf Freiwilligkeit. Menschen, die in ihrem Leben nicht mal einer Ameise geschadet haben, als Teil einer geheimen und gewalttätigen Organisation zu brandmarken, ist bedauernswert und gehört sich nicht. Für einen Staat kann jeder arbeiten, egal, welcher Überzeugung er ist. Ob links oder rechts, ob Alevit, Sunnit, Nichtmuslim, Kurde oder Türke, jeder Staatsbeamte hat die Aufgabe zu erfüllen, die ihm aufgetragen wird. Das eigentlich Wichtige ist, dass diese Personen, egal was sie tun, im Rahmen des Rechts und der Gesetze handeln. Es verstößt gegen Grundrechte, dass Menschen, egal welcher Gesinnung sie zuzuordnen sind, vom Staat ausspioniert und ohne Beweise beschuldigt werden. Wenn Sie, obwohl keine nachgewiesenen Straftaten vorliegen, von einer „Parallelstruktur" sprechen, so kommen Sie in einen Teufelskreis und diese Paranoia lässt Sie dann an weitere andere „Parallelstrukturen" glauben. In der Folge tyrannisieren Sie dann in Ihrem Irrglauben unschuldige Menschen.

Viele fragen sich, warum Sie sich gegen eine Partei stellen, die Sie doch in den letzten zwölf Jahren unterstützt haben. Gab es ein Zweckbündnis, das jetzt zu Ende geht?

Wir sind mit niemandem auf der Grundlage von Eigennutz ein Bündnis eingegangen. Unser Verständnis von Islam erlaubt uns das nicht. Wir haben uns stets selbstlos verhalten. Ich kann keine Aussage über die Gefühle und Einstellungen von anderen treffen. Jedoch habe ich es stets als Verrat an unseren eigenen Werten angesehen, ein Amt oder eine Position anzustreben.

Weltliches anzustreben und die Anerkennung der Massen zu erlangen habe ich immer als etwas Gefährliches für mein Leben im Jenseits betrachtet. Das kann ich auch für meine Mitstreiter sagen. Nie haben wir öffentliche und politische Ämter wie z. B. Ministerposten gefordert. Ich kann mich zwar nicht an solch einen Fall erinnern, aber wenn es doch so jemanden gegeben haben sollte, der dies im Namen der Bewegung tat, so hat er nichts mit uns zu tun.

Wir haben die Stärkung von Demokratie, Grundrechten und Freiheiten aufrichtig unterstützt. Welche Partei auch immer das Ende antidemokratischer Phasen und den Aufbau einer pluralistischen Demokratiekultur anstrebt – sie hat unsere Unterstützung sicher. Demokratische Reformen zu unterstützen ist etwas anderes als blinder Parteifanatismus.

An unserer Haltung hat sich nichts geändert. Eine Partei, die noch vor einigen Jahren Maßnahmen zur Stärkung von Grundrechten und -freiheiten eingeleitet hatte, fasst heute ins Auge, das Internet zu verbieten, und verabschiedet Gesetze, die den Staat in einen „Geheimdienststaat“ umwandeln sollen. Ist es denkbar, eine Politik zu unterstützen, die eine verletzende Rhetorik verwendet, das soziale Gleichgewicht gefährdet und demokratische Prozesse außer Kraft setzt?

Falls es nur die Bewegung beträfe, hätte man sich weiterhin in Geduld üben können. Jedoch müssen die Ereignisse aus einer breiteren Perspektive heraus bewertet werden. Die Türkei verliert leider den Anschluss an die Welt und um sie herum wird es immer einsamer. Eine in sich gekehrte und ihre demokratische Vielfalt verlierende Türkei schadet aber nicht nur ihren eigenen Bürgern, sondern auch all jenen, die sie sich zum Vorbild genommen und Hoffnung in sie gesetzt haben.

Die Hizmet-Bewegung wird beschuldigt, eine kriminelle Vereinigung zu sein. Es gibt Gerüchte dahingehend, dass die Regierung nach den Kommunalwahlen vom 30. März gegen sie vorgehen wird.

Bedauerlicherweise ist das Leitmotiv bei dem Ganzen Zorn. In den vergangenen Wochen wurde jede denkbare Beleidigung bereits ausgesprochen. Mittlerweile fallen völlig unberechtigte und abstruse Anschuldigungen. Nachdem man bei politischen Auftritten und in regierungsnahen Medien mit Zuschreibungen wie „Terrororganisation“ oder „Mafia“ umhergeworfen hatte, versucht man nun, die Justiz zu beeinflussen. Es ist ziemlich sicher, dass man gerichtlich gegen uns vorgehen wird. Da man trotz intensiver Bemühungen nichts Belastendes gefunden hat, wird nun das Recht gebeugt. Ist das Gerechtigkeit?

Der Ansatz und die abstrakte Anschuldigung, es gäbe eine „Parallelstruktur“, kann auf fast alle Gesellschaftsbereiche angewendet werden. Beim Erfinden von haltlosen Vorwürfen gegenüber Beamten wegen ihrer Glaubensüberzeugung, Ideologie, sozialen oder politischen Identität gibt es keine Grenzen. Heute mag man dieser Bewegung, morgen einer anderen unterstellen, eine „Parallelstruktur“ oder „Mafia“ zu sein. Dieser Vorwurf kann gegen jeden Staatsbediensteten, der im Privatleben mit irgendeiner sozialen, religiösen oder politischen Bewegung sympathisiert, gerichtet werden. Das führt dazu, dass selbst diejenigen, die heute die Anschuldigungen hinsichtlich „Parallelstaat“ in den Mund nehmen, morgen selbst diejenigen sein können, die sich einem solchen Vorwurf ausgesetzt sehen. Wer will garantieren, dass es nicht so kommt. Die Praktik, gegenüber bestimmten Menschen und Gruppen auf der Basis solcher grundloser Anschuldigungen einen Pauschalverdacht zu kreieren, zerstört jegliches Recht und jegliche Ordnung.

Wenn ein Beamter den Anweisungen seiner Vorgesetzten keine Folge leistet und seine Loyalitätspflicht verletzt, gibt es klare Regeln für Sanktionen. Eine Verletzung der Amtspflichten wird nach geltenden Gesetzen geahndet. Hier nicht den Rechtsweg einzuschlagen, stattdessen Menschen rechtswidrig zu verleumden, strafzuversetzen oder ihnen mit Schauprozessen Unrecht zu tun, ist sowohl eine historische Schuld als auch eine Sünde, die im Jenseits Folgen haben wird.

Die Justiz unter Druck zu setzen, um Anklagen gegen unschuldige Menschen einzuleiten, ist die höchste Form der Willkür und das öffentliche Gewissen wird dies nicht vergeben. Darüber hinaus haben Schauprozesse keine Aussicht auf Erfolg. Wenn sie nun gesetzestreue Menschen dieses Landes als illegale Organisation abstempeln, dann wird man sie fragen: Ihr habt zwölf Jahre lang mit diesen Leuten zusammengearbeitet und es waren gute Leute in dieser Zeit, aber als die Korruptionsermittlungen bekannt wurden, seid ihr plötzlich auf die Idee gekommen, sie wären auf einmal böse?

Seit langer Zeit wurden seitens regierungsnaher Quellen negative Entwicklungen im In- und Ausland immer wieder der Hizmet-Bewegung zugeschrieben und die positiven, demokratischen Entwicklungen als Verdienst der Regierung dargestellt. Jetzt geht man im Zusammenhang mit dem Ergenekon-Prozess mit einer ähnlichen Methode vor. Die Propaganda zeigt auch ihre Wirkung …

Mit diesen Verleumdungen versucht man, Teile der Gesellschaft zu täuschen. Zum Beispiel wurde Anklage gegen manche Mediengruppen erhoben und ihnen dann gesagt: „Nicht wir haben ein Problem mit euch, sondern die Hizmet-Bewegung". Die öffentlich gewordenen Mitschnitte belegen jedoch das Gegenteil. Sie haben sich direkt in Ausschreibungen eingemischt, um jenen Geschäftsleuten den Rücken zu stärken, die zu Recht nicht berücksichtigt worden waren. Das Tragische daran ist, dass sie sich schwerer Fehlleistungen schuldig gemacht haben und die Schuld daran unschuldigen Menschen in die Schuhe schieben wollten. Sie haben Gerüchte gestreut, sind Menschen in den Rücken gefallen, haben Verleumdungen und üble Nachrede verbreitet. Man kann all das eigentlich nur bedauern.

Das Tragischste bei der ganzen Sache ist der Umgang mit Militärangehörigen. Hinter geschlossenen Türen prahlten sie, sie hätten „das Militär der Zivilregierung unterworfen" und somit „die Vormundschaft des Militärs beendet". Den Militärs selbst hingegen sagte man: „Wir würden das Problem ja gerne in eurem Interesse lösen, doch Hizmet hindert uns daran." Unterdessen hat man für den Chef des Nationalen Geheimdienstes Hakan Fidan in wenigen Tagen ein Gesetz verabschiedet, nur um ihn aus der Schusslinie zu nehmen. Wenn sie aufrichtig und ehrlich gewesen wären, hätten sie auch für den Ex-Generalstabschef Ilker Başbuğ und andere über Nacht ein ähnliches Gesetz erlassen können.

Herr Gülen, in der Botschafterkonferenz in Ankara wurde den Gesandten die Anweisung erteilt, die Hizmet-Schulen im Ausland anzuschwärzen. Wie beurteilen Sie das?

Die weltweiten Verleumdungen kränken und betrüben mich. Und sie veranlassen mich dazu, Zuflucht bei meinem Schöpfer zu suchen. Diese Institutionen wurden unter unglaublicher Opferbereitschaft der anatolischen Menschen aufgebaut. Fast jeder aus der Türkei hat diese Schulen bereits gesehen. Linke wie Rechte, Nationalisten, Religiöse wie Atheisten. Jeder, der Teil dieser Gesellschaft ist. Nicht einer hat jemals diese Schulen als schädlich oder gefährlich empfunden oder den Wunsch geäußert, diese Schulen zu schließen. Es gibt weder rationale noch politische Argumente, die eine feindselige Haltung gegenüber diesen Schulen rechtfertigen könnten.

Unsere Freunde, die diese Schulen gegründet haben, hatten dabei weder materielle noch geistige, spirituelle oder soziale Interessen. Ihr einziges Interesse war es, die Liebe und Zuneigung, die Ausgeglichenheit, die Toleranz und universellen Werte Anatoliens weltweit lebendig zu machen. Die Ignoranz gegenüber den aufrichtigen Bemühungen, unsere Kultur und unsere Sprache in jeder Ecke der Welt beliebt zu machen, ist Ausdruck einer Undankbarkeit. Das helle Licht der Sonne lässt sich nicht mit schwarzer Farbe überstreichen. Die Unfähigkeit, all diesen Bemühungen entgegenzutreten, kann in der Tat dazu führen, dass diese Menschen mit der Zeit wahnsinnig werden. Dieses Unterfangen ist ganz offenbar außer Kontrolle geraten.

Wenn nicht dafür gesorgt wird, dass die Türkei im Ausland Interessensvertreter hat, könnte es sein, dass eine einsame, von der globalen Welt isolierte Türkei in Zukunft nicht überleben wird. Nicht nur die Türkei, kein Land auf dieser Welt wird in Zukunft dazu in der Lage sein. Auch die Türkei muss Sympathisanten, Liebhaber und Unterstützer auf der ganzen Welt finden. Für einen universellen Frieden müssen die Völker einander kennen und sich untereinander zu verständigen lernen.

Es erfüllt mich mit Qual und Trauer, dass einige Menschen versuchen, diese gut gemeinte freiwillige Arbeit in anderen Ländern zu verleumden. Trotz allem werden wir, wie auch oftmals in der Vergangenheit, auch in Zukunft gemäß unserer moralischen Gesinnung und Erziehung jedem einzelnen Menschen mit Respekt begegnen. Wir werden niemanden verunglimpfen, keine Herzen brechen und jeden zu Gewogenheit und Liebe aufrufen. Ob Leid oder Güte, was von Gott kommt, werden wir mit offenen Armen entgegennehmen. Dies ist unser Versprechen als Gläubige gegenüber Gott.

Unsere Freunde sollten aber nicht ihre Hoffnung verlieren. Mit Gottes Gnade und Hilfe wird diese Hizmet-Bewegung fortbestehen; weder Verleumdungen noch Lügen werden in der Lage sein, diese Karawane zu stoppen. Menschen mit reinem Herzen und Verstand werden diese Lügen und Diffamierungen mit ihrem Scharfsinn in kurzer Zeit begreifen.

Natürlich erschwert so manch ein intolerantes Verhalten uns das Leben. Doch solange es Menschen gibt, die offen sind für den Dialog, solange es Menschen gibt, die die Herzen ihrer Mitmenschen mit ihrem innerlichen Lächeln erobern, solange es reine Gewissen gibt, die sich ihrer Sünden bewusst sind und Reue und Bedauern empfinden, Köpfe, die die Zukunft auf der Grundlage der Vernunft und des Verstandes aufbauen wollen, werden wir die erschütterten Teile unseres Geistes wieder emporheben können und erneut weiterhin jedem einzelnen Menschen mit Liebe und Zuneigung begegnen. Das ist unsere Aufgabe.

Auf der anderen Seite finde ich die Polarisierung zwischen den unterschiedlichen Gesellschaftsgruppen und Identitäten problematisch. Man spielt mit dem Feuer. Wie können Vater und Mutter innerhalb einer Familie aufgrund unterschiedlicher politischer Ansichten gegeneinander aufgehetzt werden? Wir bilden alle gemeinsam eine große Familie, deren Wurzel bis in die Tiefe der Geschichte reicht. Jeder Einzelne sollte die Position des anderen respektieren und wertschätzen. Meinungsfreiheit darf nicht nur bestimmten Kreisen zustehen, sondern muss für alle Menschen gelten. Die Stimme und Meinung einer Minderheit ist genauso wichtig und verdient es genauso, respektiert und ernst genommen zu werden, wie die einer Mehrheit. Wenn Sie ganzen Menschenmassen die Luft zum Atmen nehmen, brechen Sie gesellschaftliche Bruchlinien auf. Und das darf auf keinen Fall für politische Interessen in Kauf genommen werden.

Es ist bedauerlich, dass genau dieser Punkt bei den Gezi-Protesten nicht beachtet wurde. Es wurden demokratische Wünsche geäußert. Umweltsensibilitäten wurden in zunächst gut gemeinten Aktionen zum Ausdruck gebracht. Man hätte hier mit Nachsicht reagieren und auf die Menschen zugehen können. Man hätte sich ihre Wünsche und Sorgen anhören können. Im Gegenteil wurden sie mit Gewalt zurückgedrängt.

Das Einkaufszentrum, das dort errichtet werden sollte, war es etwa wertvoller als ein Menschenleben? Der Druck, der ausgeübt wurde, hat im Gegenzug zur Gewaltbereitschaft der Aktivisten geführt. Ein lokales Problem wurde zu einem gesamtgesellschaftlichen. Als dann auch noch gewaltbereite Gruppierungen mitzuwirken begannen, waren wir zutiefst besorgt. Weltweit beteten unsere Freunde. Auch dann wurde die Hizmet-Bewegung dafür verantwortlich gemacht und es wurde mit dem Zeigefinger auf uns gedeutet. Möge ihnen Gott Gnade, Barmherzigkeit und Verständnis erweisen.

Wie stehen Sie zur Kurdenfrage und dem Friedensprozess?

Es ist die Pflicht eines gläubigen Menschen, sich stets für den Frieden einzusetzen. Im Südosten der Türkei haben sich über die Jahre hinweg Probleme angestaut. Man versuchte, diese militärisch zu lösen. Auf diese Weise sind sie nur noch weiter angewachsen. Nun hat sich ein Friedensprozess entwickelt. Man sollte versuchen, ihn voranzubringen. Dies ist für beide Seiten die Chance, ihre Feindseligkeiten zu vergessen und ihre Fehler zu überdenken.

Der Staat sollte seinen Bürgern gegenüber vor allem gerecht sein. In den Grundrechten und -freiheiten seiner Bürger sollte er keine Kompromisse eingehen. Schon vor dem Friedensprozess hatte ich mich zur Ausbildung in der Muttersprache geäußert. Noch immer gibt es keinen Fortschritt, ständig wird sie verzögert. Qualifizierte Lehrkräfte, die der kurdischen Sprache mächtig sind, sollten so schnell wie möglich ausgebildet werden. Während diese Schritte umgesetzt werden, sollte der Staat nicht den Eindruck erwecken, dies wäre alles ein unverdienter Gnadenakt. Die Region ist Heimat mehrerer Zivilisationen und historischer Persönlichkeiten. Neben dem Sicherstellen der Grundrechte und -freiheiten ihrer kurdischen Bürgerinnen und Bürger sollte die Türkei auch versuchen, Kurden im Ausland die Hand zu reichen und die wechselseitigen kulturellen sowie historischen Beziehungen zu kräftigen.

Wir haben drei fundamentale Probleme; Said Nursi benannte diese vor gut einem Jahrhundert: Unwissenheit, Armut und Zerstrittenheit. Wir sehen heute mit eigenen Augen, wie daraus Verzweiflung, Betrugsbereitschaft und gegenseitiger Argwohn entstehen.

All dies muss auf Grundlage einer gemeinsamen Basis besprochen werden. Wer mit Arroganz auf andere herabblickt, wird diese Probleme nicht lösen. Falls es eine Versöhnung geben soll, so lässt sich diese nur durch eine gemeinsame Einigung und Verständigung aller politischer Akteure und Strömungen innerhalb der Region, so unterschiedlich sie auch sein mögen, gewährleisten. Ich befürchte nur, dass dieser Friedensprozess zum Stillstand kommen kann, wenn er noch weiter unnötig verzögert wird. Das Wichtigste ist, dass niemand mehr Blut fließen sehen möchte. Das beinhaltet einen gewissen Pragmatismus. Frieden, Wohlstand und Wohlbefinden der Menschen in der Region sind von entscheidender Bedeutung; eine Atmosphäre sollte geschaffen werden, in der Türken, Kurden, Sunniten, Aleviten, Araber und Assyrer als eine gemeinsame Familie in friedlicher Koexistenz zusammenleben können.

In den letzten Tagen wird von einigen Kreisen von einem „übergeordneten Denksystem“ gesprochen, um die Hizmet-Bewegung zu diffamieren und ihr eine Abhängigkeit vom Ausland zu unterstellen. Sie stehe im Dienste äußerer Mächte …

Diese Vorwürfe sind eine erhebliche Verfehlung. Ich glaube, noch nie zuvor wurden Menschen mit so vielen Lügen und Verleumdungen konfrontiert. Tagtäglich werden neue Lügen, neue Verleumdungen verbreitet. Das Verlangen nach Wohlstand und Komfort verhärtet die Herzen, sodass sie nicht mehr in der Lage sind, die Substanz hinter den Dingen zu sehen. Das Streben nach Weltlichem führt schließlich dazu, dass sie das Spirituelle vergessen, unterschätzen und sogar verspotten. Wenn das

Herz verhärtet und am Weltlichen festhält, entsteht beim Menschen der Eindruck, dass alles allein aus diesem vergänglichen Leben bestehe. Die Furcht, Sünden zu begehen, verschwindet und der Mensch gelangt zu einem Punkt, an dem er unbedachte Worte verliert. Der Koran empfiehlt uns, das harte Herz zu besänftigen, zu verfeinern und zu mildern. Wenn ein hartes Herz den Geist gefangen nimmt, greift der Mensch zur Erreichung seiner weltlichen Ziele zu allen nur denkbaren Mitteln, ob legitim oder nicht. Leider ist ein Grund für diese schmerzhaften Tage auch das Verhärten der Herzen.

Falls man unbedingt an der Behauptung eines „übergeordneten Denksystems" festhalten möchte, so sollte man wissen: Es ist der Beistand, die Gnade und die Bewahrung Gottes, die stets mit der gegenseitigen Beratung und der Brüderlichkeit einherkommt. Die Bewegung, die sich auf keine Autorität außer der helfenden Kraft Gottes stützt und anlehnt, ist mit seiner Hilfe vorangeschritten und solange er uns die Kraft gibt, wird auch niemand dieser Bewegung Schaden zufügen können.

Ein Gläubiger ist ein bedachter Mensch. Er lästert niemandem hinterher, verbreitet keine Lügen oder üble Nachreden. Menschen, die kontinuierlich nach Weltlichem streben, können natürlich diejenigen nicht verstehen, die sich nach dem Jenseits ausrichten. Es hieß, wir seien keine wahren Muslime, Zweifel am Glauben von Hizmet-Anhängern wurden in regierungsnahen Medien verbreitet. Dies verstößt gegen unsere Glaubensprinzipien, doch leider schweigen auch solche, die eigentlich die Verantwortung tragen und die eigentlich die Pflicht hätten, verbal einzugreifen. Wir können uns aus dieser Atmosphäre der Hetze und des Aufruhrs nur befreien, indem wir unsere Gedanken und Empfindungen täglich auffrischen und uns wieder besinnen.

Menschen, die ihre Gebete in die gleiche Richtung ausrichten, sollten sich davor hüten, Worte zu verlieren, die sie später bereuen könnten.

So kurz vor den Kommunalwahlen wird darüber debattiert, an wen die Stimmen von Hizmet gehen werden.

Um ehrlich zu sein, kann ich es als Muslim nicht vertreten, tagaus, tagein nur über die Wahlen zu reden und den Sinn des Lebens in der Wahlurne zu sehen. Für die Zukunft des Landes sind die Kommunalwahlen gewiss von Bedeutung, aber alles auf die Entscheidung am Sonntag zu reduzieren, ist auch nicht der richtige Weg. Es stimmt einen traurig, wie in aller Seelenruhe Lügen und Verleumdungen verbreitet werden, nur um die Stimmen der Menschen zu bekommen.

Seit jeher sage ich, dass die Menschen nach ihrem Gewissen wählen sollen. Den Leuten vorzuschreiben, wen sie zu wählen haben, sehe ich als einen Eingriff in die freie Gewissensentscheidung der Menschen. Sich auf eine Partei festzulegen, würde die Hizmet-Bewegung von den anderen Teilen der Gesellschaft isolieren. Unsere offene und klare Haltung während des Referendums 2010 galt nicht einer Partei, sondern den demokratischen Reformen des damaligen Verfassungspakets. Leider werden die Fortschritte der vergangenen Jahre heute mit Füßen getreten.

Heute befindet sich auf der einen Seite ein Parteivorsitzender, der tagtäglich mit Beschimpfungen und Beleidigungen um sich wirft. Und leider bevorzugen es die vernünftigeren Menschen in dieser Partei, zu schweigen. Menschen, die solche Worte, wie sie gefallen sind, mit ihrem Gewissen vereinbaren können, werden diese Partei wählen. Jedoch scheint es mir so, als ob unsere Freunde tief betroffen wären von diesen Worten, die die Herzen eines jeden barmherzigen und gewissenhaften Menschen zu bedrücken vermögen. Jeder wird sich umschauen und sich über die Kandidaten informieren müssen. Schließlich sind es Kommunalwahlen, in denen die Kandidaten wichtiger sind als die Parteien. In jeder Partei gibt es sicherlich geeignete Kandidaten, die in der Lage sind, wertvolle Arbeit zu leisten. Man sündigt nicht, indem man diese oder jene Partei wählt.

Es wird über Ihren Aufenthalt in den USA und eine mögliche Rückkehr in die Türkei spekuliert.

An sich ist es schön zu hören, dass man meine Rückkehr fordert. Diese Forderung ist nicht neu. Auch früher gab es viele, die wollten, dass ich zurückkehre. Aber auch damals verstand ich deren wahre Absicht. Jedoch gab ich meine Höflichkeit und mein Wohlwollen gegenüber Muslimen nie auf. Lassen Sie es mich an dieser Stelle erneut klarstellen: Ich bin nur ein Muslim unter vielen. Ich habe stets versucht, bodenständig zu bleiben und dementsprechend zu leben. Kein Titel und kein Posten der Welt sind mir wichtiger und wertvoller als der eines Gottesdieners. Auf diese Weise möchte ich auch bis an mein Lebensende leben. Ich habe nichts mit irgendwelchen ausländischen Mächten zu tun. Es verfangen sich eher diejenigen im Netz ausländischer Mächte, die nach Macht, Herrschaft und anderen weltlichen Posten streben. Leider beginnen sie, nachdem sie an Macht gewinnen und immer despotischer regieren, solche Menschen, die nicht an Macht und Herrschaft, sondern an Gottes Wohlwollen und das Jenseits denken, als Gefahr zu sehen. Sie versuchen diese Menschen als Gefahr für den Staat darzustellen, doch in Wahrheit stellen diese Menschen nur eine Gefahr für ihre persönlichen Pläne dar.

Selbst in den unterentwickeltesten Gesellschaften werden Menschen nach dem gerichtet, was sie tun und sagen. Alles, was ich tue und sage, geschieht seit 50 Jahren vor den Augen des Volkes und des Staates. Könnte solch ein Mensch, schmiedete er geheime Pläne, diese 50 Jahre lang verbergen, ohne entlarvt zu werden?

Über meine Rückkehr entscheide ich nicht aufgrund der Meinungen von Menschen, die gestern das Eine und heute das Andere denken, sondern nachdem ich den Rat von Freunden gesucht habe, denen ich mehr vertraue als meinem eigenen Herzen.

Seit längerem wurden keine Sohbets und Predigten von Ihnen im Internet mehr veröffentlicht, Sie haben eine Pause eingelegt. Ihre Anhänger fragen sich, wie es Ihnen nach all den Verleumdungen und Beleidigungen geht.

Auch nach all diesen Vorfällen müssen wir uns in Geduld üben und dürfen unsere höfliche Art nie und nimmer verlieren. In jeder Phase haben Menschen Schwierigkeiten erlebt. Auch ehrenwerte Menschen wie Imam Rabbani, Abu'l-Hasan asch-Schadhili, Mawlana / Mevlana Chalid-i Baghdadi haben sehr schwierige Phasen durchlebt. Es ist allseits bekannt, welch schwierige Zeiten Said Nursi durchleben musste. Es gab wohl keine Qual, die ihm nicht zugefügt wurde.

Aber wenn wir uns vorgenommen haben, ihnen zu folgen, dann sollten wir uns auf jegliche Schwierigkeiten einstellen. Es wäre nicht richtig, in Streitigkeiten zu verfallen. Wir sollten tagaus, tagein Gott anflehen und beten: „Wir sind zufrieden mit Allah als Herren, dem Islam als Religion und Muhammed als Gesandten Gottes." Wir sollten nicht mit unserem Schicksal hadern, sondern dem Leben wohlwollend entgegentreten. Schwierige Zeiten kommen und (ver)gehen, auch wenn sie wie ein Tsunami alles hinwegzufegen scheinen. Wenn unser Verhältnis zu Gott stabil ist, so haben wir hoffentlich unser Jenseits gesichert. Menschen, die sich dieser Sache hingegeben haben, ohne dabei weltliche Ziele zu verfolgen, werden im Jenseits ewige Reichtümer erhalten.

Jeder sollte an seinem/ihrem Ort verbleiben. Man sollte je nach Ort und Situation nicht auf einem einzigen Weg beharren, sondern alternative Wege suchen, um ans Ziel zu gelangen. Das Ziel sind universelle menschliche Werte. Genau wie die Menschen vor uns sollten auch wir nicht in Pessimismus verfallen und unsere Hoffnung stets beibehalten. Wie schon der Dichter Mehmet Akif Ersoy sagte: „Hoffnungslosigkeit ist ein Sumpf, in dem du ertrinkst, wenn du hineinfällst. Sei entschlossen und du wirst sehen, was du erreichst." Wir glauben fest daran, dass auch diese düstere Zeit vergehen wird, so Gott es will. Wir bewahren stets die Hoffnung.

Ich hatte meinen Militärdienst noch nicht abgeleistet, da erlebte ich den 27. Mai 1960 und erlitt Repressalien. Nicht sehr viel anders war es 1971 und 1980. Nach dem 12. September 1980 war ich gezwungen, sechs Jahre lang zu fliehen. Erst als der damalige Premierminister Turgut Özal die Lage beruhigt hatte und sich für mich einsetzte, ließen sie mich in Ruhe. Aber auch danach ging es weiter. Ich ging nach Mekka zur Pilgerfahrt und kam zurück. Und wieder wurden mir Steine in den Weg gelegt. Ich musste mehrere Male vor dem Staatssicherheitsgericht erscheinen. Nach dem 28. Februar 1997 lief jahrelang ein Prozess gegen mich. Verglichen mit den Repressalien, die mir in meiner eigenen Heimat widerfuhren, wurde ich vom Generalstaatsanwalt von New Jersey respektvoll behandelt. Er empfing mich an der Außentür, begleitete mich bis auf meinen Platz und brachte mir persönlich etwas zu trinken. Er kannte mich vorher nicht, wir hatten uns noch nie gesehen. Hier erlebte ich solch eine Menschlichkeit. Als Dank für diese ganze Höflichkeit und den respektvollen Umgang wollten wir ein Geschenk überreichen. Doch als wir ihm ein Geschenk überreichen wollten, sagte er: „Ich akzeptiere keine Geschenke von Menschen, an deren Prozess ich arbeite." Da wurde ich mir dessen bewusst, dass wohl dieses Rechtsverständnis und diese Rechtsphilosophie der zentrale Grund dafür sind, dass diese Menschen trotz vieler Rückschläge aufrecht stehen und in der Welt eine gewichtige Rolle einnehmen.

Eines möchte ich hinzufügen: Auch während meines Militärdienstes wurde ich verhaftet, weil ich gepredigt hatte. Ein Vorgesetzter hatte mir die Erlaubnis erteilt und kam sogar einige Male, um mir zuzuhören. Als er versetzt wurde, kam er in Tränen zu mir und sagte: „Nach mir werden sie dich schlecht behandeln." So kam es dann auch. Ich kam ins Gefängnis. Ich erlebte zu jeder Zeit verschiedenste Formen von Druck und Repressalien, wurde beschimpft und bedroht. Doch im Vergleich zu dem, was ich momentan durchleben muss, ist das frühere vielleicht ein kleiner Bruchteil. Diese respektlosen Beschimpfungen und Aussagen. Aber im Grunde spiegelt sich in den Aussagen und im Verhalten eines Menschen sein Charakter wider. Daran kann auch ich nichts ändern.

Die Türkei durchlebt eine schwierige Phase. Pessimismus macht sich zum Teil breit. Wie könnte es die Türkei Ihrer Meinung nach schaffen, sich aus dieser Situation zu befreien?

Zunächst einmal ist es insbesondere in solchen Situationen besonders wichtig, Zuflucht bei Allah zu suchen und um Beistand zu beten. Wenn jemand sich nicht selbst um sein Jenseits Sorgen macht, sollte man sich an seiner Statt um sein Jenseits sorgen. Wenn jemand sich selber stets in Sicherheit wiegt und ständig den Glauben anderer bezweifelt, befindet er sich in der eigentlich gefährlichen Situation. Selbst der rechtschaffende Kalif Umar machte sich Sorgen um sein Jenseits. Wenn er seine Taten zu bewerten versuchte, sprach er: „Ich würde mich glücklich schätzen, falls meine Wohltaten meine Sünden ausgleichen könnten.“ Daher sollten wir uns erst recht Sorgen über unser Jenseits machen und um Rechtleitung beten. Ohne Allahs Rechtleitung sind wir verloren. Wir sollten Zuflucht in Allahs Gnade und Barmherzigkeit suchen. Dies gilt sowohl für Individuen als auch für Gesellschaften.

Dies ist die eine Seite der Medaille. Die andere Seite ist folgende: Damit unser Land die momentanen Leiden überwinden kann, braucht es eine geänderte Atmosphäre. Eine neue Verfassung, die den Menschen Grundrechte und Grundfreiheiten garantiert, ist unabdingbar. Der gesellschaftliche Druck auf die zuständigen Behörden und Personen müsste steigen, damit diese eine den universellen Rechtsnormen entsprechende Verfassung ausarbeiten. Leider werden momentan die

Normen eines demokratischen Rechtsstaates arg verletzt. Eine Türkei, die sich von ihrer Bevölkerung und ihren eigenen Werten entfernt, isoliert sich auch in der Welt.

In der heutigen Zeit haben Individuen und Gesellschaften Vorrang vor dem Staat. Kein Projekt, welches den Menschen von oben aufgezwungen wird, kann nachhaltig funktionieren. Schon zu Beginn des vergangenen Jahrhunderts sprach Said Nursi: „Der Sieg über Zivilisierte ist nicht mittels Zwang, sondern mittels Überzeugung zu erreichen." Daher kann die Unterdrückung einer Gesellschaft nicht von langer Dauer sein. Daher sollten wir den Geschehnissen mit Geduld, Wachsamkeit und Weitblick entgegnen. Wenn ihr euch der Sache mit Ernsthaftigkeit, Geduld und Hingabe zu Allah nähert, dann wird früher oder später die Vernunft siegen. An jenem Tag werden diejenigen, die heute schlecht über euch reden und euch verleumden, ihr Handeln bereuen. Dann solltet ihr diesen Menschen verzeihen und sie nicht ihrer Taten wegen bloßstellen.

Wenn sich die einen von euch entfernen und ihr euch aus Trotz in die entgegengesetzte Richtung bewegt, dann verdoppelt sich die Entfernung zwischen euch und erst an Tagen, an denen ihr Einheit und Zusammenhalt benötigt, seht ihr euren Fehler ein. Doch dann wird es zu spät sein. „Auch dies wird vergehen", müsst ihr sagen und euren Dienst an den Menschen fortsetzen; mit größerem Elan und ohne an etwas anderes zu denken. Das ist meine Meinung.

Einige behaupten, dass das aktuelle Verhalten von Hizmet nicht vereinbar sei mit dem Konzept des Positiven Handelns von Said Nursi.

Said Nursi beschreibt in seinen Werken die Voraussetzungen dieser Idee wie folgt: „Im Einklang mit dem Wohlwollen Allahs handeln, dem Glauben dienen, niemanden bei der Ausübung seiner Religion stören, die öffentliche Sicherheit gewährleisten, in Geduld und Dankbarkeit leben." Positives Handeln bedeutet nicht, dass man gegenüber Ungerechtigkeiten schweigen soll. Said Nursi schwieg niemals zu Ungerechtigkeiten und Despotie, nur weil diese von staatlichen Obrigkeiten begangen wurden. Gegenüber Verleumdungen wehrte er sich stundenlang vor Gericht.

Was haben Hizmet-Anhänger bisher getan, außer sich gegen die Angriffe zu wehren, die Verleumdungen zu beantworten und den Rechtsstaat sowie die Unabhängigkeit der Gerichte zu verteidigen? Die Hizmet-nahen Medien haben lediglich über die gerichtlich verfolgten und in der Bevölkerung diskutierten Korruptionsvorwürfe berichtet und die Bevölkerung darüber informiert. Anstatt den Korruptionsvorwürfen zu entgegnen und Antworten zu liefern, wird es seit Monaten bevorzugt, unschuldige Menschen ohne jegliche Beweise herzlos zu beleidigen und zu verleumden.

Personen, die seit 40 Jahren mit Ihnen gelebt haben wollen, sprechen im Zusammenhang mit Ihnen von Messias, Mahdi, von einem, der „redet mit Gott", oder nennen Sie „Imam des Universums".

Mahdi und Messias sind Themen, die Muslime seit jeher auf die eine oder andere Weise beschäftigen. Das sind leider auch Themen, die immer wieder missbraucht wurden. Einige Zeit lang behaupteten gewisse Personen auch, dass Said Nursi von sich behauptet habe, er sei der Mahdi oder Messias.

Ich hatte zu jeder Zeit zahlreiche Schüler. Sie können bezeugen, dass ich solche Behauptungen als eine Beleidigung empfinde. „Jeder kennt meinen Vater und meine Mutter. Genau wie jeder andere bin auch ich ein ganz normaler Gläubiger. Wieso sollte mir das nicht ausreichen?" Ich habe noch nie jemanden getroffen, der bei gesundem Menschenverstand gewesen wäre und sich selbst solche Attribute zugeschrieben hätte.

An dieser Stelle kann ich nur ein weiteres Mal ar-Rumi zitieren: „Weder Mahdi noch Messias noch irgendeine andere Zuschreibung, ich bin nur ein normaler Diener Gottes. Solange ich lebe, bin ich ein Sklave des Korans, nur ein Staubkorn am Fuß des verehrten Propheten Muhammed. Wenn mir jemand etwas anderes zuschreibt, beschwere ich mich über ihn sowie sein Wort."

Bezüglich der anderen Vorwürfe: Wie können sie so einfach solche Verleumdungen in den Mund nehmen? Diese Menschen wissen eigentlich, wie empfindsam ich bin. Im Koran steht ganz offen: „Und es steht keinem menschlichen Wesen zu, dass Allah zu ihm spricht, außer durch Offenbarung oder hinter einem Vorhang, oder indem Er einen Abgesandten entsendet, um mit Seiner Ermächtigung zu offenbaren, was immer Er wünscht" (asch-Shura 42: 51). Selbst einfachstes Wissen über den Glauben sollte jedem Menschen eine gewisse Anstandsgrenze gegenüber Allah verleihen. Wir kommen aus einer kulturellen Umgebung, in der allein der Name Allahs ausreicht, um dahinzuschmelzen und vor Ehrfurcht zu erstarren. Ich zumindest bin in solch einer Umgebung aufgewachsen.

Behauptungen bezüglich „Imam des Universums" sind es nicht wert, ernst genommen zu werden. Sie erfinden fiktive und unechte Hierarchiestrukturen, die ich in meinem 60-jährigen Hizmet-Leben weder gesehen noch selbst angewendet habe. Was ist das für eine mentale und geistige Verschmutzung? Sie erfinden Vorwürfe, die beleidigend sind für Millionen von Menschen, die sich in Hizmet engagieren.

Diejenigen, die von solchen hierarchischen Strukturen oder Eigenzuschreibungen sprechen, haben Hizmet entweder nicht verstanden oder hegen einen Groll gegen diese Menschen. Wie Said Nursi bereits schrieb: „Der Kern unserer Arbeit ist Brüderlichkeit. Das Verhältnis zwischen Vater und Sohn oder Scheich und Gefolgschaft ist für uns kein Mittel. Unsere Mittel sind die der wahren Brüderlichkeit. Wenn überhaupt, gibt es höchstens einen Lehrer." Wer mich kennt, weiß, dass ich meine Schüler stets als Diskussionspartner gesehen habe und selbst den Status eines Lehrers nicht akzeptiert habe.

Es wird behauptet, dass Sie, indem Sie das Kopftuch als fürûat bezeichneten, dessen Bedeutung herabgestuft hätten.

Die Verpflichtungen hinsichtlich des Glaubens und der Handlung werden im Islam in die zwei Kategorien „usûl" und „fürû" unterteilt. „Usûl" beinhaltet die Verpflichtungen bezüglich des Glaubens und als „fürû" werden die Verpflichtungen bezeichnet, die die Taten der Menschen, ihr Verhalten und die zwischenmenschlichen Beziehungen (muamalat) betreffen. Der Glaube hat stets Vorrang vor den Taten, denn diese bauen auf dem Glauben auf. Das Kopftuch ist eine Verhaltensvorschrift, also eine fürûat. Das ist die herrschende Meinung unter den islamischen Gelehrten. Journalisten mögen vielleicht solche Details nicht in ihrer Berichterstattung berücksichtigen. Jedoch müssten sich Theologen und der Kreis um Diyanet, dem Präsidium für Religionsangelegenheiten, damit auskennen. Schließlich erhält niemand einen Abschluss, der diese Kategorisierung nicht beherrscht. Das ist aber auch kein Wissen auf fortgeschrittenem Niveau, sondern trivial und aus Sicht der islamischen Literatur ist es auf einem Primärschulniveau. Daher bin ich mir absolut sicher, dass die Menschen, die über meine Aussagen in missbräuchlicher Weise diskutieren, selbst wissen, dass das Kopftuch als fürûat zu kategorisieren ist. Das ist ein weiteres Beispiel der Verleumdungskampagne gegen mich. Darüber hinaus sagte ich „fürûat", doch in gewissen Medien wurde meine Aussage als „teferruat", also „nebensächlich", wiedergegeben. Die beiden Begriffe mögen in der Fachsprache eine ähnliche Bedeutung haben, in unserer türkischen Sprache bedeutet „teferruat" jedoch belanglos, nebensächlich und Teil eines Details.

Hier soll noch einmal eines verdeutlicht werden. Dass das Kopftuch fürûat ist, bedeutet nicht, dass es kein fardh, also keine Pflicht ist. Das Kopftuch ist fardh, also eine Pflicht. Es gibt zahlreiche fürû-Gebote, die den Verpflichtungen bezüglich der Taten anzurechnen sind und zugleich als fardh verstanden werden. Würde ich – wie behauptet – das Kopftuchproblem in der Türkei nicht ernst nehmen, so hätte ich 2006 den Premierminister in einem Brief nicht persönlich darum gebeten, diese Sache umgehend zu lösen. Wer es wünscht, kann diesen Brief aus den Archiven heraussuchen und lesen.

Einige Theologen werfen Hizmet vor, gegen die staatliche Ordnung zu verstoßen und gegen eine legitime Regierung zu rebellieren.

Der staatlichen Obrigkeit zu folgen bedeutet nicht, dass man gegenüber Fehlern der Regierenden stumm zu sein hat und seine Rechte nicht einfordern darf. „Das Gute zu befehlen und vom Schlechten abzuhalten“ ist nicht nur ein Gebot gegenüber dem Bürger auf der Straße, sondern allen gegenüber.

Politik fällt in den Bereich des Idschtihad und betrifft weder die Grundlagen noch die Glaubensgrundsätze des Islam. Im Wirkungsfeld des Idschtihad ist es nur allzu natürlich, dass man unterschiedliche Meinungen vertritt. Nicht jede Gruppe, nicht einmal die einzelnen Individuen innerhalb einer Gruppe müssen geschlossen handeln. Wenn Sie in einer demokratischen Grundordnung nicht das Recht dazu haben, eine unterschiedliche Meinung zu äußern, dann sind dort nicht einmal die niedrigsten Anforderungen an die Demokratie erfüllt. Den Menschen über eine religiöse Argumentation ein Regime aufzudrücken, kann schwerwiegende politische und rechtliche Folgen haben.

Sie versuchen einem immer autoritärer werdenden Politikstil einen religiösen Deckmantel zu verleihen, um es auf diese Weise zu legitimieren. Es wird den Menschen etwas aufgezwungen und es wird ein Druck auf ihr Gewissen ausgeübt. Leider wurden Themen, in denen es lediglich um eine Debatte über Machtmissbrauch und andere Ansichten ging, in völlig absurde Richtungen gezerrt – als gäbe es eine religiöse Kriegserklärung und eine Mobilmachung. Sie haben daraus eine Zerstörungsbewegung und eine Kampagne gegen den Glauben gemacht.

Sollten diejenigen, die sagen: „Sorgt nicht für Aufruhr“, dasselbe nicht an Regierungsmitglieder und Wahlkampfredner richten? Das sind Menschen, die die Regierung weder kritisieren noch korrigieren noch ihr irgendwelche Empfehlungen geben wollen, können oder dürfen. Solange ihre Empfehlungen einseitig bleiben, haben sie in meinen Augen lediglich die Absicht, Hizmet zu attackieren und zu schädigen – das ist ja in letzter Zeit auch zur einfachsten Art geworden, sich zu profilieren.

Interview der Stiftung Dialog und Bildung mit Fethullah Gülen, Mai 2014

Sehr geehrter Herr Gülen, wie würden Sie Ihre Sicht auf die Demokratie und den Säkularismus beschreiben?

Ich habe stets die Notwendigkeit gespürt, Menschen zu befähigen, die der Gesellschaft dienen und mit hohen menschlichen Werten wie Liebe, Toleranz, Mitgefühl, Verantwortungsbewusstsein ausgestattet sind, und habe dementsprechend versucht, meinen eigenen Beitrag dazu zu leisten. Dies können Sie auch als ein Streben betrachten, das Potenzial eines jeden Menschen zu entdecken, ihnen die Chance geben, ihre Talente aufblühen zu lassen, ihnen den Weg zum guten Menschen aufzuzeigen und somit das Wohlgefallen Gottes zu erhalten.

Der Säkularismus ist ein Thema, das mit dem Staat zu tun hat. Staaten können säkular bzw. laizistisch sein, dies bedeutet jedoch nicht, dass der Staat das Recht hat, seine Bürger dazu zu zwingen, säkular zu sein. Ein säkularer Staat lässt gegenüber jeder Religion bzw. Weltanschauung denselben Abstand. Da der Säkularismus heutzutage unterschiedliche Erscheinungsformen hat, weiß man manchmal nicht genau, was mit dem Begriff gemeint ist. Ein gläubiger Mensch wird nicht akzeptieren, dass der Staat den Individuen unter dem Deckmantel des Säkularismus eine bestimmte Lebensweise aufdrückt. So wie das Aufdrücken einer religiösen Lebensweise gegen den Geist der Religion per se ist, verstößt das Oktroyieren einer areligiösen Lebensweise gegen die Menschenrechte, die Demokratie und die Prinzipien des Säkularismus.

Ich habe mehrmals betont, dass das Verständnis eines säkularen Staates, der den Gläubigen das Recht und die Freiheit auf freie Auslebung ihrer Religion gewährt, nicht im Widerspruch zu den staatsrechtlichen Prinzipien des Islam steht und man nicht nach neuen Staatsmodellen zu suchen braucht. Auch dem Humanismus liegen der Respekt vor dem Menschen und der Schutz seiner Grundrechte und -freiheiten zugrunde, welche ebenfalls dem Menschenverständnis des Islam ähneln, wenn auch nicht hundertprozentig sich angleichen. Es ist unser grundlegendes Prinzip, den Menschen, unabhängig von seiner Religion, als Menschen zu akzeptieren und wertzuschätzen.

Außerdem habe ich schon oft gesagt, dass es im Allgemeinen für die ganze Welt, im Speziellen für die Türkei, kein Zurück mehr von der Demokratie gibt. Ich betonte, dass die Demokratie, also das Partizipieren des Volkes an der Verwaltung, nicht im Widerspruch zu islamischen Prinzipien steht, ganz im Gegenteil sogar viel besser geeignet ist als die Monarchie, Oligarchie oder Theokratie. Besonders in den 1990er Jahren wurde ich für das Aussprechen dieser Gedanken von radikalen Kreisen in der Türkei stark kritisiert.

Wie stehen Sie zur Religionsfreiheit? Was passiert, wenn sich ein Mensch in freiem Willen vom Glauben abkehrt?

In Bezug auf die Urteile der islamischen Rechtsgelehrten in der Vergangenheit sollte man diese in theologische (also das Glaubensbekenntnis betreffende) und politische Urteile unterscheiden. Die Urteile der Rechtsgelehrten bezüglich der Apostasie sind politisch und nicht glaubensspezifisch. Dass die Menschen den Islam mit freiem Willen wählen, ist ein wesentliches Prinzip des Islam.

Ich glaube, diese Frage ist eine der mir am meisten seitens der ausländischen Medienvertreter gestellten Fragen. Der Punkt, auf den sie sich stützen, ist eine Antwort, die ich in den 80er-Jahren auf eine Frage gab, als ich in Izmir in der Bornova Moschee als Prediger tätig war. Die Antwort wurde später im Buch „Asrın Getirdiği Tereddütler“ (Fragen an den Islam) veröffentlicht.

Soweit ich mich erinnere, gehe ich auf die Frage umfassend ein, vermittle die Urteile, die in verschiedenen Fiqh-Büchern (Bücher der islamischen Jurisprudenz) zu finden sind und sage: „Falls ein Mensch vom Glauben abfällt, wird er als murtad bezeichnet. Falls er in einer bestimmten Zeit keine Reue zeigt, wird er umgebracht." Dies ist ein Urteil, das jedermann bekannt ist und schwarz auf weiß in den Fiqh-Büchern dementsprechend vorkommt. Meine Antwort endet jedoch nicht hier. Im weiteren Verlauf der Rede präzisiere ich, dass dieses Urteil eine Angelegenheit des Staatssystems und eine politische Herangehensweise ist. Ich betone, dass dies „vollauf die Strafe für den Bruch eines zuvor abgeschlossenen Vertrags ist und sich auf das Erhalten des Systems bezieht". Leider aber versuchen einige Presseorgane, den Verdacht zu nähren, ich sei gegen die Religionsfreiheit, basierend auf dem ersten Satz dieser Predigt.

Falls wir schon dabei sind, lassen Sie mich genauer auf die Fragestellung eingehen: In einer Zeit, in der die Welt in zwei Gebiete unterteilt wurde, den Dar al-Islam (das Gebiet des Islam) und den Dar al-Harb (ungefähre Übersetzung „Gebiete des Krieges"); in einer Zeit, in der fast die ganze nichtmuslimische Welt gegen den Islam und die Muslime den offensiven Krieg erklärt hatten, haben die Fuqaha, die islamischen Rechtsgelehrten, den Abfall vom Islam als Übergang zur gegenüberliegenden Front betrachtet und die Apostasie daher nicht als Glaubensfrage, sondern als ein politisches Verbrechen beurteilt. Dass die Frage der Apostasie in den Fiqh-Büchern in den Kapiteln „Hudud" und „Sira" – also dem islamischen Strafrecht und dem Völkerrecht – behandelt wird, ist ein deutlicher Beweis dieser Tatsache. Dass für die vom Glauben abfallenden Frauen nicht die Todesstrafe vorgesehen war, folgt derselben Begründung. Zu der Zeit wurde Frauen keine aktive Rolle in den kriegerischen Auseinandersetzungen zugesprochen. Falls die Apostasie ein theologisches Vergehen wäre, so dürfte es für beide Geschlechter keinen Unterschied machen. Daher wurde auch gegen Uthman ibn Abdallah, der zwar vom Glauben abfiel, sich aber nicht in einer politischen Verratsposition befand, keine Strafe angewendet.

Daraus kann man folgern, dass – wie ich es schon damals in der Bornova Moschee mit den Begriffen „Opposition zum Vertrag" und das „Erhalten des Systems" zu erläutern versuchte – die Fuqaha die Apostasie nicht als eine den Glauben betreffende Schuld betrachteten, sondern sie als eine politische Straftat behandelten, die als Folge, je nach Art des Vergehens, strafrechtliche Sanktionen bis hin zur Todesstrafe haben konnte. Mit anderen Worten sah die Fuqaha die Apostasie als „Hochverrat" an. Wie jeder weiß, wird Hochverrat in jedem Rechtssystem weltweit mit den höchsten strafrechtlichen Sanktionen verfolgt. Noch heute wird Hochverrat in Ländern, wo die Todesstrafe angewandt wird, mit dem Tod bestraft, und in Ländern, in denen es die Todesstrafe nicht gibt, wird Hochverrat – sofern ich weiß – mit lebenslanger Haftstrafe bestraft.

Betrachten wir das Thema aus theologischer Perspektive, so sehen wir, dass sowohl der Koran als auch die Praxis des Propheten Muhammed (Friede sei mit Ihm) den Individuen die Freiheit des Glaubens oder auch Nicht-Glaubens sichern. Die Menschen können, wann immer sie wollen, in Religionen ein- und, wann immer sie wollen, wieder austreten. Das brachte ich auch Herrn Eyüp Can gegenüber im Jahre 1997 in einem Interview folgendermaßen zum Ausdruck: „Im demokratischen Verständnis kann jedes Individuum sich für den Islam oder den Schamanismus entscheiden. Wer will, kann ihre Gefühle und Gedanken bevorzugen, wer will, kann sich andere aneignen ... Möglicherweise werden mich einige für meine Worte kritisieren, aber ich persönlich finde es nicht falsch, diese Gedanken zu äußern. Und ich glaube, dass diese Sichtweise weltweit nicht so sehr negativ aufgefasst wird." Wenn kein Bestandteil einer Straftat oder eines Verbrechens besteht, ist im Islam ein abstraktes Übertreten in eine andere Religion kein Thema einer weltlichen Sanktion. Verse wie „Wer will, kann glauben, wer nicht will, soll nicht glauben" und „Es gibt keinen Zwang in der Religion" sichern die Freiheit des Menschen, in eigenem Willen zu glauben. Der größte Beweis hierfür ist, dass der Prophet (Friede sei mit Ihm) sein Leben lang nicht einen einzigen Menschen dazu gezwungen hat, zu glauben und zum Islam überzutreten. Außerdem wäre das Gegenteil, also das Öffnen der Türen für jene, die Muslim sein möchten, und das Drohen mit der Todesstrafe im Falle der Apostasie eine Art Doppelmoral, die dafür sorgen würde, dass sich in der Gemeinschaft Heuchler vermehren würden. Eine solche Annäherungsweise würde eine Mentalität hervorbringen, in der Vielfalt bekämpft wird und eine totalitäre Geisteshaltung herrscht, was völlig gegen die Prinzipien und authentischen Anwendungen des Islam bezüglich des Verwaltungssystems verstößt.

Man sollte Folgendes nicht vergessen: Religionsfreiheit gehört zu den Grundrechten und -freiheiten. Das Respektieren dieser Freiheiten ist nur durch das Wahrnehmen der Verantwortung, die daraus resultiert, möglich. In der islamischen Religion ist es essenziell, jeden Einzelnen in seiner Haltung und seiner Identität zu akzeptieren, die Rechte und Freiheiten aller Bürger zu gewährleisten, soweit sie nicht die Rechte und Freiheiten Dritter beeinträchtigen, das Gleichheitsprinzip vor dem Gesetz zu achten, keine Ideologie oder Weltanschauung mit politischen Mitteln aufzudrängen und niemanden auf Grundlage seiner oder ihrer ethnischen, kulturellen oder religiösen Herkunft oder ähnlichem zu diskriminieren, zu missachten oder zu verhöhnen.

Soweit zum weltlichen Aspekt der Sache. In Bezug auf das Jenseits sieht der islamische Glaube, wie andere Religionen auch, eine Reihe von Bestrafungen für die Apostasie vor. Doch das ist nicht unser Thema.

Gilt das Gleichheitsprinzip vor dem Gesetz allein für Muslime oder ist es eine allgemeingültige rechtliche Grundlage?

Als ich auf die Frage der Glaubens- und Religionsfreiheit antwortete, ging ich teilweise darauf ein. Nein, nach dem Islam gilt die Gleichheit vor dem Gesetz für jeden Einzelnen, ob Mann oder Frau, Muslim oder Nicht-Muslim, Chef oder Angestellter. Verse des Korans (wie zum Beispiel in an-Nisa 4: 135), die unterstreichen, dass sogar, wenn es um die eigenen Eltern geht, nicht die Linie der Gerechtigkeit verlassen werden darf, wurden im Laufe der islamischen Geschichte so verstanden, dass es keine privilegierte Gruppe vor dem Gesetz gibt und geben wird.

Unsere Hauptquellen, der Koran und die Sunna, legen klar fest, dass niemand über dem Gesetz stehen darf und jeder vor dem Gesetz gleich ist. Einige individuelle Urteilsfindungen der islamischen Gelehrten in den Fiqh-Büchern, die dem Prinzip der Gleichheit von Muslimen und Nicht-Muslimen vor dem Gesetz zu widersprechen scheinen, beziehen sich meines Erachtens auf den historischen Prozess und auf das jeweilige Umfeld. Denn wir sehen als Beleg hierfür, dass in vielfältigen und pluralistischen geografischen Regionen, wo mehrheitlich die hanafitische Rechtsschule vertreten ist, eher Anerkennung und Akzeptanz vorherrschen und das Gleichheitsprinzip vor dem Gesetz dominanter ist als in anderen Rechtsschulen.

Wie würden Sie Ihre Perspektive auf Wissenschaft und ihr Verhältnis zur Ethik beschreiben?

Ich verstehe die Wissenschaft als einen Akt, die Schöpfung wie ein Buch zu lesen, welches der Allmächtige für gläubige Menschen erschaffen hat. Menschen, die nicht an einen erhabenen Schöpfer glauben, können auch einer wissenschaftlichen Tätigkeit nachgehen, und das tun sie auch.

Damit die Erkenntnis, welche als ein Ergebnis der Wissenschaft erzielt wird, und die Technologie, welche wiederum ein

Produkt der Erkenntnis ist, zum Wohle der Menschheit eingesetzt wird, müssen Wissenschaftler einen ethischen Standpunkt vertreten. Sonst ist es wahrscheinlich, dass Technologien entwickelt werden, die die Menschheit in eine Katastrophe stürzen.

Dem Fundament dieses ethischen Verständnisses liegen basale Werte wie der Schutz des Menschen, das Wertschätzen des Lebens, die Gerechtigkeit, das Mitgefühl und das Verantwortungsbewusstsein zugrunde. So wie diese ihren Ursprung in der Religion haben, rühren sie eigentlich auch aus der natürlichen Veranlagung des Menschen her. Beispielsweise ist das primäre Prinzip der Medizin „an erster Stelle steht, dem

Patienten keinen Schaden zufügen“ ein derartiges ethisches Prinzip. So wie Muslime sich zu diesem Prinzip bekennen, bekennen sich auch christliche, jüdische, humanistische oder auch atheistische Ärzte dazu bevor sie ins Berufsleben starten.

Bei wissenschaftlichen Tätigkeiten, insbesondere bei denen, die den Menschen als Forschungsgegenstand haben, oder bei Tätigkeiten, deren Ergebnisse eine Auswirkung auf die Menschen haben, liegen der Schutz des Menschenlebens, des Verstandes, der Gesundheit, der Nachkommenschaft und der Schutz von Ähnlichem zugrunde. In dieser Angelegenheit sind die natürliche Veranlagung des Menschen und der gesunde Menschenverstand gleichermaßen wichtige Referenzen wie der Glaube und die Religion. Daher ist es möglich, dass auch Menschen, die an einem erhabenen Schöpfer nicht glauben, wie religiöse und gläubige Menschen, aus ihrer Veranlagung heraus oder auf der Vernunft basierend oder aus Menschlichkeit ein hohes ethisches Verständnis besitzen.

Für Wissenschaftler ist nicht die religiöse Zugehörigkeit das Wesentliche, sondern dieses ethische Verständnis. Sollten aber die Menschen, die wissenschaftlich tätig sind, dieses ethische Verständnis nicht haben, ist zumindest zu erwarten, dass dies bei Instanzen, die deren Forschungen oder der Anwendung der Forschungsergebnisse eine Richtung geben, der Fall ist.

Wie bewerten Sie die Beziehung des türkischen Staats zu den in seinem Staatsgebiet lebenden Kurden?

Ich kann nicht behaupten, dass der türkische Staat in der Geschichte der Republik eine unseren Werten entsprechende Politik im Südosten des Landes verfolgt hat. Auf Gewalt wurde mit Gewalt reagiert. Die diesbezügliche Sicherheitspolitik des Staates hat aus einem diplomatisch zu lösenden Problem einen Wundbrand gemacht.

Man muss offen dafür sein, sich mit jedem einigen zu können, und natürlich offen gegenüber dem Frieden sein. Auf diese Weise steigt die Bereitschaft für einen Frieden in einem legitimen Rahmen. Völlig unabhängig davon, in welchem Umfeld man sich befindet, sollte jeder Mensch bestrebt sein, einen globalen Frieden und ein friedliches Zusammenleben zu erreichen. Ich hatte es bereits schon mal in einem anderen Zusammenhang gesagt: Der Segen liegt im Frieden und der Frieden ist stets gesegnet. Um bei diesem Thema eine nachhaltige Lösung zu finden, muss die gesamte Region in Betracht gezogen werden, und es müssen durch umfangreiche Maßnahmen die Versäumnisse vergangener Jahrzehnte behoben werden.

1. ***Multiplikatoren stärken*** – Im Allgemeinen muss sich der Ansatz des Staates bezüglich dieser Region und seinen Menschen ändern. Menschen, denen das hiesige Volk großen Wert beimisst, sollten mit Respekt behandelt werden. Man sollte größeren Wert auf den Austausch mit Meinungsführern, Gelehrten und Würdenträgern vor Ort legen. Andernfalls wird man eine unschuldige Bevölkerung in die Fänge des Terrors drängen.
2. ***Bildungsoffensive*** – Seit 1993 wiederhole ich immer und immer wieder, dass der Terror nicht durch das Militär, sondern durch Bildung beendet werden kann. Falls der Staat hierzu nicht in der Lage ist, sind NGOs und Stiftungen gefordert, die Bildung an diese Orte zu bringen. Auch wenn nicht in naher Zukunft, werden die Jugendlichen nach ih-

rem Studium als Ärzte, Ingenieure und Lehrer in ihre Heimat zurückkehren und für einen Aufschwung in der Region sorgen. Somit kann man auch verhindern, dass sich die Jugendlichen für den Terror entscheiden und in die Berge gehen. Zahlreiche Lesesalons sorgen zurzeit dafür, dass unzähligen Kindern der Bildungsweg und die Türen der Universitäten geöffnet werden.

3. ***Investitionen*** – Es ist von immenser Bedeutung, dass Regionen mit großem kurdischen Bevölkerungsanteil attraktiv für Investoren und Arbeitgeber gemacht werden; vor allem das Studieren muss an Reiz gewinnen. Wenn die Probleme auf der Ebene der Bildung gelöst werden, werden viele andere Probleme mitgelöst. Bis heute fühlten sich die Menschen ohne Ausbildung von der Gesellschaft verstoßen und als Menschen zweiter Klasse.
4. ***Das Geben von Rechten und Freiheiten*** – Die Rechte und Freiheiten der Menschen sind keine Geschenke oder Gaben der Regierungen an ihre Bürger. Das sind Rechte, die jedem Menschen von Geburt an von unserem allmächtigen Erschaffer gegeben werden. Als Menschen und Geschöpfe Gottes sind alle Menschen gleich. Das gilt sogar für die Propheten. Ohne diese Gleichheit als Voraussetzung anzuerkennen, kann keine Gerechtigkeit herrschen. Auf der einen Seite müssen wir aufhören, uns durch Worte und Handlungen als den Gütigen darzustellen und die fundamentalen Rechte und Freiheiten als Verhandlungsmittel gegen andere Werte zu verwenden. Auf der anderen Seite muss man aufhören, den universellen Werten widersprechende, illegitime und explizite Gewalt beinhaltende Wege einzuschlagen, ganz egal, welchem Zwecke sie dienen mögen. Genauso wie Rassen, Hautfarben, Volks- und Stammeszugehörigkeiten zählen auch die Sprachen zu den Zeichen Gottes. Jedes Volk hat seine eigene Muttersprache. Das Erlernen und Lehren der eigenen Sprache ist ein

universelles Menschenrecht. Natürlich darf einer Bevölkerung das Erlernen der Muttersprache nicht verboten werden. Das ist grausam, unmenschlich und eine Auflehnung gegen die Natur des Menschen. Folglich kann ein solches Verbot nicht lange Zeit fortgesetzt werden.

5. ***Bewusstseinsänderung bei Beamten*** **–** Die in dieser Region zuständigen Beamten – vom Gouverneur über Soldaten und Polizisten bis hin zum Steuerbeamten – sollten sich als Repräsentanten des Staates den Menschen mit Mitgefühl annähern. Dieses Problem lässt sich nicht mit roher Gewalt lösen.

Es wird sich wohl keiner finden, der Maßnahmen, die darauf abzielen, das jahrelange Blutvergießen zu beenden, ablehnt. Vergangenes Leid sollte kein Hindernis für unsere Zukunft darstellen. Wichtig ist es, in die Zukunft zu schauen und konstruktives Verhalten an den Tag zu legen. Mit der Organisation (PKK) können Verhandlungen geführt werden, darin sehe ich kein Hindernis. Das Ansehen des Staates sollte hierbei jedoch nicht verletzt werden.

Die Aufgabe, die hier der Türkei obliegt, ist es, einerseits die Rechte und Freiheiten ihrer kurdischstämmigen Bürgerinnen und Bürgern anzuerkennen, aber sich auch andererseits für Kurden in anderen Regionen einzusetzen und ihnen zu helfen. Sie sollte Kurden, die aus politischen, religiösen oder ethnischen Gründen Leid ertragen mussten, auch auf internationaler Ebene, z. B. bei der UNO oder anderen Organisationen, beschützen und sie im Namen der Gerechtigkeit vertreten. Alle Schritte, welche die Streitigkeiten zwischen uns aufzuheben vermögen und unsere Einigkeit fördern, sind begrüßenswert.

Einige Menschen in der Region sowie die Terrororganisation (PKK) behaupten, durch unsere Schulen und Bildungseinrichtungen würden wir versuchen, die kurdische Bevölkerung zu assimilieren. Doch ich habe stets betont, wie wichtig es ist, beispielsweise die kurdische Sprache aufrechtzuerhalten, kurdische Sender zu eröffnen und Kurdisch als Wahlfach an Schulen zu unterrichten, die Sprache an Universitäten zu lehren.

Wir müssen stets unsere Gemeinsamkeiten betonen, die gegenseitigen Hilfeleistungen, die Solidarität und die gemeinsamen Potenziale auf kultureller und wirtschaftlicher Ebene ausbauen und versuchen, diese auf weitere Ebenen auszuweiten. Initiativen, welche die Verbundenheit beider Völker unterstreichen und verstärken, sollten unterstützt und gefördert werden.

Und was sagen Sie zum Verhältnis zu den Aleviten?

Sei es in dem Haus meiner Eltern, in der Medrese, in der ich ausgebildet wurde, in der Tekke oder sei es in der Tradition von Said Nursi, war die Liebe und Verbundenheit zu Ahl al-Bayt (Familienangehörige und Nachfahren des Propheten Muhammed – Friede sei mit Ihm) und das mystische Alevitentum stets eine der bedeutendsten Fundamente; und sie sind es heute noch. So sehr, dass aufgrund der Liebe zu Ahl al-Bayt bei uns zu Hause meine Leidenschaft für den Kalifen Ali die Liebe zu anderen Sahabas (die Gefährten des Propheten Muhammed – Friede sei mit Ihm) bei weitem übertraf. In diesem Sinne habe ich als Reaktion auf die Vorfälle in Gaziosmanpaşa von 1995 gesagt, dass auch ich ein Alevite bin; und genauso sind auch meine Mutter und mein Vater Aleviten.

Meiner Ansicht nach kann das Alevitenthema mit einem strikten Laizismus und einer rassistischen Herangehensweise, roher Gewalt oder einem Ansatz, der alternative Auslegungen des Islam ablehnt, nicht gelöst werden.

Um die – leider auch oft künstlich angefachten – Spannungen zwischen Aleviten und Sunniten in der Türkei zu beseitigen und die seit Jahren existierenden gegenseitigen Vorurteile abzubauen, sollten folgende drei Sachen in Betracht gezogen werden:

Zunächst einmal, Aleviten und Sunniten kennen einander nicht. Trotz zahlreicher Brücken zwischen beiden ist es zu einer Entfremdung gekommen. Diese Entfremdung muss beendet werden. Das Alevitentum stellt eine weitere Quelle des Reichtums dar. Meiner Meinung nach sollte das Alevitentum aus Sicht der Sunniten nicht außen vor gelassen, sondern verwertet werden. Während der gesamten islamischen Geschichte wurden die Aleviten nie als außerhalb des Islam stehend wahrgenommen.

Falls das Alevitentum die Liebe zu Ali und der Ahl al-Bayt ist, so kann gesagt werden, dass jeder Muslim sich als Aleviten bezeichnen kann. Ein gegenseitiges und intensiveres Kennenlernen bildet eine weitere Ebene, von der beide Seiten profitieren können. Um von dieser Gemeinsamkeit und diesem Reichtum profitieren zu können, müssten sich die Aleviten auch den Sunniten gegenüber öffnen.

Eine zweite Sache, über die man nachdenken sollte, ist folgende: Das auf mündlichen Überlieferungen basierende Alevitentum wird oftmals missbraucht. Die schriftlichen Quellen des Alevitentums erreichen nicht die jungen Generationen. Es muss für das Zusammentreffen der schriftlichen Quellen mit den jungen Generationen gesorgt werden Das Alevitentum basiert auf einer Überlieferungskultur, die von Angesicht zu Angesicht weitergegeben wird. Ich habe schon oft auf die Bedeutung dessen hingewiesen, dass diese Kultur verschriftlicht werden sollte, und damit sie eine wissenschaftliche Identität bekommt, sollten die Cem-Häuser mit diesen alevitischen Quellen ausgestattet werden.

Mehrmals habe ich vorgeschlagen, dass Werke derjenigen Gelehrten, die von Aleviten als Referenz angesehen werden, in die moderne türkische Sprache übersetzt und unter Aleviten und Sunniten gleichermaßen verbreitet werden sollten. Mit der Gründung der Republik wurde auch die Religionsbehörde Diyanet gegründet. Selbstverständlich sollten die Aleviten studieren und bei der Diyanet angestellt werden können. Sie sollten in ihren Gebets- oder Cem-Häusern als Vorbeter entsprechend der alevitischen Vorgaben die Gebete leiten können. Falls sich die Aleviten als eine Konfession wahrnehmen, dann können sie einen entsprechenden Status in der Türkei verlangen wie Nusayriten, Armenier, Griechisch-Orthodoxe, Protestanten oder Baptisten. Nehmen sie sich als ein Orden wahr, so wie auch beispielsweise der Weg von Hacı Bektaş Veli als der eines Ordens wahrgenommen wird, so können auch sie einen entsprechenden Status verlangen.

Und drittens sollten als Zeichen des alevitisch-sunnitischen Zusammenhalts Moscheen und Cem-Häuser nebeneinander erbaut werden. Bisher habe ich zu verschiedenen Anlässen dieses Projekt erläutert. Heute wird es auch von staatlicher Seite unterstützt. Ich habe beispielsweise meine Freunde in Tunceli bereits vor Jahren dazu motiviert, Cem-Häusern zu helfen und sie zu unterstützen. In Izmir Narlıdere haben wir einmal an einem gemeinsamen Schulprojekt gearbeitet. Wir hatten freundschaftliche Beziehungen zu einem alevitischen Dede, der früher auch als Senator tätig war. Schon damals hatten wir gemeinsam die Idee, eine Moschee und ein Cem-Haus nebeneinander zu errichten. Das war auch früher die Praxis im Osmanischen Reich: eine Moschee neben einer Kirche und daneben eine Synagoge. Das sind alles Praktiken, die uns eigentlich nicht fremd waren und uns erfreuten. Dies sind wichtige Maßnahmen, durch die die Feindschaften und die verhärteten Fronten, die fern von jeglicher Vernunft entstanden sind, aufgelöst werden können.

Was halten Sie vom Nationalismus als Ideologie?

Ich sehe Nationalismus nicht als eine Ideologie und lehne eine ideologische Herangehensweise ihm gegenüber ab. Im Sinne dessen, dass ein Volk stolz auf die Errungenschaften seiner Vorfahren ist und diese als Vorbilder sieht, ihre positiven Seiten übernimmt, sich ihre Standards als Ziel setzt und diese als Teil der eigenen Identität wahrnimmt, finde ich ihn nicht falsch. Den Menschen als heilig zu behandeln, weil der ein Geschöpf Gottes ist, ist ein Grundprinzip des Islam, welches ich mein ganzes Leben lang vertreten habe. Jeder Mensch kann aufgrund zahlreicher Gemeinsamkeiten Sympathien gegenüber seinen Landsleuten, Glaubensgenossen, Sprachgenossen, ihm kulturell nahestehenden Menschen usw. pflegen. Dies darf jedoch unter keinen Umständen dazu führen, andere Menschen als schlecht oder minderwertig wahrzunehmen.

Menschenrechte, Freiheiten oder Nachbarschaftsrechte sind für jeden Menschen gültig. Rassismus und Völkermord als Folge von Nationalismus sind Grausamkeiten und Verbrechen, die weder im Glauben noch in der Menschlichkeit einen Platz haben.

Wie ist Ihre Haltung zum politischen Islam?

Zunächst einmal möchte ich folgende Sache betonen: Der Islam ist der Name einer Religion. Daher empfinde ich es als ungemessen, ihn nach „politisch“, „nicht-politisch“, „radikal“, „gemäßigt“ oder ähnlichen Kategorien zu klassifizieren.

Es gibt heutzutage Ansätze, die man als „politischen“ Islam bezeichnet. In einigen von ihnen wird versucht, mit staatlicher Hand eine bestimmte Lebensart vorzuschreiben.

Um soziale Probleme zu lösen und eine tugendhafte Gesellschaft aufzubauen, ist es notwendig, am Menschen zu arbeiten. Ich habe immer betont, dass man soziale Probleme lösen und eine tugendreiche Gesellschaft nur dann bilden kann, wenn man am Menschen arbeitet. Der Mensch ist sowohl die Quelle aller sozialen Probleme auf der Welt als auch deren Lösung, indem ein jeder seinen Horizont erweitert und ein tugendhafter Mensch wird. Dies geschieht am besten auf dem Wege der Bildung sowie des gesellschaftlichen und kulturellen

Engagements. Wenn man mittels staatlicher Macht den Menschen eine bestimmte Lebensweise aufdrängt und insbesondere wenn hierfür ein religiöser Diskurs verwendet wird, macht man aus ihnen nur Heuchler. Aus Sicht der Individuen ist es grundlegend, dass sie einerseits ihr religiöses Leben bestmöglich ausleben, aber auch andererseits sich als Bürger im Rahmen der Gesetze am demokratischen Prozess beteiligen, ihre Meinung kundtun und ihre demokratischen Rechte und Freiheiten in Anspruch nehmen können.

Zweitens nimmt die Religion durch die Politisierung der Religion mindestens so viel Schaden wie von ihren Feinden. Denn wenn man sich die religiösen Vorschriften anschaut, so sieht man, dass sich lediglich ein minimaler Teil von ihnen, vielleicht zwei Prozent, auf Regierung und Verwaltung bezieht. Die restlichen 98 Prozent beziehen sich auf moralische und spirituelle Werte, nach denen sich Individuen, Familien und die Gesellschaft richten sollen: Vom Glauben an Allah über das Verrichten des Gebets und die Vergabe von Almosen bis hin zum Respekt den Eltern gegenüber. Wenn diese 98 Prozent, die den Glauben, Güte und die moralischen Werte bilden, außer Acht gelassen werden und die zwei Prozent, die die Verwaltung, die Wirtschaft und politische Führung behandeln, zum bestimmenden Element von allem werden, schadet dies am meisten der Religion selber.

Drittens: Wenn man eine Religion aus einer politischen Perspektive zu betrachten versucht, verliert sie ihre Eigenschaft als Religion und verkommt zu einer politischen Ideologie.

Leider wurde die Religion in der vergangenen Zeit in einigen Regionen von einigen Akteuren mit all ihren Werten als Instrument säkularer Politik missbraucht und diese Akteure behaupteten von sich, die einzigen „Vertreter des Glaubens" zu sein. Die Aussage „Die Religion ist politisiert" wurde als richtige Schlussfolgerung angesehen. Ich hatte bereits in einem vorherigen Interview erwähnt, dass die Politisierung der Religion und ihre Instrumentalisierung als eine politische Ideologie ihrem Geist schadet.

Viertens: Die Regierungsbilanz derjenigen in der islamischen Welt, die sich als Vertreter des politischen Islams sehen, ist leider negativ. Soweit ich es verfolgen konnte, gingen und gehen diese Akteure nicht etwa mit wirtschaftlichen, juristischen, militärischen, moralischen oder kulturellen Erfolgen in die Geschichte ein, sondern im Gegenteil mit ihren Misserfolgen. Das ist eigentlich eine große Enttäuschung für die muslimische Welt. Eben jene Regierungen sind bei der Umsetzung universeller Normen wie Rechtsstaatlichkeit oder Menschenrechte weit hinter den entwickelten demokratischen Staaten zurückgeblieben. Dass man heute nicht von den Mekkanischen, Istanbuler oder Kairoer, sondern Kopenhagener Kriterien spricht, verdeutlicht sehr klar die Situation, in denen sich die islamische Welt in Bezug auf universelle Werte und Demokratie in dieser Zeit befindet.

Teil 1: Der Mensch und seine Potentiale

„Respekt vor dem Menschen ist eine unerlässliche Voraussetzung der Menschlichkeit, genauso wie die Nächstenliebe, und beides geschieht Gott und der Gesellschaft zuliebe. Wer durch seine Worte und sein Verhalten einem Menschen gegenüber respektlos ist, offenbart seinen wahren Charakter und sein geringes Niveau; wer die Menschen hasst und feindliche Gefühle gegen sie hegt, legt damit die wahre Eigenart seines Gewissens an den Tag. Die reifen Charaktere sind niemals hochmütig, vielmehr sind sie stets bescheiden. Sie sind wie eine laue Meeresbrise – sie spenden jedem Menschen Erquickung. Es gibt für sie nichts wertvolleres als Liebe und Respekt. Anstelle weltlicher Herrschaft bevorzugen sie es, zu lieben und geliebt zu werden und einen Platz in den Herzen der Menschen zu erobern! So also sind sie glücklich, wenn andere glücklich sind, und sie leben, um andere leben zu lassen, und überdies handeln sie stets entschlossen."

Fethullah Gülen[6]

---

[6] „Kendimizi Dinleme Zamanı" (Zeit, um in uns hineinzuhorchen), *Sızıntı*, Nr.: 250, November 1999

Gewissensreichtum[7]

Frage: Was bedeutet „Gewissensreichtum"? Welche Zeichen weisen darauf hin, ob ein Mensch gewissenhaft oder gewissenlos ist?

Antwort: Der Gewissensreichtum ist eine seelische Erhabenheit, die wir als die Fähigkeit eines Menschen mit Herzensbildung beschreiben können, die ganze Menschheit zu umarmen. Dies geschieht mit einer Seele, die mit Glaube (iman), Wissen (ilim), metaphysischer Gotteserkenntnis (marifet), Liebe (muhabbet), Ehrfurcht (mehâfet) und Selbstlosigkeit (diğergâmlık) ausgestattet ist. Gewissensreichtum öffnet das Herz für die ganze Menschheit, versetzt den Menschen in den Stand, stets versöhnlich und konstruktiv zu sein. Insbesondere aber bedeutet es, sich zu wünschen, dass die gesamte Menschheit zur ewigen Glückseligkeit findet.

Mit anderen Worten, der „Gewissensreichtum" oder das „Erblühen des Gewissens" ist das Suchen nach Zuflucht beim Wesen Gottes (Zât-ı Ulûhiyet) mit Glauben, Ergebenheit (teslim) und Gottvertrauen (tevekkül), indem der Mensch die eigene Unzulänglichkeit und Schwäche (acz u fakr) bewusst wahrnimmt und die Notwendigkeit spürt, sich auf eine Macht und Kraft zu stützen, die die eigenen Mängel ausgleicht. Zugleich bedeutet Gewissensreichtum, sich von allen egoistischen Verhaltensweisen befreiend, sich der Vertrautheit als wesentlicher Bestandteil seines Namens zuwendend, dem gesellschaftlichen Geist (içtimaî ruh), der in der eigenen Natur existent ist, gebührend zu agieren.

---

[7] Gülen, Fethullah: Vicdan Genişliği (Gewissensreichtum). In: Kırık Testi (Der zerbrochene Krug), 5. März 2007, http://herkul.org/kirik-testi-arsiv/

Ein Gewissen, das von Glauben, Wissen, metaphysischer Gotteserkenntnis und Liebe beschienen wurde und zu erblühen beginnt, wird neben dem Schöpfer auch an allen Menschen Interesse empfinden. Ein Mensch mit einem derartigen Gewissen wird in jedem Menschen und in jedem Ereignis, das ihm widerfährt, die Farbstrahlen göttlichen Geschicks erkennen. Er wird die Gestaltung betrachten und den Tönen lauschen und er wird erkennen, dass jede Existenz in der Welt Vertrautheit atmet. Deshalb wird er sich von nun an allem und jedem freundlich und gütig nähern. Das wird so weit gehen, dass die ganze Welt in seiner Brust Platz zu finden scheint. Durch seine Gedanken, die aus den tiefsten Tiefen seiner Persönlichkeit hinaufsteigen, wird er in seiner Begrenztheit grenzenlos, und obwohl er von Zeit und Raum in Zaum gehalten wird, wird er in den Urzustand der Unbekümmertheit gelangen. Eine solche Seele wird, hinsichtlich der Entwicklung und Reifung ihrer Gefühle, sich selbst stets übertreffen und sich geradezu vervollkommnen. Ein Mensch mit einer solchen Seele wird die ganze Menschheit lieben, jedem seine helfende Hand reichen. Er wird alle Menschen mit seinen wahrhaftesten Gefühlen begrüßen.

Ein Gläubiger mit einem solch reichen Gewissen wird in seinem Umgang mit den anderen Menschen ein geradezu prophetenartiges Verhalten an den Tag legen: er wird jeden lieben und jedem das Beste wünschen. Er wird sich selbst wegen seiner kleinsten Vergehen in Frage stellen, aber die Fehler anderer ignorieren. Die Fehler und Verstöße in seiner näheren und weiteren Umgebung wird er nicht nur im Normalfall verzeihen, sondern sogar dann, wenn er verärgert ist. Und er wird auch mit starrsinnigsten Menschen ein gutes Auskommen pflegen.

Unsere erhabene Religion empfiehlt, den eigenen Zugehörigen zu verzeihen, so weit dies möglich ist, dem Hass und

Groll nicht zu erliegen, dem Gefühl der Rache nicht zu verfallen. Jemand, der seinen Blick auf das Jenseits richtet, wird ohnhin das ewige Glück suchen. Das kann man sich bei einem wahrhaften Gläubigen auch gar nicht anders vorstellen. Und nicht nur, dass er nicht anders handeln kann, ein wahrer Gläubiger wird stets nach einem Weg suchen, anderen Menschen Gutes zu tun, er wird jedem das Beste wünschen und wird die Liebe in seinem Herzen stets wach halten wollen. Er wird sogar in all seinen Taten, jenseits der Liebe, die Barmherzigkeit als Basis seines Tuns bevorzugen und dem Zorn, dem Hass und dem Groll ständig fern bleiben. Er wird, von seinem eigenen Herzen ausgehend, überall die Samen der Güte und der Schönheit aussähen, den Boden für deren Wachsen bereiten. Er wird sogar jene, die sich ihm mit Hass und Groll nähern, mit einem Lächeln empfangen, und er wird auch die aggressivsten Personen durch die Kraft der Liebe abwehren.

„Ich habe euch verziehen!"

Ein Mensch mit einem hoch verfeinerten Gewissen wird Liebe und Zärtlichkeit auszustrahlen, da er beinahe ständig in einem Hochgefühl lebt, nicht nur in seinen Gefühlen, Gedanken und Verhaltensweisen, sondern auch in Form seiner Pflichterfüllung. In seinen Gebeten wird er für das Wohl aller Menschen bitten, also sowohl seiner Verwandten und Freunde als auch seiner übrigen Umgebung. Er wird sich hüten, sich egoistisch zu verhalten. Er wird stattdessen ständig bereit sein, zu helfen. Er wird sogar den Rahmen seiner Gebete auf die ganze Menschheit ausweiten und den Erhabenen darum bitten, dass er dafür sorgt, dass sich die Herzen der Menschen dem Glauben, dem Guten und der Offenbarung zuwenden.

Der wichtigste Grund, der dazu führt, dass der Mensch sein Gewissen entdeckt, ist eine gute Moral. Deshalb ist das wichtigste Zeichen eines hoch entwickelten Gewissens eine einwandfreie moralische Haltung. Zum Beispiel ist die Vergebung ein Teil der guten Moral, also ein Verhalten, das verzeiht und entschuldigt, das auf Freundschaftlichkeit baut. So ist das Gewissen eines wahren Gläubigen hoch entwickelt.

Ein Gläubiger, der über solche guten Eigenschaften verfügt, wird sogar angesichts der schlechten Behandlung durch andere Menschen geduldig und vorsichtig handeln. Er wird verzeihend sein und seine Taten und Worte sehr gut abwägen. Er wird sogar bei jeder Bosheit oder Ungeschick sagen: „Es hätte schlimmer kommen können!“ Als Nasreddin Hodscha einmal eine Nuss auf den Kopf gefallen war, blickte er auf einen Kürbis am Boden und sagte: „Alles ist an seinem Platz schön. Was wäre passiert, wenn dieser Kürbis auf dem Baum gewachsen wäre?“ So brachte er seine Betrachtung über die göttliche Weisheit zum Ausdruck. Und er führte seine Gedanken weiter: „Was wäre gewesen, wenn mir anderes beschert gewesen wäre? Das heißt wohl, dass Gott das Unglück, das mir hätte widerfahren können, durch seine Barmherzigkeit verkleinerte, zu einer kleinen Frucht machte und sie mir dergestalt auf meinen Kopf fallen ließ. Sei es Ihm tausendfach gedankt!“ So hat er die Angelegenheit und seine Fehler und Sünden zusammengefügt und sie mit dem göttlichen Schicksal in Verbindung gebracht. Wenn andere an dem Vorfall beteiligt sind und ihm Böses getan haben, verzeiht dieser gläubige Mensch auch das. Der ehrenwerte Üstad[8] hat sogar denen vergeben, die sich ihm gegenüber grausam verhielten und ihn einkerkern wollten, die ihn durch die Orte zerrten und ihm den Platz im Gefängnis bereiteten. Das ist ein sehr gutes Beispiel dafür, dass man die Grausamkeiten der Welt und der Menschen nicht aus der Sicht der Gerech-

---

[8] Üstad ist ein Ehrentitel u. a. für islamische Gelehrte. Hier ist Bediüzzaman Said Nursi (gest. 1960) gemeint, bei dem dieser Ehrentitel sogar Bestandteil von seinem Eigennamen geworden ist.

tigkeit des Schicksals oder eigenen Erwägungen heraus bewerten sollte. Man sollte deshalb auch niemandem böse sein, im Gegenteil, man sollte sogar die feindlich gesinnten Menschen nicht ohne Güte und Fürsorglichkeit behandeln. Man sollte sie also nicht von sich stoßen, sondern auch ihnen dabei behilflich sein, dass sie die nötige Weisheit erlangen. Genau das sollte man von ganzem Herzen wünschen.

Von dieser Haltung sind auch die Worte und Betrachtungen des Verfassers des Risale-i Nur[9] vom wahren Glauben geprägt. Besonders beispielhaft ist, was er im Bezug auf jemanden kundtat, der über ihn böse Behauptungen aufgestellt hatte! Über böse Worte sagte er Folgendes: „Wenn seine Schmähungen und die von ihm erklärten Fehler mit meiner Person tatsächlich zu tun haben, gebührt ihm Allahs Dank, denn er offenbart meine Fehler. Wenn er die Wahrheit gesagt hat, veranlasst er mich dazu, an meiner Willenskraft zu arbeiten, sie zu verbessern und er hilft mir dabei, meinen Stolz zu besiegen. (...) Wenn mir jemand sagt und zeigt, dass ich einen Skorpion auf dem Hals oder auf dem Arm habe, dem darf ich nicht böse sein, sondern muss mich darüber freuen." (Said Nursi, Die Briefe, 16. Brief)

Höhepunkte verlangen nach Vorsicht

Yahya ibn Sa'id al-Qattan (gest. 813), einer der großen Hadith-Gelehrten aus der Zeit der zweiten Nachfolgegeneration (tebe-i tâbiîn), erwiderte den schlechten Worten eines Nachbarn nicht anders als der ehrenwerte Bediüzzaman. Eines Tages sagte ihm dieser Nachbar sehr schwerwiegende Worte. Doch der Rechtliebende gab dem Fluchenden keine Antwort,

---

[9] Damit ist Bediüzzaman Said Nursi gemeint.

er flüsterte lediglich ganz leise: „Vielleicht spricht er rechtens, und erinnert mich an meine Persönlichkeit und daran, wie ich wirklich bin. … Wer bin ich eigentlich oder für was halte ich mich, als ob diese negative Eigenschaft bei mir nicht auftreten könnte!"

Ja, solche Gedanken, ähnliche Zustände und Verhaltensweisen sind bei großen Menschen Anzeichen eines hoch entwickelten Gewissens. Solche Menschen sind uneigennützig, und ihre Selbstachtung ist nicht so leicht zu verletzen. Die Fehler von anderen und die eigenen guten Taten vergessen sie sehr bald. Doch die eigenen Fehler und Vergehen und die guten Taten, die ihnen durch andere zuteil wurden, vergessen sie nie. Sie betrachten alle Angelegenheiten umfassend und gründlich, sie haben einen breitgefächerten Blick auf die Probleme, Ereignisse und Personen. Sie nähern sich den Dingen mit Toleranz und Rücksicht und sie sind allen Menschen gegenüber offenherzig. Es wäre schön, wenn alle Gläubigen ihrem Beispiel nacheifern und sich dabei stark engagieren würden.

So viel steht fest, dass ein Mensch, mag er noch so herzlos sein und auf einer beliebigen Stufe der Entwicklung seines Gewissens stehen, sich selbst nie als fertig, als reif oder gar als weise erachten sollte. Es ist überaus gefährlich, wenn jemand glaubt, in dieser Frage auf dem Höhepunkt angekommen zu sein, die anvisierte Reife erreicht zu haben. Im Gegenteil, er sollte stets vor Augen halten, dass er sogar in Situationen, in denen er glaubt, tolerant gehandelt zu haben, in Wirklichkeit in eine innere Krise geraten kann. Er sollte sich ständig selbst hinterfragen: „Hätte ich in dieser Angelegenheit nicht doch noch vorsichtiger handeln müssen? Hätte ich bei dieser Sache nicht noch toleranter sein müssen?" Mit solchen und ähnlichen Fragen sollte er sein Ego prüfen und bedenken, dass tolerantes Denken der beste und seligste Weg für alle ist.

Andererseits verursacht eine schlechte moralische Haltung eine innere Unruhe im Menschen. Denn das Gewissen, die Unwissenheit, der Hochmut, der Stolz, der Egoismus und der Neid sowie die Eifersucht und ähnliche negative Gefühle verengen den Menschen. Er schrumpft und verwandelt sich in eine Höhle der Eitelkeit. Ein Beispiel: Wenn ein Mensch eifersüchtig und neidisch ist, also unter krankhafter Missgunst leidet, dann kann diese Person den Erfolg, den Wohlstand, die Schönheit, das Wissen und das Glück von anderen nicht ertragen. Er fühlt sich gestört angesichts der Tatsache, dass andere über bestimmte Eigenschaften oder Talente verfügen und er nicht. Doch anstatt Gottes Ermessen zu akzeptieren und zu billigen, wünscht er die Pläne des Schicksals in seinem Sinne, also dass alles nach seinen Wünschen und Interessen verläuft. Und wenn die Ereignisse nicht nach seinen Vorstellungen verlaufen, dann kritisiert er das Schicksal und verzweifelt.

Wenn sich der Neid weiterhin in diese Richtung entwickelt, wird aus diesem Gefühl, das zunächst nur gegenüber einigen wenigen Personen empfunden wird, später eine größere Emotion. Der Neid wächst und erobert schließlich den ganzen Horizont des Denkens und Fühlens. Er macht aus diesem Menschen jemanden, der alles Gute und Schöne beschimpft und verflucht und anderen aggressiv begegnet. Manchmal beschimpft ein neidischer Mensch sogar andere. Nur weil er eifersüchtig ist, wird er zu einem Lästerer und greift die von ihm beneideten Menschen an. Jemand, der in der Beengtheit seiner Begierden derart verfangen ist, kann in keinem Fall spüren, wie wunderbar die „schönste Schöpfung“ – nämlich der Mensch – ist. Er kann die wahren Farben des Glaubens nie richtig wahrnehmen.

Und auch ein Mensch, der anmaßend ist, kann die Größe der wirklich Großen nicht ertragen, weil er sich selbst überschätzt. Mehr noch, wenn er einen Meister, einen Lehrer oder einen geistigen Führer hat, kann er nicht einmal diesen akzeptieren. Er lobt zwar zum Schein seinen geistigen Führer, und er folgt ihm auch. Doch seine persönlichen Ansichten stehen im Widerspruch zu diesem Lob und Anerkennung. Er empfindet eine innere Erregung gegen ihn. Wenn er überdies ein wenig intellektuelle Neigungen hat, dann sagt er: „Ich weiß selbst auch so einiges." Er glaubt auch nicht den Menschen, die Gottes Bestätigung haben und von Gottes Segen begleitet werden. Er kann sich nicht überwinden, um andere zu akzeptieren. Doch so lange dieser Zustand bei ihm weiterhin wirksam ist, wird er stets unter einer inneren Enge leiden und sich daraus nicht befreien können.

Auch das ist eine Einengung

Ein Mensch, dessen Gewissen sich nicht entfaltet hat, vergisst die guten Taten und die Gaben, die ihm durch andere zuteil wurden, sehr schnell, ebenso seine eigenen Sünden und Verfehlungen. Er ist überzeugt, selbst völlig frei von bösen Taten und Fehlern zu sein. Zugleich hält er genau Buch über die kleinsten guten Taten, die er anderen zuteil werden ließ, sogar noch Jahre später. Er erinnert noch nach zehn oder zwanzig Jahren an die kleinsten seiner guten Taten und erwartet von seinem Gegenüber immer noch Dankbarkeit. Ein verletzendes Wort wiederum, was ihm gesagt worden war, vergisst er nach noch so langer Zeit nicht. Und selbst wenn er es einmal für längere Zeit nicht erwähnt, so nutzt er doch die erstbeste Gelegenheit, wenn sich eine passende Situation ergibt, um das alte Heft wieder aufzuschlagen. Er genießt es regelrecht, die Menschen zu erniedrigen.

Wenn dann einmal jemand zu ihm kommt und sagt: „Jemand hat das und das über dich behauptet", gerät er sofort in Rage. Er tobt und schimpft herum, schreibt manche Menschen endgültig ab und steigert sich wieder in Hass und Feindseligkeit. Ein Gewissen, dass sich nicht entfalten konnte, hindert ihn daran, gründlich und besonnen zu denken. Zudem sagt er: „Bin ich denn ein Heiliger und ein von allen Sünden gereinigter Mensch, dass ich keine Fehler machen darf? ‚Und tatsächlich sagen manche' – Gott behüte –: ‚Der Erbarmer hat sich ein Kind genommen.' Wahrlich, ihr habt (mit dieser Behauptung) etwas Ungeheuerliches vorgebracht. Die Himmel könnten darüber nahezu zerbersten und die Erde sich spalten und die Berge zertrümmert niederstürzen, dass sie dem Erbarmer ein Kind zuschreiben. Es ist unvereinbar mit dem Erbarmer, dass Er sich ein Kind nimmt." (Maryam 19: 88–92) Aber trotz dieser offensichtlichen Wahrheit haben manche nicht davor zurückgescheut, Gott den Allmächtigen so zu verleumden. In einer Welt, in der Gott so schwer verleumdet wird, fällt das, was man über mich sagt, kaum ins Gewicht." Und auf diese Weise versucht er die Angelegenheit in seinem Sinne zu interpretieren und sie abzuschwächen.

Der gesellschaftliche Geist

Die Offenheit einer Gruppe steht und fällt mit der Offenheit ihrer Mitglieder. Wenn sich die Individuen in einer Gesellschaft durch ein großes Herz und ein reifes, feines Gewissen auszeichnen, dann wird auch ihre Gesellschaft über diese Vorzüge verfügen. Wenn der Glaube das Gewissen des Menschen lenkt, wenn er ihn von Gefühlen wie Arroganz, Egoismus, Eifersucht und Hass, die jeweils Gründe für eine Begrenztheit sind, befreit, ihn also von einer schlechten Moral erlöst und ihn innerlich erweitert, wenn an die Stelle von „Ich" das „Wir" tritt und wenn an die Stelle des Individualismus und Egoismus das Gefühl von Brüderlichkeit tritt, dann wird dieser Mensch in dem Maße, in dem sein Gewissen reif wird, eine Person des Geistes. Er wird zu einem Musterbeispiel des gesellschaftlichen Geistes.

Wenn der Einzelne spärliche Gefühle und oberflächliche Gedanken hat, wenn er überdies nicht aus der Sackgasse seiner Denkweise und seines Egoismus herausfindet, wenn er seinen Egozentrismus nicht überwinden kann, ist nicht daran zu denken, dass aus solchen Personen eine zuverlässige und hochwertige Gesellschaft entsteht. Aus solchen Personen kann sich keine Gesellschaft mit hohen Idealen entwickeln. Denn das, was eine Gesellschaft im wahrsten Sinne des Wortes groß macht und erhebt, sie hervorbringt und formt, ist der soziale Geist in seiner gesamten Bandbreite. Und auch die Garantie der Zukunft und der Langlebigkeit einer Gesellschaft, eine respektable Position im internationalen Gleichgewicht der Staaten verlangen nach einem solchen gesellschaftlichen Geist. Sie hängen sogar davon ab.

Vielleicht ist das der Grund jener Weisheit, dass wir bei unserem täglichen Gebet in der Sure al-Fatiha lesen können, wie Gott sich von den Gläubigen versprechen ließ: „Dir allein dienen wir und Dich allein bitten wir um Hilfe." Und wenn wir das beim Gebet sagen, dann sind wir, auch wenn wir allein sind, doch wie in der Gemeinde und es ist, als würden wir im Namen aller zu Gott sprechen. Und wenn wir „wir" sagen, dann beziehen wir, weil es uns aufgetragen wurde, alle unsere Geschwister mit ein. Das kräftigt den sozialen Geist unseres Gewissens und zählt für jeden Einzelnen von uns als die öffentliche Bestätigung unseres Bekenntnisses zu Gott. Gott hat die Worte eines jeden Gläubigen als das Versprechen einer tief empfundenen Geschwisterlichkeit und eines breitgefächerten Gewissens einer geistigen Persönlichkeit angenommen.

Die Intellektuellen und die Wiedergeburt der Gesellschaft[10]

Frage: Welche Bedeutung haben Menschen mit einem hohen intellektuellen Niveau für die eigenständige Existenz und für die Wiedergeburt einer Gesellschaft? Was kann man tun, um solche Menschen heranzubilden?

Antwort: Ein Intellektueller ist wie ein Erkunder der Wirklichkeit, der auf seinem Fachgebiet mit Leidenschaft für Wissenschaft und Wahrheitsfindung in die Tiefe gehend forscht, Fakten analysiert und sich sein Fachgebiet gründlich erarbeitet, der dieses erworbene Wissen couragiert darlegt und verteidigt. Deshalb ist es von besonderer Bedeutung, eine Schicht von Intellektuellen heranzubilden, die bei der Bereicherung eines Volkes eine lebenswichtige Rolle spielen, und deshalb lohnt es sich auch, diese Frage als eine grundlegende Angelegenheit in den Raum zu stellen. Aber man darf niemals vergessen, dass eine derart wichtige Aufgabe nicht leicht zu verwirklichen ist. Unsere Gesellschaft zum Beispiel hat in den zurückliegenden Jahrhunderten auf den wichtigsten Gebieten und zeitlich kurz aufeinander folgend besonders schwere Rückschläge hinnehmen müssen. Wenn wir einmal die Heranbildung eines solchen, oben geschilderten intellektuellen Kaders beiseite lassen, sehen wir, dass die Verbesserung der Ausbildung der Menschen, die man von ihren geistigen Fehlentwicklungen hätte befreien und ihnen emotionale und denkerische Orientierung hätte bieten müssen, sich nicht nur besonders schwierig gestalten lassen würde, sie würde darüber hinaus auch eine besonders lange Zeit in Anspruch nehmen.

---

[10] Gülen, Fethullah: „Entelektüel ve Diriliş“ (Die Intellektuellen und die Wiedergeburt). Kırık Testi (Der zerbrochene Krug), 28. Februar 2011, http://www.herkul.org/kirik-testi-arsiv/

Eine solche Reform würde sogar unter idealen Bedingungen vielleicht fünfzig Jahre in Anspruch nehmen; wenn es zum Beispiel keinen Widerstand dagegen gäbe, in der Gesellschaft keine schweren Kämpfe und Auseinandersetzungen ausgetragen würden, wenn niemand unnütz Staub aufwirbeln, die Saat nicht niedertreten und die Samen nicht in den Wind streuen würde. Also muss diese Frage in erster Linie rational betrachtet und umfassend analysiert werden. Natürlich ist es jederzeit möglich, dass Gott uns eine derartige Wohltat und Gnade zusätzlich zukommen lässt und uns eine Gruppe von solchen hochbegabten Menschen schickt – jenseits unserer optimistischsten Erwartungen. Da wir aber dazu verpflichtet sind, den Ursachen Folge zu leisten, müssen wir zu Beginn, bei der Erwägung dieser Frage, diese aus der geschilderten Perspektive betrachten und in Angriff nehmen.

Nach einer langen Trennung

Manche Menschen vertreten die Ansicht, dass die Regression mit der Epoche des Tanzimat, die Reformzeit (ab 1839) im Osmanischen Reich, begann. Doch in Wirklichkeit ist die Tanzimatzeit lediglich die Bezeichnung für die Ära, in der wir bereits auch selbst unsere ausweglose Lage erkannt und uns vergegenwärtigt haben. Aber die eigentliche geistige Erstarrung und Stagnation kann man auf eine viel frühere Zeit datieren. Wenn wir dieses Thema im Sinne von Bediüzzaman Said Nursi (1876–1960), betrachten, kann man behaupten, dass uns bereits bei der Eroberung Konstantinopels einerseits neue Tore geöffnet wurden, andererseits aber uns die Tore zu unserem eigenen Denken und unserer ursprünglichen Wissenswelt verschlossen wurden. Der ehrenwerte Nursi setzt sogar das Problem zeitlich ein wenig früher an und führt die Anfangszeit, in der sich für uns die Tore zu unserer Wissens- und Gedankenwelt zu schließen anfingen, in das 5. Jahrhundert nach der Hidschra zurück. Das bedeutet, wenn man sich dieser Frage aus einer Gesamtperspektive nähert, wird man feststellen, dass wir – also die islamische Welt – bis zum 5. Jhdt. nach der Hidschra in den Bereichen der Naturwissenschaften wie Physik, Chemie, Biologie und Medizin, aber auch in den Bereichen der islamischen Wissenschaftsdisziplinen wie Koranexegese, Hadithwissenschaften, islamischen Normenlehre (fiqh) und deren Methodologie (usul al-fiqh) gewissermaßen unser ganzes Können bereits hervorgebracht hatten. Wenn der Vergleich erlaubt ist, könnte man sagen, dass wir damals bereits unseren gesamten Bestand an Eiern in die Nester gelegt hatten. Doch nach dieser Ära haben wir uns mit der Auswertung und dem Kommentieren der Werke unserer Vorgänger begnügt und haben sie lediglich weiter interpretiert und erklärt. Natürlich, wenn man sich mit so wenig begnügt, ist es ein Hindernis für tiefgehendes, ergebnisorientiertes und problemorientiertes Denken. Eine der Folgen dieser geistigen Haltung war, dass in unserem Land keine wissenschaftlichen Forschungszentren und Institute gegründet werden konnten. Zudem konnten sich ernstzunehmende wissenschaftliche Recherchen und Forschungen nur unzureichend entfalten.

Demgegenüber hat es noch zu der Zeit der Abbasiden (ca. 750–1517) nennenswerte Bemühungen gegeben, die zu beweisen versuchten, dass die Erde rund ist und sich um die Sonne dreht. Damals wurden diesbezüglich konkrete Ergebnisse erzielt, die unseren heutigen wissenschaftlichen Erkenntnissen sehr nahe kommen. Islamische Gelehrte hatten ebenfalls schon zu einer sehr frühen Zeit, im 4. Jhdt. nach der Hidschra (10. Jhdt. u. Z.), Sonnen- und Mondfinsternisse als periodisch und genau berechenbar erkannt und haben auf diesem Gebiet die bis heute gültigen Beweise geliefert. Wir könnten noch zahlreiche solche Beispiele nennen, doch was wirklich zählt, ist der Umstand, dass – wissenschaftsgeschichtlich betrachtet – nicht nur im Bereich der Astronomie, sondern auch in den Bereichen der Mathematik, Medizin, Chemie und einigen weiteren Fachgebieten eine beachtenswerte Entwicklung stattgefunden hat, deren Ergebnisse und Erkenntnisse jahrhundertelang Orientierungshilfe für wissenschaftliche Fragestellungen darstellten.

Was auch immer nach dieser goldenen Ära geschehen sein mag, es scheint so, dass nach dem fünften Jahrhundert nach der Hidschra (11. Jhdt. u. Z.) auf dem Gebiet der Wissenschaften ein gravierender Entwicklungsstillstand ihren Anfang nahm. Die islamischen Hochschulen haben einerseits ihre Toren vor den positiven Wissenschaften verschlossen, andererseits begannen sie auch gegenüber den emotionalen und seelischen Dimensionen der Religion eine ablehnende Haltung einzunehmen. Das führte dazu, dass sich letztlich Hochschulen und Glaubensgemeinden immer mehr voneinander entfernten, positive Wissenschaften, islamische Wissenschaftsdisziplinen und Geistesleben sich immer mehr entfremdeten, zudem jeder dieser Bereiche sich zunehmend aufspaltete. Dabei sind diese drei Bereiche wie die drei Gesichter einer Einheit. Wenn man die drei zusammenführt, strahlen sie zehnfache Schönheit aus, und wenn man sie in völliger Harmonie aufblühen lässt, sogar hundertfache Schönheit.

Die ersten fünf Jahrhunderte nach der Hidschra, die Menschen dieser Ära, waren von der Liebe der Erkundung der Wirklichkeit erfüllt, und sie haben die Fragen der Realität gemehrt, sie haben sie multipliziert und diese in ihren unterschiedlichen Tiefen und Dimensionen erörtert. Doch nach dieser Zeit haben sich die Tore allmählich verschlossen und sogar die Jalousien wurden heruntergelassen. Anschließend wurde, entgegen der Befehle der Schöpfung, auch in der metaphysischen und psychischen Welt eine Trennung vollzogen. Das bedeutete, dass diese Bereiche nie wieder zueinander finden konnten. Doch – wenn man diese Frage mit ein wenig Humor verdeutlichen möchte – nachdem das systematische Denken, die Leidenschaft für die Wirklichkeit und die Sehnsucht nach Forschung geschieden wurden, musste eine neue Heirat geschlossen werden, um erneut in den Besitz dieser Bereiche zu gelangen. Nachdem wir uns hatten von diesem „Gatten" scheiden lassen, legten wir uns zwangsweise ins Brautgemach fremder Denkweisen und so wurde diese Bedingung schließlich doch noch erfüllt. Also können wir an diesem amüsanten Beispiel demonstrieren, dass inzwischen erneut die Zeit angebrochen ist, dass Herz und Verstand sich vermählen können.

Die Basis für die Bildung der intellektuellen Menschen

Betonen möchte ich dabei, dass es mir fern steht, durch diese Feststellungen die unzähligen Bemühungen und Leistungen der Vergangenheit geringzuschätzen. Denn wir wissen und glauben daran, dass unsere Vorfahren Jahrhunderte lang Vorreiter des Islam waren und zugleich für seine Ehrung, Anerkennung und Wertschätzung einstanden. Hoffentlich waren es Menschen, die durch ihren Beitrag als Kandidaten gelten, um unter der Fahne des gesegneten Propheten Muhammed (Friede sei mit ihm) vereint zu werden. Doch man soll nicht nur ihre guten Eigenschaften, über die sie verfügten, gebührend anerkennen, sondern sich dieser Frage tiefgehender und umfassender nähern. Da wir ja jene Ereignisse, die sie prägten, nicht miterlebt haben und auch keine Chronik darüber lesen konnten, ebenso wenig die genauen Lebensbedingungen der damaligen Menschen kennen, könnte es geschehen, dass wir über diese Menschen manche falsche Schlussfolgerungen ziehen und deshalb zu falschen Ergebnissen gelangen. Nichtsdestoweniger ist es unumgänglich, dass wir uns manche dringende Fragen stellen. Einige dieser Fragen sind: Warum wurde bis zur Zeit von Sultan Abdülhamid II. (1876–1909) keine Hochschule für Ingenieurswesen oder Medizin gegründet?

Solche Institutionen wären für die Gesellschaft von lebenswichtiger Bedeutung gewesen, warum also wurden sie erst so spät gegründet? Die gleiche Frage gilt für Forschungseinrichtungen und Institute, und es stellt sich auch die Frage, warum diese nicht richtig funktionierten. Warum hat man Bereiche der positiven Wissenschaften nicht schon viel früher behandelt? Wir könnten solche Fragen auf viele weitere Gebiete übertragen. Doch worauf ich eigentlich die Aufmerksamkeit lenken möchte, ist Folgendes: Nach diesem langen Entwicklungsstillstand, den wir erleben mussten, ist der Weg zur Heranbildung einer intellektuellen Schicht und einer Elite sehr schwierig und besonders mühsam. Aber trotz all dieser diffizilen und ungünstigen Bedingungen braucht unsere Gesellschaft Menschen, die sich für ihre Erneuerung einsetzen, die dem Geist der Erneuerung ein Denkmal zu setzen bereit sind, die über das notwendige Wissen vollständig verfügen und dieses Wissen in den passenden Medien entschlossen kundtun, wenn nötig dafür einstehen und es kompromisslos verteidigen, und bei Bedarf dieses Wissen wie ein segensreicher Wolkenbruch über die Menschen ausschütten. Zum Beispiel jemand, der auf dem Gebiet der islamischen Wissenschaftsdisziplinen tätig ist, muss in der Lage sein, seinem Gegenüber über die Koranexegese, Hadithwissenschaften, islamische Normenlehre, systematische Theologie (Kalam) und Methodologie der islamischen Normenlehre usw. die richtige Auskunft zu geben. Also muss er über die grundlegenden Bestandteile des Islam sehr gut im Bilde sein, und er muss dieses Wissen mühelos und verständlich erklären können. Er muss über dieses Grundwissen verfügen. Also muss er wissen, wo er die notwendigen und richtigen Informationen zu einem bestimmten Thema findet. Er muss unterscheiden können zwischen zuverlässigen und weniger zuverlässigen Quellen und deren Herkunft und Belegbarkeit. Um es an einem Beispiel zu verdeutlichen, müsste eine Person, die sich mit den Hadithwissenschaften beschäftigt, zumindest wissen, wo genau ein bestimmtes Wissen, eine bestimmte Überlieferung dokumentiert ist. Er muss zum Beispiel in der Lage sein, zu sagen: „Ich kann mich nicht erinnern, diese Überlieferung in der Sammlung ‚al-kutub as-sitta' gelesen zu haben, aber im Majma al-Zawa'id könnte ich es gesehen haben." Über die konkrete Überlieferung, mit der er sich beschäftigt, muss er wissen, ob diese etwa im „al-Mustadrak" von al-Hakim oder im „Sunan" von ad-Daraqutni oder in späteren Werken vorkommt. Um also eine intellektuelle Schicht auf diesem Niveau heranzubilden, ist keine Mühe zu viel, wie ich meine.

Es ist durchaus möglich, dass während ich das alles hier schildere, Sie sich darüber Gedanken machen, dass heutzutage die gesamte Überlieferung, alle Hadithe, in Computern gespeichert werden könnte und mit einer einfachen Abruffunktion der gesuchte Text zu finden wäre. Aber dem möchte ich gleich entgegensetzen, dass das kein Wissen ist. Ja, man kann eine Frage oder ein Thema irgendwo durch einen Knopfdruck abrufen, die Textstelle ausschneiden und übernehmen, sie in einem Buch verwenden und dann dieses Buch einer Prüfungskommission vorlegen, die das Werk bewertet, doch es geht vielmehr darum, dass man das Wesen und den Geist einer Sache erfasst und versteht.

Aus dieser Perspektive betrachtet gab es im dritten Jahrhundert nach der Hidschra ganz besondere Menschen, wie es sie im Laufe der Geschichte nur selten gibt. Ich habe sie stets als herausragende Persönlichkeiten erachtet, die Gott dem Islam geschenkt hat. Zu diesen hervorragenden Persönlichkeiten zählen Imam al-Buchari, Imam Muslim, Abu Dawud as-Sidschistani, Imam at-Tirmidhi, Imam an-Nasa'i und Ibn Madscha, die meiner Ansicht nach ganz besondere Geschöpfe Gottes waren. Auch wenn ihn manche gerne übersehen würden, steht ihnen eigentlich auch der ehrenwerte Imam at-Tahawi in nichts nach. Mehr noch, was seine Feststellungen und Maßstäbe in der Frage der Entstehung der Hadithtexte betrifft, ist man geneigt zu behaupten, dass er sogar bedeutender als Imam al-Buchari war. Folgerichtig kann man also sagen, dass jene großen Persönlichkeiten und ihre Werke sowie ihre Taten davon zeugen, dass sie als besondere Charaktere erschaffen worden waren.

In einer Ära also, in der so große Persönlichkeiten wie al-Buchari oder Abu Hanifa gelebt und gewirkt hatten, die Tausende von Menschen ausgebildet haben, konnten von jenen Tausenden von Schülern etwa zwanzig oder dreißig Personen jenes hohe intellektuelle Niveau erreichen. Wenn man die Frage der Heranbildung einer intellektuellen Elite aus diesem Blickwinkel betrachtet, wird man erkennen, dass es sehr viel vorteilhafter ist, für diese hohe Zielsetzung mit so vielen Mitstreitern wie nur möglich aufzubrechen. Diese Mitstreiter kehren mit sehr vielen Vorteilen zurück und werden ihrer Gesellschaft in dem gleichen Maße nützlich sein. So kann man eine entsprechende Grundlage schaffen und hinterlassen.

In der Frage der Heranbildung einer Elite und einer intellektuellen Schicht, durch die unser Volk Wohlstand und Fortschritt erlangen kann, gibt es eine weitere Frage, die ich für sehr wichtig erachte, nämlich: Unser gesamtes Schulsystem, von den Grund- und Mittelschulen bis hin zu den Universitäten, sollte noch einmal aus diesem Blickwinkel überprüft werden. Denn das gegenwärtige Schulprogramm – mit Ausnahme von hervorragenden Leistungen privater Initiativen – lässt die Heranbildung einer intellektuellen Schicht nur schwer verwirklichen. Ja, auch wenn es bitter ist, müssen wir zugeben, dass im Augenblick weder die Gymnasien noch die Hochschulen in der Lage sind, Kandidaten für eine solche Aufgabe zu stellen, vorzubereiten und auszubilden, also eine hohe Bildungsqualität zu vermitteln. Wir wollen mit dieser Aussage nicht die Behauptung aufstellen, dass das gegenwärtige Bildungsverständnis keine positiven Ergebnisse und Erfolge erzielen kann. Doch muss man erkennen, dass die erzielten Erfolge und Errungenschaften meistens das Ergebnis persönlicher Anstrengungen sind. Deshalb können solche einzelnen Erfolge keine Rückschlüsse auf die Lage der allgemeinen Schulbildung erlauben. Wenn man in einer Schule eine Gruppe ausgewählter, besonders begabter Schüler Tag und Nacht unterrichtet und sie als Ergebnis dieses intensiven Lernens an verschiedenen Orten der Welt an Wissenswettbewerben teilnehmen lässt und sie Erfolge erzielen, können sie eine Auszeichnung erhalten. Aber diese Situation zeigt im allgemeinen Sinne keineswegs den hohen kulturellen Stand und den Bildungsstand der Türkei. Aber wenn der Erfolg verbrieft und verbreitet werden könnte, dann könnten wir behaupten, dass das kulturelle Niveau und der Bildungsstand der Türkei hoch sind. Ja, es ist also offensichtlich, dass in unserer augenblicklichen Auffassung von Erziehung in den Gymnasien, Universitäten und in den Forschungseinrichtungen eine ernsthafte Reform vonnöten ist – und dabei wollen wir das Erreichte keineswegs geringschätzen.

Ein weiterer Umstand, den man bei den Recherchen im Zusammenhang mit dem Thema unbedingt beachten muss, ist die Berücksichtigung der grundlegenden Werte unserer Gesellschaft. Wenn wir die Daten, die andere durch naturalistische, positivistische oder materialistische Ansichten erzielt haben, auswerten wollen und wir dann unseren eigenen Werten entsprechend zu einem abschließenden Ergebnis gelangen wollen, müssen wir wissen, dass wir auf diesem Wege nicht zu unserem Ziel gelangen können. Deshalb müssen wir die Wege, Methoden und Prinzipien, die unseren eigenen Werten entgegensetzt sind, überprüfen und filtern. Das ist der Grund, weshalb man als Gesellschaft die eigenen Institute einrichten und von den Quellen bis zu den Ergebnissen alle Forschungsarbeiten selbst durchführen muss. Man muss das tun und alles, von Anfang bis zum Ende, mit den eigenen Augen sehen, mit den eigenen Händen überprüfen und auf diese Weise zu einem Ergebnis kommen.

Lohn für Bemühungen und Erfolge

Es gibt noch ein Aspekt, der mit diesem Thema im Zusammenhang steht: Wenn Sie vorhaben, eine Elite oder eine intellektuelle Gruppe heranzubilden, werden Sie nicht um eine Aussage herumkommen, die heute besonders verbreitet ist: „Leistung hängt vom Lob ab." Zwar handeln große Geister, die sich der Gottesliebe verschrieben haben, nicht, um Lob zu ernten – oder sollten es zumindest nicht tun. Für sie sollte dieser oben erwähnte Satz folgendermaßen geändert werden: „Lob hängt von der Leistung ab." Also, man legt erst Leistung an den Tag und wer will, kann dies loben oder auch nicht, aber man hat auf gar keinen Fall eine solche Erwartungshaltung. Aber man muss wissen, dass unsere Aufgabe es ist, objektiv zu handeln und die Realität nicht zu leugnen.

Wenn wir uns die Forschungsarbeiten im Westen anschauen, sehen wir, dass sie das „Buch" Welt mit großem Aufwand und Hingabe bis ins kleinste Detail erforscht haben. Um ein Beispiel zu nennen, ein Forscher, der sich mit Kobras beschäftigt, sagt: „Ich habe für die Erforschung der Kobras zwanzig Jahre im Wald gelebt." Und als er dann seine Ergebnisse in einem Dokumentarfilm publiziert, erfahren wir, dass die männlichen Kobras wissen, dass ihre Geschlechtsgenossen giftig sind. Deshalb treffen sie sozusagen ein Abkommen, sich gegenseitig zu verschonen. Wenn eine Schlange den Kopf einer anderen herunterdrückt, gilt diese als besiegt. Der Sieger dominiert danach das Revier, und die andere Schlange verlässt dieses Gebiet und zieht woanders hin.

Ein anderer Forscher beschäftigt sich mit Skorpionen. Er stellt fest, dass die Tiere untereinander kommunizieren. Er entdeckt die Kodierung ihrer Zeichensprache. Als ich das zum ersten Mal gesehen hatte, habe ich gestaunt. Dieser Mensch hat also die Kommunikationszeichen der Skorpione entziffert. Später hat er diese Signale mit einem Gerät nachgeahmt und die Skorpione, die sich unter verschiedenen Steinen versteckt hatten, kamen aus ihren Verstecken heraus. Sie hoben ihr Metasoma (ihren Schwanz) und begannen mit ihrem Tanz. Auch wenn dieses Forschungsergebnis im Kontext der gesamten Naturerforschung nicht eine herausragende Bedeutung hat, hat der Wissenschaftler aus der Sicht seines Eifers und Anstrengung eine dennoch sehr lobenswerte Arbeit geleistet. Es ist wohl kaum möglich, diese Leistung nicht anzuerkennen und zu loben.

Tatsächlich haben manche dieser Menschen zwanzig Jahre ihres Lebens der Erforschung der Skorpione gewidmet. Andere haben über lange Jahre Kobras beobachtet oder aber das Leben der Gazellen erforscht. Doch man darf nicht vergessen, dass hinter einer solchen Leistung eine menschliche Grundeinstellung steht. Im Westen denkt jemand, der eine solche Leistung vollbringt, folgendermaßen: „Wenn ich für meine Forschungsarbeit zwanzig Jahre lang hart gearbeitet habe, wird mein Dienst für die Gesellschaft nicht unbelohnt bleiben. Ich werde sicherlich anerkannt und für meine Arbeit die entsprechende Gegenleistung erhalten." Und es ist tatsächlich so. Wissenschaftler und Forscher werden auf eine Weise entlohnt, die es ihnen erlaubt, sorglos leben zu können. Es gibt natürlich auch Ausnahmen, zum Beispiel Einstein oder Edison, die wohl eher aus Neugierde und aus Leidenschaft für die Wissenschaft tätig waren. Mitunter haben uns Menschen, Forscher verlassen, ohne die ihnen gebührende Anerkennung bekommen zu haben. Es wird gesagt, dass der Entdecker des Kinos bei einer Filmgala an Hunger starb. Doch im Allgemeinen kann man sagen, dass die ausgeführten Tätigkeiten nicht ohne Gegenleistung geblieben sind. Angesichts dieser Tatsachen sollten auch wir im Sinne unseres Glaubens alles in unserer Macht Stehende tun, um der Aufforderung, wahrheitsliebend zu sein, Genüge zu leisten. Dabei sollten wir unsere eigenen Bedürfnisse zurückstellen. Diese Aufgabe delegiere ich an die Vernunft und an das Gerechtigkeitsgefühl der Menschen.

Das ist der Grund, weshalb ich überzeugt bin, dass bei einem Wettbewerb auf dem Gebiet der Wissenschaften jeder zu belohnen ist, der sich mit Fleiß und Mühe daran beteiligt. Kein Teilnehmer soll ohne Anerkennung nach Hause gehen. Zum Beispiel bei einer Olympiade der Wissenschaften oder der Sprachen werden unter den Teilnehmern Preise verteilt: der erste bekommt Gold, der zweite Silber, der dritte Bronze und der vierte eine Belobigung. Doch meiner Meinung nach sollten wir uns weitere Preise ausdenken und jeden, der sich bemüht und eine Leistung erbracht hat, auszeichnen und ehren. Ich persönlich halte es so, dass ich Menschen, die mich besuchen, die an einem solchen Wettbewerb teilgenommen und einen Erfolg erzielt haben, im Rahmen meiner Möglichkeiten belohne. Ich möchte zum Ausdruck bringen, dass ich ihnen Anerkennung zolle. Ja, warum sollte man diese Menschen wegen ihres Erfolges nicht glücklich machen und sie unterstützen? Zum Beispiel kann man sagen: „Geh zu dieser weltweit anerkannten Universität, schreibe dich dort ein. Du kannst dort deinen Magister machen oder den Doktortitel erwerben. Ich werde für dein Stipendium sorgen." Das ist die beste Motivation, die man sich vorstellen kann. Bei solchen und ähnlichen Belohnungen muss man unbedingt Gunst walten lassen, und das gibt diesen Menschen die Möglichkeit, ihr ganzes Können zu entfalten. Man muss auf diese Weise für sie den Boden bereiten.

Ich bin überzeugt, dass dies eines der wichtigsten Prinzipien ist, das bei der Heranbildung einer intellektuellen Elite in den Bildungseinrichtungen bisweilen vernachlässigt wird. Deshalb also müssen wir eine Dynamik entwickeln, die auf

Lob, Auszeichnung und Motivation basiert. Nur so können wir dieses viele Jahre lang vernachlässigte Problem in den Griff bekommen.

Geistige Architekten der Zukunft[11]

Frage: Manche Lehrer sagen, dass sie über die materiellen Schwierigkeiten und Nöte hinaus auch von der Trägheit der Schüler, von deren Desinteresse am Lernen und am Wissenserwerb beeinflusst werden. Würden Sie uns bitte in dieser Angelegenheit Ihre Ansichten mitteilen?

Antwort: Wenn wir einige religiöse Prinzipien in Augenschein nehmen, werden wir feststellen, dass Lernen und Lehren als erhabene Pflichten gelten, deren Dimensionen jenseits des Himmels liegen. Es gibt zahlreiche Koranverse und Hadithtexte, die die Bedeutung von Wissen und Wissenschaft betonen und die Menschen dazu motivieren zu lernen. Zum Beispiel unterscheidet Gott in einem Koranvers:

هَلْ يَسْتَوِي الَّذِينَ يَعْلَمُونَ وَالَّذِينَ لَا يَعْلَمُونَ

„Sind etwa diese einander gleich, jene, die wissen, und die, die nicht wissen?" (az-Zumar 39: 9)

Durch die Aussage „Können Wissende und Unwissende gleich sein?" (az-Zumar 39: 9) wird auf die Höherwertigkeit von Wissenden hingewiesen, während im Koranvers 6, Das Vieh, 50, gesagt wird:

هَلْ يَسْتَوِي الْأَعْمَى وَالْبَصِيرُ أَفَلَا تَتَفَكَّرُونَ

„Sind die Blinden und die Sehenden gleich? Wollt ihr also nicht nachdenken?", womit er die Wissenden mit den Sehenden verglich und die Unwissenden mit den Blinden.

---

[11] Gülen, Fethullah: Geleceği İnşa Edecek Fikir Mimarları (Geistige Architekten der Zukunftsbildung). In: Kırık Testi (Der zerbrochene Krug), 19. November 2012, http://www.herkul.org/kirik-testi-arsiv/

Als den Engeln die Überlegenheit unseres Urvaters, des heiligen Adam, erklärt wurde, wurde in erster Linie betont, dass er die Fähigkeit besitzt, Wissen zu erwerben. Weil der Koran besonders großen Wert auf Wissen legt, ist dies sehr bedeutsam. Denn nachdem der Allmächtige Gott Adam alle Namen in der Welt beigebracht hatte, legte er sie auch den Engeln vor, doch diese kannten sie nicht. Der heilige Adam aber tat die Namen kund, die bekannt gemacht worden waren.[12] Daraus ist zu entnehmen, dass das wichtigste Prinzip, was den Menschen über die Engel stellt, die Tatsache ist, dass ihm die „Namen" mitgeteilt worden waren und er dadurch eine potentielle Fähigkeit zum Wissen hat.

Und der Gesandte Gottes (Friede und Segen sei mit ihm) selbst, der das Wissen als eine Art prophetisches Erbe betrachtet hatte, sagte:

إِنَّ الْأَنْبِيَاءَ لَمْ يُوَرِّثُوا دِينَارًا وَلَا دِرْهَمًا إِنَّمَا وَرَّثُوا الْعِلْمَ فَمَنْ أَخَذَ بِهِ أَخَذَ بِحَظٍّ وَافِرٍ

„Die Propheten hinterlassen kein Geld und kein Vermögen. Ihr Erbe ist einzig und allein das Wissen. Wer dieses Wissen

---

[12] s. Sure 2, Al-Baqara / Die Kuh, offenbart in Medina, Vers 31–32:
31. (Nachdem Er ihn erschaffen hatte), lehrte Er Adam die Namen, alle von ihnen. Dann (um die Überlegenheit der Menschen und die Weisheit in der Entscheidung, sie erschaffen und zu Statthaltern auf Erden gemacht zu haben, klarzustellen) zeigte Er sie (die Dinge und Geschöpfe, deren Namen Er Adam gelehrt hatte, mit ihren Namen) den Engeln und sagte: „Nennt Mir deren Namen, wenn ihr wahrhaft seid (indem ihr Mich lobpreist, anbetet und heiligt, so wie es Mir als eurem Gott und Herrn zusteht).
32. (In Anerkennung ihrer Unvollkommenheit und angesichts ihrer Wahrnehmung des wirklichen Sachverhalts in dieser Angelegenheit) sagten (die Engel): „Gepriesen seiest Du (der Du hoch darüber erhaben bist, irgendeinen Mangel zu haben und etwas zu tun, das ohne Sinn wäre. Und Dir sind alle Eigenschaften der Vollkommenheit zu eigen). Wir haben kein Wissen außer dem, was Du uns gelehrt hast. Wahrlich, Du allein bist der Allwissende, der Weise."

erwirbt, der hat eine große Gunst erlangt.“ (Abu Dawud, ’Ilm 1; Ibn Madscha, Muqaddima 17)

Und an anderer Stelle steht:

إِنَّمَا بُعِثْتُ مُعَلِّمًا

„Ich wurde lediglich als Lehrer gesandt.“ (Ibn Madscha, Muqaddima 17) Mit diesem Ausdruck werden die Bedeutung von Wissen und des Lehrens von anderen Menschen betont.

Der Lehrer ist also Vertreter einer solch erhabenen Aufgabe, er ist ständig damit beschäftigt, Ideen auszuarbeiten. Man könnte ihn auch als einen Ideenarchitekten beschreiben. Ich bin der Ansicht, dass ein motivierter und engagierter Lehrer die Möglichkeiten unserer Zeit nutzt und sich mit dem Geist und den Grundlagen von Wissenschaften wie Mathematik, Biologie, Physik, Chemie, Anatomie, Physiologie und Geologie beschäftigt, in diesen Bereichen gute Ansätze finden kann, um seinen Schülern sowohl geistig als auch seelisch ganz neue Perspektiven zu eröffnen. Aus dieser Sicht betrachtet, kann man behaupten, dass der Lehrerberuf am besten dafür geeignet ist, Menschen zu bilden und um aus ihnen bessere Menschen zu machen. Dass dem tatsächlich so ist, ist auch daraus zu ersehen, dass im Koran und durch unseren Propheten (Friede und Segen sei mit ihm) das Lernen so intensiv betont und uns ans Herz gelegt worden war. Er beschäftigte sich mit diesem Thema nachdrücklich. So gesehen ist jemand, der seinem Land, seinem Volk und der Menschheit nützlich sein möchte, am besten im Lehrerberuf aufgehoben – trotz aller Schwierigkeiten, die man in Kauf nehmen muss. Man sollte unbedingt auf diesem Gebiet arbeiten und Dienst am Menschen tun und dieses wichtige Instrument gut nutzen.

Andererseits verhält es sich so, dass Kinder, auch wenn sie für ein religiöses Bekenntnis nicht als mündig gelten, aus der Sicht der Psyche des Menschen die zuverlässigsten Zeugen sind. Was sie auch sagen mögen, man glaubt ihnen. Wir haben sogar ein Sprichwort, das das belegt: „Kindermund tut Wahrheit kund." So gesehen sind die Schüler nicht die einzigen Ansprechpartner der Lehrer. Schließlich haben die Schüler Mutter und Vater, Geschwister, Onkel und Tanten und noch viele weitere Verwandte, die interessiert und betroffen sind. Wenn das Kind nach Hause geht, wird es seine Erfahrungen, die es in der Schule gemacht hat, seiner Umgebung erzählen: was es gelernt oder was es mit dem Lehrer erlebt hat. Und so wie der Lehrer sich ausgedrückt hat, so wird das Kind die Ereignisse und Informationen seiner Familie weitererzählen. Zum Beispiel wird das Kind über einen Lehrer, den es mag und der sich um es gekümmert hat, in etwa so sprechen: „Unser Lehrer war großzügig zu uns, er hat sich unsere Probleme angehört und eine Lösung dafür gefunden. Und wenn wir traurig oder bedrückt sind, dann tröstet er uns ..." Auf diese Weise wird das Kind dazu beitragen, dass der Lehrer einen guten Ruf hat und Anerkennung bekommt. Wenn überdies ein Lehrer die Familien seiner Schüler besucht und ähnliche Gelegenheiten nutzt, wenn er mit den Angehörigen eine intensive Beziehung aufbaut, kann er durch den Schüler Kontakt zu der ganzen Großfamilie herstellen. So gesehen kann ein Lehrer, der zu den Schülern gute Beziehungen pflegt, gleichzeitig auch gute Beziehungen zu deren Familien und sogar zu ihren entfernteren Verwandten pflegen und sich für sie einsetzen. Und genau das ist der Grund, weshalb das Wirkungsfeld eines Lehrers sehr groß ist.

Ich selbst bin davon überzeugt, dass ein Beruf, der so gewinnbringend ist, unbedingt ausgeübt werden sollte. Wenn nötig, sollte man in Fällen, in denen Lehrer eine geringere Bezahlung erhalten, diese in Kauf nehmen. Es reicht, wenn man sein Überleben sichert. Man sollte die niedrige Entlohnung nicht so sehr problematisieren. Schließlich ist Geld nicht alles. Vielleicht sind die ärmsten Menschen der Welt die Propheten. Dennoch haben sie die Herzen der Menschen erobert, haben sie zu guten Taten motiviert. Sie waren es auch, die der Welt ein neues Leben schenkten. Mit diesen Worten möchte ich nicht zum Ausdruck bringen, dass die Lehrer sich unter allen Umständen für ein ärmliches Leben entscheiden müssen. Ich möchte lediglich betonen, dass Geld nicht alles ist, dass es viel wichtiger ist, die Seelen der Menschen anzusprechen und sie zu höheren Zielen zu führen. Ich will also sagen, dass es nicht nur materielle, sondern auch andere Reichtümer gibt.

Insbesondere in unseren Tagen, in denen der Prozess der Globalisierung intensiv fortschreitet, hat der Lehrerberuf eine besondere Bedeutung gewonnen. Ohne Rücksicht auf die Reaktionen anderer, die sich mit Gewalt durchzusetzen versuchen und die ihre Arbeit voller Hass ausführen, versuchen die Pädagogen durch ihre nachgiebige und liebevolle Haltung eine Reise in die Herzen der Menschen anzutreten. Und genau in dieser Haltung verbirgt sich die Kraft eines Lehrers. Deshalb ist es meine Überzeugung, dass man Schüler auf allen Lernstufen dazu motivieren sollte, diese Richtung einzuschlagen, also ihnen den Lehrerberuf nahezubringen. Verstehen Sie mich bitte nicht falsch, natürlich muss man alle Berufe, die die Gesellschaft braucht und die für sie von Bedeutung sind, ausüben und pflegen, man darf an keinem Punkt des Lebens ein Vakuum entstehen lassen. Aber der Lehrerberuf hat bei der Motivation der Gesellschaft eine völlig andere Stellung – und das darf man nicht vergessen.

Menschen gewinnen, die einem ein Leben lang dankbar sein werden

Was die Themen Ungezogenheit der Schüler und ihre Unlust zum Lernen betrifft, so müssen wir zunächst akzeptieren, dass das häufiger vorkommt. Aber es ist schließlich ein Teil der pädagogischen Arbeit, diesen Schwierigkeiten ins Auge zu blicken und sie hinzunehmen. Ein Bildhauer muss immerhin jede Menge Mühe investieren, um aus einem Stück harten Marmors eine schöne Skulptur zu gestalten. Auch er muss im „Schweiße seines Angesichts" arbeiten, auch er ermüdet, doch am Ende gibt er dem Marmorstein die gewünschte Form und schafft daraus die ersehnte Figur. Die Arbeit eines Lehrers ist sicher nicht weniger mühsam! Er bearbeitet und formt nämlich den zukünftigen Menschen, er schleift dessen scharfe Kanten ab und gibt ihm Form, versucht ihn auf die Stufe eines wahrhaften Menschen zu verhelfen. Mit anderen Worten, er bearbeitet alle Edelsteine des Menschen wie ein Goldschmied. Er ist ihm behilflich dabei, seine seelischen und geistigen Monumente aufzustellen. Ja, er formt geradezu wie ein Künstler den Menschen neu. Doch trotz alledem kann es Schüler geben, die die Harmonie stören und ernsthafte Probleme verursachen. In solchen Fällen muss man die Familien mitbeteiligen, sich mit ihnen beraten und den Schülern alternative pädagogische Programme und Orientierungshilfen anbieten und auf diese Weise zumindest verhindern, dass sie ihrer Umgebung schaden. Man kann solche Schüler auch kontrollieren und in gewissem Umfang schützen. Beispielweise kann man, wenn nötig, die Familien solcher Schüler in die Schule bestellen und die Kinder beobachten lassen. Man kann dann in einer Eltern-Lehrer-Partnerschaft nach gemeinsamen Lösungen suchen und sie auch finden.

Unser Prophet (Friede und Segen sei mit ihm) hat aus einigen der wildesten, fanatischsten und hitzigsten Beduinen, denen jede Gelegenheit für ein Blutvergießen willkommen war, Menschen geformt, die zu Wegweisern einer Zivilisation wurden. Auf diese Weise wurde er zum Geliebten aller Herzen. Das zeigt eine Begebenheit besonders bildhaft: Als er seine Berufung zu erfüllen begonnen hatte, nahmen das die Menschen nicht hin und riefen herabwürdigend: „Was sucht dieser Muhammed, der Sohn 'Abd al-Muttalib's hier?“ Doch es kam der Tag, als die gleichen Menschen an seiner Seite Platz nahmen und ihm still und aufmerksam zuhörten. Genau das ist die beste Art, Lehrer zu sein, und so muss ein wahrhafter Aufklärer sein. Aus der Tatsache, dass die Propheten sogar unzivilisierte Menschen zu großen Vorbildern erzogen haben, lässt sich ableiten, dass dies jederzeit wieder möglich ist. Wenn nötig, muss sich ein Lehrer Sorgen machen, den Kopf zerbrechen und vieles durchstehen. Aber schließlich wird er Menschen gewinnen, die ihm ein Leben lang dankbar sein werden. Zudem wird ein Teil der guten Taten dieser Menschen dem Lehrer gutgeschrieben werden. Für ein solches Ergebnis ist wohl jeder Einsatz wert.

Es kann sein, dass ein Lehrer nicht aus allen Schülern das Beste herausholen kann, ihnen nicht auf das gewünschte Niveau verhelfen kann. Möglicherweise gewinnt er nicht alle seine Schüler für sich. Schließlich gab es auch Menschen, die den besten Mentor verließen und für sich einen anderen Weg wählten. Aus dieser Perspektive betrachtet, muss der Lehrer dennoch sein Bestes tun, doch das Ergebnis liegt letztlich in der Hand Gottes. Man darf aber niemals vergessen, dass die Arbeit eines Lehrers eine erstrangige Arbeit ist. Wenn er seine Aufgaben mit Herzblut erfüllt, werden seine Bemühungen vor Gott niemals vergeblich sein, im Gegenteil, ihm werden unzählige Segnungen zuteil und Erkenntnisse für Lösungsmöglichkeiten geschenkt werden.

Ein wichtiges Prinzip des Lehrerberufs, das nicht vernachlässigt werden darf, ist, den Schülern durch das eigene beispielhafte Verhalten und durch ein wahrhaftes Auftreten sichere Orientierung zu bieten. Denn diejenigen, die eine Neigung zu schlechten Dingen haben, werden sich immer mehr gehenlassen, wenn sie allein gelassen werden. Das ist für diese Menschen verhängnisvoll. Deshalb ist es besonders wichtig, ihre negativen Gefühle zu unterdrücken und ihre positiven Empfindungen zu pflegen und zu mehren, was nur durch eine beispielhafte Haltung und ebensolches Verhalten möglich ist. Sie können sich das als Beispiel nehmen und mit Hilfe eines guten Mentors auch selbst in die Tat umsetzen.

Als Letztes möchte ich Ihnen von einer meiner Empfindungen berichten und ich bitte Sie, mir dies nachzusehen. Ich bin gegenwärtig vierundsiebzig Jahre alt. Aber wenn man mir heute, noch in meinem Alter, eine Arbeit als Prediger in Kestanepazarı (Stadtteil von Izmir), in einer einfachen Hütte, also in einfachsten Verhältnissen anböte, würde ich sie mit Freude annehmen. Ich würde alles tun, um meine Arbeit bestens auszuführen. Es kann sein, dass manche meiner Kollegen eine solche Aufgabe ablehnen würden. Ich meinerseits habe eine solche Aufgabe niemals verachtet oder geringgeschätzt. Auch heute noch könnten manche Menschen mein Engagement auf dem Gebiet des Unterrichtens als fehl am Platze werten. Sie können behaupten, dass ich unwürdig bin, zusammen mit Freunden Seminare und Konferenzen zu organisieren und mich mit den Schülern zu beschäftigen. Doch nach meinem Dafürhalten ist die Aufgabe, den Menschen auf die höchsten Stufen der Erkenntnis zu verhelfen, die wichtigste Beschäftigung.

Um es zusammenzufassen: meiner Ansicht nach sollte man den Beruf des Lehrers als absolut ehrwürdig erachten, ihn als einen Beruf der Propheten ansehen und auch so bewerten. Die Wahrheit ist, dass unter den Menschen, die ihrer Gesellschaft dienen, der Beruf des Lehrers geradezu heilig ist. Möge man ein Gärtner sein, der die ganze Welt fruchtbar macht, ist dies nicht so viel wert und kein so großer Verdienst, wie drei Menschen über ein Thema aufzuklären. Mehr noch, nicht einmal das höchste Amt eines Politikers kann neben der Aufgabe, Menschen zu Menschen werden zu lassen, so hoch geschätzt werden. Immerhin wurden auch die größten Herrscher dieser Welt von ihren Lehrern ausgebildet, sie waren in deren Händen lediglich Lehrlinge. Wenn wir all das im Auge behalten, können wir sagen, dass die Menschen, die Gott am nächsten stehen, diejenigen sind, die ihr Leben darauf setzen, anderen nützlich zu sein, also Lehrer zu werden. Denn sie sind es, die Menschen bilden, welche die Gesellschaft aufbauen. Und sie sind es auch, die die Zukunft gestalten werden und die ihr ihren Stempel aufdrücken werden.

Güte[13]

In unseren Tagen erleben die ganze Welt und insbesondere die Gesellschaften in unserem geographischen Raum einen Sinneswandel, der sich von allen bisherigen Veränderungen eklatant und auf gefährliche Art und Weise unterscheidet. Er kann mit den früheren Wandlungen gar nicht verglichen werden. Das hat solche Auswirkungen, dass das Gleichgewicht in allen Bereichen gestört wird und sogar völlig durcheinander gerät. Die internationalen Beziehungen geraten aus den Fugen und die chaotischen Zustände erscheinen als unausweichlich. Einzelne Gesellschaften und Gruppierungen, die völlig andere

---

[13] Gülen: Fethullah: Şefkat (Güte) In: Sızıntı, Nr. 324, Januar 2006.

Weltanschauungen und Denkweisen ihr Eigen nennen, betrachten sich gegenseitig feindselig, hasserfüllt und mit Zorn. Sie verfolgen schreckliche, ja mörderische Ziele, streben sogar nach dem Auslöschen der Gegner. Manche Gesellschaften und Individuen in den unterschiedlichen Gruppen dieser Gesellschaft möchte die sogenannten „anderen" Personen und Gruppen am liebsten völlig isolieren bzw. wie Aussätzige behandeln. Sie sind von dem Gefühl der Rache beherrscht und ständig im Aufbegehren. Es entstehen pausenlos neue Szenarien von Feindschaften, und die Menschen sind ununterbrochen von Gefühlen des lebenzerstörenden Hasses und der Feindseligkeit beherrscht.

Ein Mensch, der in dieser Atmosphäre lebt, kennt keine Liebe – dieses Wort hat er sogar ganz aus seinem Wortschatz verbannt. Stattdessen ist das lebendigste und nie verblassende Wort in seinem Gedächtnis die „Antipathie". Und in dieser Gemütslage hat er den Hass nie satt, ist der Feindseligkeit nie überdrüssig und kann seine Wut nicht überwinden. Wenn wir einmal darüber hinwegsehen, dass er seine Wut überwinden könnte, so scheint er geradezu unter dem Einfluss teuflischer Triebe zu stehen, die ihn von dem einen Unrecht ins nächste treiben. Er versucht die Eitelkeit als etwas Richtiges darzustellen und ist in der Lage, all die Grausamkeiten jener früheren Tyrannen, die ihre Bosheiten in einem ganzen Leben in die Tat umgesetzt haben, ohne große Anstrengung in ein, zwei Monaten oder in einem Jahr zu bewerkstelligen. Aus dieser Sicht ist er befangen, was seine Fähigkeiten betrifft, was sein Urteilsvermögen betrifft, schwach, und insgesamt so liederlich, dass er weder gesund denken noch sich wie ein normaler Mensch verhalten kann. Ebenso wenig hat er Ideen, die in sich schlüssig sind. Manchmal hat er geradezu an Besessenheit grenzende Tobsuchtsanfälle. Dann zerstört er in seiner Umgebung alles, was ihm in die Hände fällt. Und manchmal zerfrisst er sich selbst durch seinen nie endenden Groll und seinen Zorn.

Heutzutage sind an einzelnen Orten in der Welt nicht nur die einzelnen Menschen so, sondern auch die Gesellschaften und ihre Staatsoberhäupter. Viele haben dem Frieden und dem Vertrauen zwischen den Menschen den Krieg erklärt. Sie zerstören ihre eigene seelische Ausgeglichenheit und erschüttern die öffentliche Sicherheit. Überdies verwenden sie eine Art von Gewalt und eine Strenge, dass man glauben könnte, sie würden einen Freiheitskampf führen. In Wirklichkeit aber ziehen sie die Klagen tausender Unterdrückter auf sich, erleben die Hoffnungen als einen Fluch, und am Ende werden sie doch wie Geächtete, einer nach dem anderen, vom Thron gestoßen.

Das ist die Realität! Und wir können weder jener ständig schäumenden Wut und dem Hass Einhalt gebieten, noch die verschiedenen Aggressoren in ihre Grenzen weisen. Wir haben keine Kraft und Macht und auch keine Möglichkeiten, das zu tun. Wir können die uns umzingelnden Feuer der Unzufriedenheit nicht löschen. Doch wir verfügen über etwas, was doch noch nicht ganz ausgestorben ist und was wir den Menschen mit gutem Gewissen geben können, ein Elixier namens „Güte". Mit ihr werden wir versuchen, die Schwierigkeiten zu überwinden. Und wir werden auf unserem Weg unter ihren beschützenden Flügeln voranschreiten.

Die Güte hat bis heute, wer weiß wie oft, schon durch diejenigen, die sie aus vollem Herzen vertreten und ihr die richtige Stimme verleihen, die teuflischsten Intrigen verhindert. Sie hat die Menschheit davor bewahrt, in die Todesfallen zu tappen! Und wie oft hat sie die höllischen Täler des Leidens in paradiesische Gärten verwandelt. Ja, Güte und Interesse, die man ohne jede Erwartung einer Gegenleistung jedem und allem gegenüber empfindet, durch die man bei den Sorgen und Problemen von Unterdrückten und Benachteiligten hilft und nach Lösungen sucht, sich mit der Herzlichkeit einer Mutter um sie sorgt. All dies sind unterschiedliche Erscheinungsformen der Güte. Diese Güte ist eine Erscheinungsform der göttlichen Moral, Stimme und Atem der himmlischen Wesen und zugleich ein ehrenwerter Ausdruck warmer Mutterliebe. Jemand, der das Glück hat, diese Gefühle in seiner Brust zu spüren, reicht seine helfende Hand jedem, der Güte und Barmherzigkeit braucht. Er erwartet dafür keinerlei Entschädigung. Er hilft, solange seine Kraft reicht. Er hilft den Gefallenen auf die Füße, er wärmt die Frierenden, er lindert die Leiden der Einsamen und der Leidenden. Er ist Beschützer der Schutzlosen. Die Blinden überwinden mit seiner Hilfe ihre Blindheit, die Tauben hören durch ihn die wichtigsten Dinge, die sie hören sollten. Und wahrscheinlich werden auch diejenigen, die stets tyrannisch sind und mit erhobener Stimme reden, in seiner Gegenwart den Mund halten. Sie werden zumindest für den Moment sich selbst in Frage stellen. Der Prophet Muhammed (Friede und Segen sei mit ihm) weist auf die magische Tiefe eines solchen Menschen mit folgenden Worten hin: „Wer den Älteren keinen Respekt zollt und die Kleinen nicht liebt, gehört nicht zu uns." Er hält die Güte geradezu für den Leitsatz des Islam.

In der Güte steckt eine solche Kraft, dass man damit die härtesten Herzen erweichen kann, die widerspenstigsten Geister demütig werden, und die verbittertesten Feindschaften geben vor ihr auf. Wenn es ein Elixier gibt, das Hass und Feindseligkeit auflösen kann, dann ist das die Güte. Sie kann aus Gewalt, Wut und Feindschaft das Gegenteil machen. Und wenn es eine Waffe gibt gegen all das, dann ist das allein die Güte. Ein Mensch, der liebt, ist ein Herzenswesen, das den Geistlichen gleich ist und eine himmlische Sprache spricht, ein ideeller Feuerwehrmann, der die höllischen Feuer der Wut löscht. Während er die Sprache der Liebe spricht, verstummen die Tyrannen und die Erzfeinde. Und die Arme und Hände jener Geister, die sich der Zerstörung hingegeben haben, sind wie gelähmt und diejenigen, die ihren Weg verloren haben, finden zu ihm zurück.

Güte ist ein Gefühl, das den Menschen Tiefe verleiht. Man kann nur durch die Güte die Freude, die Heiterkeit und die Harmonie von anderen verstehen. Durch die Güte versteht man all das, und man spürt die Defizite und die Verantwortung bei denen, die darauf verzichten müssen, in voller Tiefe. In einer Atmosphäre, in der Güte herrscht, entwickeln sich die sozialen Beziehungen schneller. Und die Solidarität in einer solchen Gesellschaft entsteht wie von selbst. In einer solchen Gesellschaft begegnen sich alle von Liebe erfüllt. Die Individuen und die Gruppen scheinen geradezu darum zu wetteifern, wer die Herzen der anderen gewinnt, und Güte und Ehrlichkeit werden zum humanen Grundverhalten. Auf diese Weise werden die inneren Beziehungen gestärkt. Dann breitet sich jene endlose Lebensfreude auch unter den anderen aus, sie wird konkret gelebt.

Wir können dieses Thema noch ein wenig erweitern. Wenn wir die Güte in unserer unmittelbaren und weiteren Umgebung sehen und spüren, hilft sie uns, die Schmerzen zu ertragen, die Wunden zu heilen und vermutlich auch, viel Leid zu verhindern. An ihre Stelle können Freude, Fröhlichkeit und Heiterkeit treten, und das ist für uns von sehr großer Bedeutung. Denn jemand, dessen Herz von so hohen Gefühlen erfüllt ist, wird ständig von dem Gefühl der Barmherzigkeit begleitet sein. Er wird jedem gegenüber weichherziger als die Weichherzigen sein. Er wird alles durch diese Brille betrachten. Er wird die Unterdrückten und Benachteiligten so lieben, wie eine Mutter ihr Kind liebt, er wird sich ständig um die Menschen kümmern und sich um diejenigen sorgen, die unter seiner Verantwortung stehen oder seine Hilfe benötigen. Wenn nötig, wird er selbst verzichten, damit er anderen geben kann. Und er wird sein Leben riskieren, um andere zu beschützen.

Würde man das Leben so richtig tiefgehend unter die Lupe nehmen, würde man an seiner Brust lauschen. Man würde erkennen, dass die Güte überall sprießt, ihre Melodie alles ausfüllt und sie überall wahrzunehmen ist. Denn die Schussfäden des Universums und aller Dinge bestehen aus Güte. Was ihnen ihre endgültige Schönheit verleiht, ist ebenfalls Güte: Die Bäume sind jeweils ein Segen, die Früchte sind Gestalt angenommene Güte. Der Mensch ist eine feierliche Zeremonie der Barmherzigkeit, und der Glaube ist lichterfüllte Güte. Die Welt ist ein Mittel des Glücks, das Jenseits ist in seiner ganzen Pracht eine Sammlung von Güte. Folglich sind der Urgrund und das Ende aller Dinge die Barmherzigkeit und die Güte.

Würde man die Legenden und Lebensgeschichten all der historischen Persönlichkeiten kennen, jener Propheten, Gottesfreunde und Frommen, die den Menschen Licht und Erleuchtung gebracht haben, würde man erkennen, dass in ihren leuchtenden und erleuchteten Leben die Güte immer und ständig sprudelte. Ja, sie atmeten ständig Güte. Ihr ganzes Tun und ihr ganzes Leben war davon erfüllt, und sie lebten wie Helden der Güte. Das ist so, denn wenn die Güte eine Lichtrampe ist, die den Menschen senkrecht zu Gott katapultiert, dann stehen diejenigen, deren Herzen von Güte erfüllt sind, vor ihr aufgereiht. Sie sind wie jene Ringeltauben, die stets in schwindelerregenden Höhen fliegen. Sie sind solche Himmelreisende, die sich der göttlichen Führung überlassen haben. Und so kommt es, dass es noch nie passiert ist, dass einer von ihnen auf diesem Wegen verlassen worden wäre, dass seine Brust von Hass erfüllt gewesen wäre oder sein Herz im Takt der Erbarmungslosigkeit geschlagen hätte. Sie alle haben ihr Ziel erreicht. Der Prophet Muhammed (Friede und Segen sei mit ihm) berichtet davon, dass eine unmoralische Frau die Mühe auf sich genommen hatte, einem dürstenden Hund Wasser zum Trinken zu geben. Sie ging ins Paradies ein, doch umgekehrt kam eine Unglückselige, die in ihrem eigenen Haus eine Katze verhungern ließ und so ihren Tod verursacht hatte, in die Hölle. Ja, das Paradies ist eine

Wiese der Güte, die Hölle dagegen eine Folterbank der Wut und des Hasses. Jede Schönheit, die hier erscheint, wartet im Paradies in ihren unterschiedlichen Dimensionen auf ihre Besitzer. Doch zugleich wartet jede Hässlichkeit, in der Hölle in beklemmende Rauchwolken gehüllt, auf diejenigen, die sie verdient haben.

Aber auch wenn sowohl Güte als auch Wut und Hass Realitäten dieser Welt sind, ist die Substanz des Seins, sein Mark, die Güte. Wäre nicht diese Art von Güte das Treibmittel des Universums, hätten weder der Mensch noch andere Wesen erschaffen werden können. Oder sie hätten nicht weiter existieren können, alles wäre zerdrückt worden, umgestoßen. Alle Existenzen wären im Chaos versunken. Es würde von überall her das Wehgeschrei der Einsamkeit hinaufsteigen, allseits würde man unter der Bestialität stöhnen. Und die Welt würde sich in einen öffentlichen Ort der Trauer verwandeln. Wenn es uns heute gibt und wenn wir unser Leben fortsetzen können, dann nur aufgrund Seiner (Gottes) Güte. Wenn wir uns gegenseitig lieben und andere uns lieben, dann geschieht dies Seiner Barmherzigkeit wegen.

Doch vor allem müssen wir unsere menschlichen Gefühle anspornen, damit die Güte unsere Seelen mit Enthusiasmus füllt und für unser Denken und Fühlen den Anstoß zu guten Taten und Großzügigkeit gibt. Denn Güte ist die Grundlage dafür, dass wir andere Menschen umarmen und sie ins Herz schließen können. Eine Brust, die von Güte erfüllt ist, erweist sich im Schatten der Gnade und Barmherzigkeit Gottes als unerschöpflich. Sie handelt stets feinfühlig und großherzig. So eine Person geht immer den Weg der Güte. Während des ganzen Weges führt sie Wohltaten aus, ihr Herz ist von Wohlwollen erfüllt. Und Gott erweitert ihre Brust, stärkt ihre guten Gefühle und belohnt sie mit seiner Gnade. Er erweitert das Mitgefühl dieses Menschen und lenkt so seine persönlichen Neigungen. Ich hoffe, dass Gott in unseren Herzen das Gefühl der Güte erweckt und die Tage, an denen uns Gott aus den Grobheiten errettet, inmitten derer wir uns befinden, nicht allzu sehr entfernt sind.

Probleme des Egos und der positive Wandel der Gesellschaft[14]

Frage: Es wird gesagt, dass ein Mensch, der seine Triebe nicht im Griff hat, weder seine persönlichen noch die gesellschaftlichen Probleme wird lösen können. In welchem Zusammenhang stehen die Triebe des Individuums und die Gestaltung der Gesellschaft?

Antwort: Laut der enzyklopädischen Erläuterungen des Wortes „nafs" bedeutet es die Substanz von etwas, die Essenz, der Kern oder das Selbst. In den Büchern wird es dagegen, im Vergleich zu einer bestimmten Weisheit und in gewissen Zusammenhängen, als ein Gefühl von Hass, Abscheu, Wollust, Geschlechtstrieb, Zorn usw. verwendet, das in den Menschen eingepflanzt wurde. Es gilt als offensichtlich schädliches Prinzip, als das Zentrum solcher negativer Eigenschaften. Es ist dem Argwohn und der Suggestionen des Teufels gegenüber stets offen. Es wirkt geradezu als eine Schaltzentrale dieser Mechanismen. Aber man muss wissen, dass dieser Mechanismus zugleich auch Wandlungen und Entfaltungen gegenüber offen ist. Es ist ein wichtiges Mittel der Menschen bei der Erklimmung der geistigen Welt. Doch um die richtige Haltung für diese positive Herausforderung erlangen zu können, muss man es, wie ein widerspenstiges Pferd, streng zügeln und unter der Kontrolle der himmlischen Disziplinen erziehen und reinigen. Wenn das nicht geschieht und die Triebe sich selbst

---

[14] Gülen, Fethullah: „Nefiste Çözülen Problemler ve Toplumun Islahı". In: Kırık Testi, 14. April 2013, http://herkul.org/kirik-testi-arsiv/

überlassen werden, werden sie ständig Leidenschaften und Genüssen nachjagen. Sie werden Gefangene von bestialischen und körperlichen Begehren werden, ständig schlechten Dingen nacheifern und schließlich der Grund dafür sein, dass der Mensch heruntergezogen wird, ja sogar in den Abgrund stürzt.

Ein unersättlicher Säugling

Imam al-Busiri hat in seiner Kasside, einem Lobgedicht, die Probleme des Egos durch folgendes Beispiel illustriert:

وَالنَّفْسُ كَالطِّفْلِ إِنْ تُهْمِلْهُ شَبَّ عَلَى حُبِّ الرَّضَاعِ وَإِنْ تَفْطِمْهُ يَنْفَطِمِ

„Der Trieb ist wie ein Säugling. Wenn man (es nicht rechtzeitig abgestillt und) es sich selbst überlässt, wird sein Verlangen nach der Muttermilch immer stärker. Doch wenn du einmal deinen Willen zeigst, dann kannst du es auf einmal abstillen."

Für die Triebe muss man wichtige und überzeugende Argumente benutzen. Und wenn sie rechtzeitig und zur angezeigten Zeit „abgestillt" werden, dann kann man ihre grenzenlosen Wünsche zügeln. Doch wenn man den Trieb seiner Neigung, sich exzessiv auszuleben, überlässt – Gott behüte –, und wenn er unter dem Einfluss negativer Gefühle und Gedanken wachsen wird, wird er später völlig unbeherrschbar werden. Dann wird er seine eigenen Wünsche dem Menschen aufzwingen, seine eigenen Neigungen und Launen durchsetzen. Das aber wird zwischen dem Trieb und der Person eine Reihe Belastungen schaffen, einige Schleier zwischen ihnen anbringen und dazu führen, dass man eine ganze Reihe innerer Höhen und Tiefen erleben wird. Aus dieser Sicht betrachtet ist es unmöglich, dass ein Mensch, der Gefangener seiner ungezügelten Triebe ist, der also die Last seiner Probleme mit seinen Trieben duldet, ein Vorbild für die Gesellschaft sein kann. Ebenso ist es unmöglich, dass er andere Menschen zu guten Taten motivieren kann. Ein solcher Mensch muss zunächst seine Triebe zügeln und zu kontrollieren lernen. Der Weg dazu führt über seinen Willen. Mit diesem muss er seinem Ego die Grenzen seiner Wünsche und Begierden aufzeigen. Man soll sich mit den erlaubten Genüssen zu begnügen lernen und verhindern, dass die Triebe Verbotenes tun oder danach verlangen. Auf diese Weise werden die Triebe aus der Position der *„ammara"*, also des „Bestimmenden" befreit, in der sie einem ständig Schlechtes und Böses einflüstern. Sie können sich in die Richtung der Ebene *„lawwama"*, also der „Selbstkritik" bewegen, auf der man ihr Betragen und ihre Verhaltensweisen hinterfragen kann. Ja, aus der Perspektive der Beziehung zu Gott kann sich sogar das Gewissen entwickeln und sich zum Horizont des „mutma'inne", also der „Harmonie" erheben. Und so wie der Mensch vor vielen schädlichen Prinzipien Schutz bei Gott sucht, sollte der Satan um seines eigenen Triebes, der mitten unter den Menschen seine Aufgaben erfüllt, sowie seines Ichs wegen Tag und Nacht unablässig zu Gott beten und um seinen Schutz flehen. Denn so wie die Triebe niemals von selbst aufhören Probleme zu produzieren, wird auch der Mensch sich von der Last der unzähligen Probleme, die seine Triebe verursachen, nicht befreien können.

Die größte aller Bestrebungen

Als der heilige Prophet (Friede und Segen sei mit ihm) einmal von einem Feldzug zurückkehrte, drückte er mit den Worten: „Wir kehren vom kleineren zum größeren Dschihad (Anstrengung) zurück" aus, dass der Mensch mit seinen Begierden „den größten Dschihad" zu bewältigen hat. Durch diese Aussage betonte er die Wichtigkeit dieses Problems, das eine besondere Aufmerksamkeit verdient. Denn diese beunruhigende Aussage ist aus der Sicht der Muslime sehr wichtig. Und die Tatsache, dass diese kritische Erklärung bei der Rückkehr von einem großen Feldzug getätigt worden war, eröffnet uns die Möglichkeit des Vergleichs zwischen einem realen Krieg mit einem Feind und der Auseinandersetzung mit den Trieben, den Begierden.

Zudem ist es sehr bedeutsam, dass diese Aussage zu dem Zeitpunkt getroffen wurde, als man siegestrunken aus einem Krieg zurückkehrte. Denn manchmal wird eine sehr wichtige Aussage gemacht. Aber der Mensch beachtet sie wegen seiner augenblicklichen psychischen Verfassung nicht. So gesehen kann eine solche Aussage nicht gemacht werden, um das gewünschte Ergebnis erzielen zu können, ohne den psychischen Zustand der Angesprochenen zu berücksichtigen. Wenn man also diese Aussage aus diesem Blickwinkel betrachtet, ist diese gesegnete Bekundung in dieser Situation umso bedeutender, als dass sie die aus dem Krieg zurückkehrenden Muslime aus der Siegestrunkenheit reißen und ernüchtern will. Der Prophet (Friede und Segen sei mit ihm) wollte mit dieser Bekundung seine Anhänger, die nach dem gewonnenen Krieg als sieggekrönte Armee nach Medina einzogen, von vornherein von allen möglichen unguten Gedanken befreien.

Als Ausdruck unserer Verbundenheit mit dem Koranvers

وَالَّذِينَ جَاءُوا مِنْ بَعْدِهِمْ يَقُولُونَ رَبَّنَا اغْفِرْ لَنَا وَلِإِخْوَانِنَا الَّذِينَ سَبَقُونَا
بِالْإِيمَانِ وَلَا تَجْعَلْ فِي قُلُوبِنَا غِلًّا لِلَّذِينَ آمَنُوا

„Und all diejenigen, die nach ihnen kommen (und in ihren Fußstapfen folgen), beten: ‚O unser Herr! Vergib uns und unseren Brüdern (und Schwestern) in der Religion, die uns im Glauben vorangegangen sind, und lasse unsere Herzen keinen Groll gegen irgendwelche der Gläubigen hegen. O unser Herr! Du bist der Vergebende, der Barmherzige (insbesondere gegen Deine gläubigen Diener).‘“ (al-Haschr 59: 10), denken wir über unsere Beschützer stets gut. Doch der heilige Prophet (Friede und Segen sei mit ihm) war damit beauftragt, ihnen eine gute Erziehung angedeihen zu lassen und sie zu seelischer Reinheit zu führen. Weil sie Menschen waren, nahm er sich ihrer Seelen an und hat sicher manche negative Gedanken von vornherein verhindern wollen. So hat er seine Warnungen und Empfehlungen im Voraus kundgetan. Denn als sie gegen die Stadt Hunayn zogen, dachten einige der Kämpfer, dass „diese Armee nicht mehr besiegbar ist, niemand kann sie aufhalten". Sie mussten gleich nach dem Beginn der Kämpfe eine kurzfristige Niederlage hinnehmen, doch der ehrenwerte Prophet (Friede und Segen sei mit ihm) hat, dank seiner großartigen Bemühungen, die Lage gerettet und die Niederlage in einen Sieg verwandelt.

Diese Aussage steht im engen Zusammenhang mit unserem Thema, insofern als die Menschen auf dem Weg Gottes einen harten Kampf auszufechten hatten, dass sie sehr diffizilen Situationen ausgesetzt waren und sie für ihren Glauben sogar ihr Hab und Gut und ihr Leben riskierten oder sogar verloren. Das Ergebnis all dieser Begebenheiten war, dass Gott sie zu Siegern gemacht hat. Er gewährte ihnen sicherlich auch viele materielle und geistige Erfolge. Und in einem Moment, als man gerade auf dem Rückweg nach solchen überwältigenden Erfolgen und Siegen war, begannen höchstwahrscheinlich im Inneren vieler dieser Menschen negative Gedanken und Gefühle aufzukeimen. Es war also sehr wichtig, sie von vornherein daran zu hindern, solche Gefühle und Gedanken zuzulassen und zu hegen. Die Aussage von Bediüzzaman Said Nursi: „Sei nicht hochmütig, weil du dem Glauben gedient hast. Weil du dich noch nicht auf der Stufe der seelisch Reinen befindest, solltest du dich als einen sündigen Menschen sehen (der seinen Glauben bestätigt)"[15], ist bei dieser Frage ein wichtiger Maßstab.

---

[15] Dieser Aussage liegt ein Ausspruch des Propheten Muhammed zugrunde, der besagt: „Gott kann diese Religion auch von sündigen Menschen bestätigen lassen."

Denn bei solchen Erfolgen geraten nicht nur die Gedanken und Gefühle von einfachen Menschen durcheinander. Solche Erfolge trüben sogar manchen Weisen den Blick.

Eigentlich ist es so, dass ein Mensch, der seine Tugenden nicht durch Nachdenken über seine Triebe und über seine Neigungen vervollkommnen konnte, sowohl in dieser Welt als auch im Jenseits viel vom möglichen Glück verliert. Denn der Mensch ist nicht in erster Linie durch seinen Körper, sondern durch seine Triebe, also durch seine Leidenschaften, ein wirklicher Mensch. Es gibt auch eine Überlieferung des Propheten Muhammed (Friede und Segen sei mit ihm), die mit diesem Thema zu tun hat. Sie lautet folgendermaßen:

إِنَّ اللهَ لاَ يَنْظُرُ إِلَى أَجْسَامِكُمْ وَلاَ إِلَى صُوَرِكُمْ وَلَكِنْ يَنْظُرُ إِلَى قُلُوبِكُمْ وَأَعْمَالِكُمْ

„Gott, der Allmächtige, schaut nicht auf eure Gestalt und auf eure Gesichter. Er schaut in euer Herz und auf eure Verdienste (die aus euren Herzen sprudeln)." (Muslim, al-Birr 34; Ibn Madscha, az-Zuhd 9)

Falls also im Inneren des Menschen der Respekt, in seinem Herzen die Ehrfurcht und die Verehrung walten, durchdringen sie alle seine Gebaren und Verhaltensweisen. Schließlich hat unser Prophet (Friede und Segen sei mit ihm) der Überlieferung nach gesagt:

لَوْ خَشَعَ قَلْبُهُ خَشَعَتْ جَوَارِحُهُ

„Hätte es in seinem Herzen Ehrfurcht gegeben, wäre auch sein Körper von Ehrfurcht erfüllt gewesen." (al-Hakim at-Tirmidhi, Nawadir al-usul 2: 172), und er hat damit diesen Umstand betont. So gesehen ist die Hinwendung des Menschen zu seiner eigenen Menschlichkeit der Versuch, sein Verlangen zu bändigen und auf diese Weise die Probleme bezüglich seines sinnlichen Selbst zu lösen. Aufgrund dieses Beispiels wurde also diese Auseinandersetzung vom Gesandten Gottes (Friede und Segen sei mit ihm) als „der größte Dschihad“ gewertet.

Segen können zum Unheil werden

So wie die Triebe den Menschen zu Lastern verführen können, passiert es manchmal auch, dass zu viel Segen, der einem zuteil wird, jemanden aus der Bahn werfen kann. So steht es im Koran:

إِنَّ قَارُونَ كَانَ مِنْ قَوْمِ مُوسَى فَبَغَى عَلَيْهِمْ

„Qarun war einer aus dem Volk von Moses, doch er täuschte und unterdrückte es.“ (al-Qasas 28: 78)

Darin wird also gesagt, dass der Prophet Moses (Friede und Segen sei mit ihm) durch Qarun, durch dessen großes Vermögen und dessen zahlreiche andere Möglichkeiten, verwirrt wurde. Denn Qarun glaubte nicht vorbehaltlos an Gott. Er hatte seine Probleme mit seinem Ego nicht bewältigt. Obwohl er gläubig zu sein schien, konnte er seinen Glauben doch nicht ausreichend festigen, und so konnte er sich dem Horizont des Verstands nicht gebührend zuwenden. Das bedeutet, dass er sein trockenes Wissen nicht in wahre Verdienste und gottgefällige Taten umsetzen konnte. So erreichte er auch kein sicheres Wissen, erst recht konnte er keine sichtbare feste Überzeugung erlangen. So kam der Tag, als er

إِنَّمَا أُوتِيتُهُ عَلَى عِلْمٍ عِنْدِي

„All dies ist mir nur gegeben worden, weil ich ein bestimmtes Wissen besitze.“ (al-Qasas 28: 78)

Und obwohl er Moses (Friede und Segen sei mit ihm) nahestand und sein Leben innerhalb des Stammes führte, gehörte er zu den Verlierern, weil er durch seine weltlichen Möglichkeiten zu verwöhnt war.

Eine weitere Person aus dem Volk von Mose war Samiri, der klug und sehr geschickt war, der die Redekunst beherrschte und der viele weitere besondere Begabungen hatte. Doch er hat seine Fähigkeiten, die ihm gottgegeben waren, dafür verwendet, einen Götzen in Form eines goldenen Kalbs anzufertigen. Und das war der Grund, dass auch er alles verlor. Wie der Koran dies beschreibt, lebte er bis in den Tod mit den Worten „Rührt mich nicht an, lasst mich in Ruhe!" (Ta-Ha 20: 97) in Elend.

Wie man sieht, kann ein Mensch selbst zu einem Unheil werden, wenn ihm Gottes Gaben und Segen zuteil werden, doch er seine Probleme in sich selbst nicht gelöst hat. Um es anders auszudrücken: Dinge, die wie ein Segen aussehen, können für den Menschen völlig unbemerkt zu einer Strafe werden. Das kann so weit gehen, dass eine Begabung zu einer Strafe wird, die Möglichkeit des Herrschens, die ebenfalls zu einer Strafe werden kann, genauso wie ein hohes Ansehen unter den Menschen oder bestimmte hohe Ämter zu erreichen … Ja, wenn man solche Möglichkeiten erhält, kann man, ohne es selbst zu merken, vom Weg des Propheten (Friede und Segen sei mit ihm) abweichen und den von Ramses, Amenophis oder anderen Pharaonen betreten, die sich als Kinder der Sonne bezeichnet haben.

Eine Legende, die zu Zeiten von Moses geschehen sein soll und überliefert wurde, möchte ich detaillierter schildern. Natürlich kann man solche Legenden immer in Frage stellen. Aber bei Legenden schaut man nicht auf die Authenzität, sondern auf den Grundgedanken. Also ist er das, was eigentlich wichtig ist, welche Bedeutung die Legende für uns hat und welche Lehren wir daraus ziehen können. Nach einer solchen Legende trifft Moses, als er den Berg Sinai besteigt, unterwegs einen Mann, der keine Kleidung hat. Er hat sich deshalb im Sand vergraben. Diese Person bittet Moses darum, für ihn zu Gott zu beten, damit er zu Besitztum komme. Als Moses diese Bitte des Mannes an Gott weiterleitet, wird ihm mitgeteilt, dass dieser Zustand für den Betroffenen günstiger sei. Moses überbringt diese göttliche Botschaft dem Mann. Doch dieser besteht darauf, Besitz zu erlangen, in der Hoffnung, dass es auch andere Vorteile für ihn bringen könnte. Schließlich befiehlt der Allmächtige Moses, dass er dem Mann hilft. Mit der Unterstützung von Moses kauft der Mann einige Zeit später ein Schaf. Nach kurzer Zeit ergibt sich ein exponentielles Wachstum, und der Mann kommt in den Besitz von ganzen Schafherden. Es vergeht wieder einige Zeit und Moses geht erneut zum Berg Sinai. Unterwegs erblickt er eine große Menschenmenge. Er geht hin und fragt, was geschehen sei. Man antwortet ihm: „Hier hat es einen sehr armen Mann gegeben. Nach einiger Zeit gab ihm der Allmächtige reichlich Möglichkeiten. Aber dieser Reichtum hat ihm nicht gut getan. Er begann mit dem Trinken. Dann geriet er eines Tages außer sich, als er viel getrunken hatte, und begann einen Streit. Er hat dabei jemanden getötet. Jetzt wird er dafür bestraft."

Kurz gesagt, wir haben eine ganze Reihe von Beispielen sowohl aus der Vergangenheit als auch aus unserer Zeit. Sie zeigen, dass ein Mensch, der seine Probleme mit seinem Ego nicht bewältigen kann, sowohl im materiellen als auch im geistigen Bereich keinen wahren Erfolg erlangen kann. Oft werden aus Errungenschaften Gründe für seinen Untergang. Segen kann den Menschen von Gott entfernen und zu Unachtsamkeit führen. Dann ist das kein Segen mehr, sondern ein Unheil, das wie ein Segen aussieht. Ja, man muss wissen, dass das, was die Menschen von Gott entfernt – auch wenn es sich dabei um die Eroberung Istanbuls handelt –, nicht nur lästig ist, sondern sogar ein Verhängnis sein kann. Es kann dazu führen, dass der Mensch im Rahmen des Erfolgs und Gewinns seinen schlimmsten Verlust erlebt. Der Weg, um sich von all diesen Gefahren zu schützen, ist der Kampf gegen die eigenen Begierden, also der Kampf mit seinen Trieben. Dabei sollte man nie nachlassen, denn die Triebe stellen einem tausende Fallen, so dass man ständig auf der Hut sein muss.

Teil 2: Gesellschaftliches Leben

„Gülens Islamismuskritik wurzelt tief in einem fortschrittlichen Verständnis des Islam, der Rationalität und offene Suche betont, geprägt von der Toleranz des Andersdenkenden, von Pluralismus und einer tief empfundenen Menschenliebe ... Man kann ruhigen Gewissens über Fethullah Gülen behaupten, dass er ‚durch sein Beispiel lehrt' und dass sein Beispiel, wenn es um sozialen Aktivismus und die Förderung des Gemeinwohls durch Lernen und den Erwerb von Wissen geht, eines ist, das sich nicht nur an die Muslime wendet, sondern auch an den Westen."

Professor Greg Barton, Monash University, Australien

Die Rolle von Höflichkeit und Respekt in den zwischenmenschlichen Beziehungen[16]

Frage: Den meisten von uns fehlt es bei unserem alltäglichen Benehmen und bei unserem Umgang mit anderen Menschen an Schliff und Höflichkeit. Kann man Verhaltensregeln aus Büchern lernen? Was empfehlen Sie uns, wie können wir uns ein geschliffenes Benehmen aneignen und dieses verinnerlichen, ja zu einem Teil unserer Persönlichkeit werden lassen?

Antwort: Gutes Benehmen bedeutet, dass der Mensch bei seinem Umgang mit anderen sich anständig, gesittet, höflich und respektvoll verhält. Und dass, wenn er hingegen selbst schlecht behandelt wird oder schlimmen Ereignissen begegnet, er nicht beleidigend, verletzend und kränkend reagiert. Seine verbale Haltung muss stets von Feinfühligkeit, Taktgefühl und Herzlichkeit geprägt sein.

Die islamische Welt, die eine Kultur der guten Sitten und der Höflichkeit zustande gebracht hat, die sogar von Engeln bewundert wurde, hat leider nach einer bestimmten Zeit diese Eigenschaften verloren. Sie durchlebt gerade eine Epoche, die große Ähnlichkeit mit der Zeit vor dem Propheten (Friede und Segen sei mit ihm) hat, der Ära der „Unwissenheit" (*cahiliye)*. Diese Tatsache wurde auch von einem zeitgenössischen Schriftsteller als „Die Unwissenheit des zwanzigsten Jahrhunderts" zum Ausdruck gebracht. In dieser Ära stürzten alle unsere Werte – um es mit den Worten des berühmten türkischen Dichters Necip Fazıl Kısakürek (1904–1983) zu sagen – „tonnenschwer" über uns zusammen. Das zwanzigste Jahrhundert war eine Zeit, in der wir Zeugen davon wurden, wie unserer

---

[16] Gülen, Fethullah: Kırık Testi. 20. Februar 2012, http://www.herkul.org/kirik-testi-arsiv/

geistigen Werte und Sitten zusammenbrachen, die sich über die Jahrhunderte hinweg entwickelt hatten. Sie wurzelten in unserem Glaubenssystem und unserem religiöser Alltag, wie auch unser gutes Benehmen – wie Sie es auch in Ihrer Frage angedeutet haben. Als unsere Beziehung zur Religion abbrach, haben wir auch unser gutes Benehmen, unsere Disziplin und die diesbezügliche Terminologie verloren. Wir haben all das verloren und wurden in unserem ganzen Verhalten, in unserer Kommunikationsweise und in unserem Denken sowie unserer kulturellen Welt uns selbst fremd.

Wenn zum Beispiel in der Vergangenheit ein Mensch seinen Sohn jemandem vorstellen wollte, bemühte er sich, ihn mit dem Wort „ihr Diener“ zu präsentieren. Wenn er seine Tochter vorstellen wollte, dann benutzte er das Wort „ihre Gnädigste“. Wenn jemand über sich selbst reden musste, begann er mit dem Wort „meine Wenigkeit“. Und wenn man sich miteinander unterhielt, dann sprach man sich respektvoll mit den Formulierungen „Ihre hohe Person“ oder „Mein Herr“ an. Dieser Stil war weder gekünstelt noch affektiert, im Gegenteil, er war das Ergebnis einer guten Erziehung. Heutzutage aber werden wir Zeugen, wie manche Menschen diese alten Ausdrücke wie „mein Diener“ und „meine Gnädigste“ entstellt verwenden. Mehr noch, ich kann mich erinnern, wie ein Professor mit einer sehr guten Bildung sagte: „Ich als hohe Persönlichkeit denke über diese Frage so.“ Ich staunte darüber sehr und wusste nicht, was ich darauf erwidern sollte. Wie kann es sein, dass diese Ausdrücke, die Bescheidenheit und seelische Sensibilität widerspiegeln sollten, so fehl am Platze und falsch verwendet werden können? Das passiert, weil wir seit einigen Jahrhunderten die Gepflogenheiten eines guten Benehmens nicht mehr praktiziert, sie nicht in unser Leben integriert haben. Wenn man die moralischen und ethischen Werte ausmerzt, auf die sich die Regeln des guten Benehmens stützen und aus dem Alltag verbannt, dann werden auch die Begriffe, die man bei diesem Thema nicht mehr verwendet, mit der Zeit veraltet. Sie kommen aus dem Gebrauch, sie wirken schäbig und geraten in Vergessenheit. Wenn man dann solche aussortierten Worte, deren Sinn und Inhalt den Menschen nicht mehr bekannt ist, aus der „Mottenkiste“ holt, um damit anzugeben und interessant zu wirken, dann kann das zu solchen Fehlanwendungen führen.

Der Respekt vor dem Menschen steht im Mittelpunkt

Was soll man in dieser Situation tun? Wir müssen als Erstes Respekt vor dem Menschen, vor der Person, zeigen. Denn der Mensch ist ein Wesen, ein Gottesgeschöpf, das Respekt verdient. Gott sagt:

لَقَدْ خَلَقْنَا الْإِنْسَانَ فِي أَحْسَنِ تَقْوِيمٍ

„Wahrlich, Wir haben den Menschen in schönster Gestalt erschaffen (als vollkommenes Musterbeispiel der Schöpfung).“ (at-Tin 95: 4)

Somit erklärt er fest und unumstößlich, dass der Mensch eine über den anderen Geschöpfen und Werten stehende und überragende Existenz ist. Wie man weiß, geschah es einmal, dass vor dem Propheten (Friede und Segen sei mit ihm) ein jüdischer Beerdigungszug vorbeizog. Er sammelte sich und stand auf. Als man ihn daran erinnerte, dass der Tote ein Jude war, sagte er lediglich: „Aber er war ein Mensch.“ Und sollte also jemand Ihnen gegenüber respektlos sein, sollten Sie dennoch als ehrenwerter Mensch anderen gegenüber niemals respektlos sein. Sollte sich jemand über die Werte lustig machen, denen Sie sich verbunden fühlen, und sogar Gott und den Propheten beleidigen, dann müssen Sie im Rahmen Ihres guten Benehmens eine Antwort im Sinne Ihrer Ehre geben. Sie dürfen aber nicht vergessen, dass Sie ein Muslim sind, dass Sie über den Anstand des Propheten Muhammed (Friede und Segen sei mit ihm) und der Moral des Korans verfügen. Also ist die Moral, die Sie verinnerlicht haben, die Moral des Korans. Wie könnte es dann sein, dass Sie sich so benehmen wie andere? Fremde Menschen mögen zwar derb und tadelnswert sprechen. Manche werden vielleicht die Plätze, die sie betreten, beschmutzen, und sie können sogar – verzeihen Sie mir diesen Ausdruck – jedem die Zähne zeigen. Aber Sie dürfen es dennoch niemals ihnen gleich tun. Auch im schlimmsten Fall müssen Sie den Unterschied zwischen ihnen und sich, so wie es passend ist, unter Beweis stellen.

Gott bewahre – wenn man den Allmächtigen oder seinen Propheten (Friede und Segen sei mit ihm) beleidigt, wird der Mensch, wenn er ein aufrichtiger Gläubiger ist, vor Schreck erstarren. Es muss ihm vorkommen, als würde sein Herz stehen bleiben. Doch gerade als gebildeter Gläubiger muss er – trotz allem und in jedem Fall – wohlerzogen und höflich reagieren. Er sollte am besten sagen: „Dank meiner Erziehung, die ich von Gott und dem heiligen Propheten erhalten habe, muss ich mich an dieser Stelle so verhalten, diesem Menschen gegenüber in diesem Rahmen eine Entgegnung geben!“ Und nur wegen Gott und seines Propheten darf er sich solchen negativen Situationen aussetzen. Er erduldet das also, aber er wird seinem Gegenüber die Angelegenheit und die eigentliche Wahrheit liebevoll und feinfühlig, gütig und höflich erklären.

Ja, als grundsätzliche Idee muss man also bei dem Respekt für den Menschen beginnen und je nach ihrer Wertigkeit muss man allen menschlichen Eigenschaften Respekt zollen. Zum Beispiel zeigen Sie einem jeden Menschen den entsprechenden Respekt, je nachdem, ob er, obwohl er nicht an Gott glaubt, ein Diener Gottes ist, ein gläubiger Diener Gottes, ein Mensch, der Gott rechtens akzeptiert und ihm dient, oder jemand, der mit Ihnen das gleiche Schicksal teilt und die gleichen Ziele verfolgt. So werden Sie jedem gegenüber genau die Art von Respekt erweisen, die seiner Position entspricht, also jeder Stufe entsprechend Respekt zollen. Ja, zuerst müssen wir diese Art des Respekts in uns spüren. Dann muss unsere Stimme, unser Benehmen diesem Gespür entsprechen. Dann müssen wir dieses Verhalten verfeinern, bis es in die Tiefen unserer Persönlichkeit eindringt und zu unserer Natur wird. Ich kenne Familien, in denen sich aufgrund der familieninternen Erziehung sogar Brüder mit „Herr Soundso" anreden. Und ganz gleich ob es sich um den jüngeren oder älteren Bruder handelt, hat ein jeder als Mensch das Recht auf Respekt, dass man ihn auf diese Weise anredet und so über ihn spricht. Also müssen Sie zuerst diese Tatsache akzeptieren und dann müssen Sie das zum Ausdruck bringen.

Zum Beispiel reden sich heutzutage viele Fernsehmoderatoren aufgrund eines Stils, der sich immer mehr verbreitet und von dem allgemeinen Stil abweicht, mit „Herr Soundso" an. Mit der Zeit gewöhnen sie sich daran und niemand findet daran etwas Ungewöhnliches. Es mag sein, dass solch ein Stil anfänglich von manchen Menschen als komisch empfunden wurde. Aber mit der Zeit wird dieser Vorbehalt verschwinden. So gesehen sollten wir versuchen, alle Werte, die Bestandteil unseres Charakters und Ausdruck des Respekts sind, erneut zu beleben und in unser Leben zu integrieren. Denn dann erst werden wir uns als „uns selbst" fühlen und uns in einer Atmosphäre des Respekts freimütig artikulieren können. Und so wird kein Mensch mehr verletzenden Worten begegnen, er wird nicht mehr ungehörige, unpassende Ausdrücke hören müssen.

Schon mit drei oder fünf Menschen sollte man im Namen Gottes damit beginnen

Die Akzeptanz dieser Moral und dieses Wohlverhaltens benötigt einige Zeit. Denn die türkische Gesellschaft war lange Zeit einer ernsthaften Sintflut von Respektlosigkeit ausgesetzt. Heutzutage wird in der Öffentlichkeit zügellos und sehr nachlässig gesprochen. Man kann behaupten, dass sich ein Jargon in der ganzen Gesellschaft verbreitet hat. Was die Medien betrifft, so herrscht oft ein so beängstigendes Sprachniveau. Es stellt das sprachliche Niveau der Öffentlichkeit sogar in den Schatten. Das geht so weit, dass man nach manchen Worten, die in den Medien verwendet werden, in Wörterbüchern suchen muss, um ihren Sinn zu verstehen. Und dann findet man oft den Vermerk, dass es sich um einen Ausdruck handelt, der von der Unterwelt oder von Verbrechern als Geheimsprache verwendet wird, oder dass es sich um einen „groben" Ausdruck handelt. Also, man muss unbedingt beginnen, den Respekt wieder zu integrieren und zu mehren. Vielleicht wird es am Anfang nur wenige Menschen geben, die darauf viel Wert legen werden. Aber auch wenn es sich anfänglich um einen kleinen Kreis handelt, werden sie ihren Stil, ihr Verhalten und Benehmen auf jeder Ebene praktizieren. Und sie werden zum Vorbild für andere Menschen werden.

Genau genommen haben wir sehr viele Bücher, die über das gute Benehmen geschrieben worden sind. Natürlich sollte man sich diese Anleitungen anschauen und daraus persönlich Nutzen ziehen. Aber man darf nicht vergessen, dass die Themen in diesen Büchern nur dann wirksam sind, wenn man die Ratschläge verinnerlicht, in die Praxis umsetzt und sie bei besonderen Anlässen auch praktiziert. Es gab Zeiten, als das Benehmen und Verhalten der Imame und der Muezzine in den Moscheen und ihre Reden und Predigten von der Kanzel den Menschen sehr viel Nutzen brachten. Es gab viel Schönes, was das Volk aus den Moscheen mitnehmen konnte. Neben den Moscheen gab es oft auch noch ein Derwischkloster oder eine kleine Stiftung, wo den Menschen zusätzlich Unterricht in Anstand erteilt wurde. Die dortigen Beziehungen basierten stets auf Respekt und Verehrung. Und weil man ständig ein respektvolles Leben geführt hat, war der Respekt ein tiefverwurzelter Teil des Charakters. So kam es, dass die Menschen sowohl beim Reden als auch in ihrem Benehmen sich nicht besonders anstrengen mussten, sondern ganz selbstverständlich und natürlich respektvoll und wohlerzogen agierten. Früher konnte man in einer einzigen Straße vielleicht fünfzig Licht und Weisheit spendende Einrichtungen begegnen. An fünfzig Orten wohnten fünfzig weise Menschen, die unseren Werten Ausdruck verliehen. Sie prägten die Menschen, die zu ihnen kamen, und ließen sie einen Wandel erleben.

In unseren Tagen dagegen erleben wir eine beängstigende Armut und Knappheit auf den Straßen. Manche Einrichtungen erleben gerade eine Phase der Auszehrung. Auf manche müssen wir gänzlich verzichten. Und so wie es an Einrichtungen fehlt, so fehlt es meistens auch an Menschen, die die hohe islamische Ethik üben oder weitergeben könnten. Was in dieser Situation zu tun ist, ist, dass man zuerst im engeren Umkreis, bei privaten Versammlungen, mit einigen Menschen zusammen diese Werte des guten Benehmens neu zu beleben versucht. Auch Sie können in Ihrem Zuhause und in Ihrem Bekanntenkreis mit einigen Freunden zusammen daran teilnehmen und im Namen Gottes Respekt und gutes Benehmen neu aufleben lassen. Sie sollten dieses Thema mit Nachdruck vorantreiben und sich darum kümmern, bis das gute Benehmen zu Ihrer Natur wird. Neben den Pflichten wie an Gott und an den Propheten (Friede und Segen sei mit ihm), an die Auferstehung und das ewige Leben zu glauben, fünf Mal am Tag sehr ernsthaft zu beten, ist gutes Benehmen zwar eine Nebensächlichkeit. Aber man muss die Fragen, die das Diesseits und Jenseits betreffen, auch kultivieren und sie neben den lebenswichtigen Dingen nicht vernachlässigen, auch wenn es einem so vorkommt, als wären sie zweitrangig. Unser ehrenwerter Prophet (Friede und Segen sei mit ihm) sagt, dass es im Glauben siebzig Unterteilungen gibt und die Wichtigste davon der Glaube an Gott ist. Die kleinste Unterteilung dagegen ist, daran zu glauben, dass unterwegs sogar die winzigsten Hindernisse beseitigt werden sollen. Auch diese letzte Unterteilung der Verhaltensweisen ist Teil des guten Benehmens. Ja, wenn jemand in einen Dorn getreten ist oder wenn auf der Straße gefährliche Gegenstände liegen, die jemanden verletzen könnten, soll man diese Scherben und Abfälle beseitigen. Das zählt als ein Zweig des Glaubens. Ebenso sollte ein Gläubiger bei der Begegnung mit einem Freund ihn anlächeln. Und so gilt auch das Umgießen eines Eimer Wassers, den man selbst aus dem Brunnen hochgezogen hatte, in den Eimer eines anderen als ein eigener Glaubenszweig. Man sollte diese Grundsätze niemals auf die leichte Schulter nehmen.

Als letzten Grundsatz möchte ich erwähnen, dass alle Zweige des Glaubens und die Praktiken, die damit im Zusammenhang stehen, Prinzipien sind, die sich ergänzen. Wenn Sie für Gottes Billigung einen Vorgang des guten Benehmens zu ihrer Gewohnheit machen, wird das gleichzeitig an Gott und an den heiligen Propheten (Friede und Segen sei mit ihm) sowie an das Diesseits und Jenseits erinnern. Das ist ein fließender Moment der Einheit mit Gott, und das ist mehr wert als tausend Jahre ohne Ihn. Dann sind also diese Themen, auch wenn sie noch so unscheinbar klein wirken, durch die Bedeutungen doch sehr groß, mit denen sie assoziiert werden. Deshalb kommt es nicht darauf an, was andere tun und lassen, sondern nur darauf, wie wir selbst das althergebrachte islamische Benehmen umsetzen und das gute Benehmen, das der Koran vorschreibt, unter uns wieder aufleben lassen. Es geht um unser eigenes Verständnis von Erziehung, Höflichkeit und Feingefühl, die wir selbst in die Tat umsetzen müssen.

Die Tradition der guten Nachbarschaft[17]

Frage: So, wie viele andere Traditionen ist auch die Tradition der guten Nachbarschaft in unseren Tagen ziemlich vernachlässigt worden. Was ist nach dem Islam die Bedeutung der guten Nachbarschaft? Welchen Nutzen bringt die Einhaltung dieser Tradition für den Aufbau einer gesunden Gesellschaft?

Antwort: Im Koran und in der Sunna wird gleich neben den Themen, wie den Beziehungen und einem angemessenen Verhalten gegenüber den Eltern, den Verwandten und den Waisen, auf die Beziehungen mit den Nachbarn großer Wert gelegt. Diese Frage wird mit großer Sensibilität ausgearbeitet. Der Allmächtige lässt in dieser Frage wissen:

وَاعْبُدُوا اللّٰهَ وَلَا تُشْرِكُوا بِهِ شَيْئًا وَبِالْوَالِدَيْنِ إِحْسَانًا وَبِذِي الْقُرْبَى وَالْيَتَامَى وَالْمَسَاكِينِ وَالْجَارِ ذِي الْقُرْبَى وَالْجَارِ الْجُنُبِ وَالصَّاحِبِ
بِالْجَنْبِ وَابْنِ السَّبِيلِ وَمَا مَلَكَتْ أَيْمَانُكُمْ إِنَّ اللّٰهَ لَا يُحِبُّ مَنْ كَانَ مُخْتَالًا فَخُورًا

„Und (als Grundvoraussetzung für Zufriedenheit im persönlichen, Familien- und gesellschaftlichen Leben) dient Gott und setzt Ihm nichts zur Seite; und erweist den Eltern Wohltaten auf beste Weise, sowie den Verwandten, den Waisen, den Bedürftigen, den Nachbarn, die euch nahe stehen (als Angehörige, als Mitbewohner oder im Glauben), und den Nachbarn, die euch fern sind (also weder mit euch verwandt sind noch den Glauben mit euch teilen), dem Gefährten an eurer Seite (unterwegs, innerhalb der Familie, am Arbeitsplatz und so weiter), dem Reisenden und denen, die in euren Diensten stehen. (Behandelt sie gut und erzieht euch selbst in dieser Hinsicht, denn) Gott liebt nicht die, die eingebildet und überheblich sind.“ (an-Nisa 4: 36)

---

[17] Gülen, Fethullah: „Komşuluk Hakkı“ (Das Recht der Nachbarschaft). In: Kırık Testi, 7 Ocak 2013, http://www.herkul.org/kirik-testi-arsiv/

Hier wird, gleich nach dem Gebot, dass man Gott dienen soll und Ihm nichts gleichsetzen darf, aufgetragen, dass man die Eltern gut behandeln muss. Eigentlich kommt theoretisch gleich nach dem Recht Gottes das Recht unseres heiligen Propheten (Friede und Segen sei mit ihm) und anschließend die Themen Liebe, Respekt, Herzlichkeit und Interesse. Denn durch ihn haben wir unseren Herrn kennen gelernt, mit seiner Hilfe konnten wir Seine Existenz richtig lesen und richtig deuten. Durch seine Botschaften haben wir erfahren, dass wir für die Ewigkeit geschaffen wurden und dass wir Teil der Ewigkeit sind. Ja, was auch immer wir im Namen der Wahrheit gelernt haben, haben wir von ihm gelernt. Deshalb schulden wir ihm alles, was wir haben. Aber die Frage im heiligen Buch ist nicht die Theorie. Man muss von der Praxis ausgehen. Das Recht und die Gebote Gottes in Bezug auf die Eltern wurden an zweiter Stelle erwähnt. So steht am Anfang des Koranverses nicht, dass man an Gott glauben muss, sondern dass man ihm dienen soll. Und das ist ein Hinweis auf die obige Angelegenheit.

Im Koran steht dann der Reihe nach, dass man sich um die Verwandten und Waisen, aber auch um die nahen oder ferneren Nachbarn kümmern muss, ihre Rechte respektieren soll. So gesehen, gehört jeder in diesen Kreis, ob er von einem entfernt oder einem nahe lebt, ob er rechts oder links von jemand wohnt. Letztlich ist jeder Nachbar gemeint und verdient es, gut behandelt zu werden.

Wie man ein reifer Gläubiger wird

Um die Bedeutung der Tradition einer guten Nachbarschaft zu unterstreichen, verweise ich auf die wichtigen und bis heute gültigen Überlieferungen, in erster Linie auf die von al-Buchari und von Abu 'l-Husain Muslim:

مَا زَالَ جِبْرِيلُ يُوصِينِي بِالْجَارِ حَتَّى ظَنَنْتُ أَنَّهُ سَيُوَرِّثُهُ

„Der Erzengel Gabriel gab mir eine solche nachdrückliche Empfehlung in der Frage der guten Nachbarschaft, dass ich beinahe glaubte, dass er den Nachbarn zum Erben machen wollte." (al-Buchari, Adap 28; Abu 'l-Husain Muslim, al-Birr 141)

Da in der Regel die Erben eines Menschen die Eltern, Kinder, Ehepartner und nahe Verwandte sind, wird aus diesen Worten, die unser Prophet (Friede und Segen sei mit ihm) zusätzlich zu den wichtigsten Offenbarungen Gottes erhalten hatte, deutlich, dass die Tradition von guter Nachbarschaft sehr wichtig ist. Eigentlich wissen wir nicht, was genau der Erzengel Gabriel (Friede mit sei ihm) unserem Propheten (Friede und Segen sei mit ihm) insgesamt für Empfehlungen in der Frage des Nachbarschaftsrechts gegeben hatte. Denn der Prophet (Friede und Segen sei mit ihm) geht in dieser Angelegenheit nicht ins Detail. Aber offenbar hat Gabriel diese Frage so intensiv betont, dass unser Prophet (Friede und Segen sei mit ihm) den Ausdruck benutzte „dass ich beinahe glaubte, dass er den Nachbarn zum Erben machen wollte", um die Größe und Bedeutung des Themas zu unterstreichen.

In einer anderen Überlieferung wird dieses Thema mit dem Glauben in Verbindung gebracht. Und es wird folgendes Beispiel gegeben:

مَنْ كَانَ يُؤْمِنُ بِاللّٰهِ وَالْيَوْمِ الْآخِرِ فَلْيُحْسِنْ إِلَى جَارِهِ وَمَنْ كَانَ يُؤْمِنُ بِاللّٰهِ وَالْيَوْمِ الْآخِرِ فَلْيُكْرِمْ ضَيْفَهُ وَمَنْ كَانَ يُؤْمِنُ بِاللّٰهِ وَالْيَوْمِ الْآخِرِ فَلْيَقُلْ خَيْرًا أَوْ لِيَسْكُتْ

„Wer immer an Gott und an den Tag des Jüngsten Gerichts glaubt, tut seinem Nachbarn Gutes. Wer an Gott und an den Tag des Jüngsten Gerichts glaubt, soll seinen Gast bewirten.

Wer an Gott und an den Tag des Jüngsten Gerichts glaubt, soll entweder zuträglich reden oder schweigen.“ (Abu ’l-Husain Muslim, Iman 74; al-Buchari, Adap 31)

Wie man sieht, eine der Bedingungen, ein reifer Gläubiger zu sein, ist, dass man seinen Nachbarn Gutes tut. Eine weitere Angelegenheit, die nach den Überlieferungen wichtig ist: An sich beinhaltet der Glaube an Gott auch die anderen Glaubensbezüge, deshalb ist der Glaube an das Jenseits Teil des Gottesglaubens. Aber hier wird der Glaube an das Jenseits ganz besonders betont. Denn die guten und nützlichen Taten werden dort (im Jenseits) zum Menschen zurückkommen. Jede gute Tat, die man in dieser Welt tut, wird im Jenseits mehrfach zu einem zurückkommen. Also wird in den Überlieferungen im Zusammenhang mit den guten Taten, die in einen See fließen und den gesäten Samen, die Früchte geben werden, der Glaube an das Jenseits genannt.

Gute Nachbarn sind der Schlüssel zum ewigen Glück

Auf der anderen Seite hat der heilige Prophet (möge er ehrenvoll gegrüßt sein, in ehrenvoller Ergebenheit) erklärt, dass jemand, der gut schlafen kann, während sein Nachbar hungert, kein guter Gläubiger sein kann (al-Hakim, al-Mustadrak, 2/15), und er ermahnt und macht darauf aufmerksam, dass jemand, vor dessen Schäden sich sein Nachbar nicht in Sicherheit fühlt, niemals ins Paradies wird eingehen können. (al-Buchari, Adap 29; Abu ’l-Husain Muslim, Iman 73)

Das Nachbarschaftsrecht ist im Koran und in der Sunna durch so viele Beispiele illustriert, dass bereits das schon beweist, dass es sich um ein sehr wichtiges Anliegen handelt. Deshalb muss ein Muslim alle seine Nachbarn, ob nah oder fern, mit der gleichen Großzügigkeit umarmen. Ja, eine Seele, die an Gott glaubt, will und kann alles Schöne und Gute, was sie besitzt, mit ihren Nachbarn teilen. Denn das ist eine Vorschrift der islamischen Ethik.

Wenn man vom Nachbarschaftsrecht spricht, fallen einem als Erstes Pflichten ein, wie Essen und Trinken anzubieten, Kleider zu spenden und materielle Hilfe zu leisten. Wie man weiß, wird Almosensteuer nur Muslimen gegeben. Aber Spenden jenseits der Almosensteuer kann man auch den Nichtmuslimen geben. Also sollte man alle Nachbarn unterstützen, egal ob sie Muslime sind oder nicht und ob sie fern oder nah wohnen. Denn das Wichtigste ist, dass die Menschen diese Hilfe benötigen. Erst recht in Fällen von Armut und Not darf man nicht zusehen, egal, um wen es sich dabei handelt. Wenn die Nachbarn hungern, muss man ihnen unbedingt helfen. Wenn nötig, muss man die Nachbarn an die Hand nehmen und ihnen ein Lotse sein und ihnen bei der Suche nach Arbeit behilflich sein. Das ist auch ein geeignetes Mittel, um Gutes zu tun.

Aber das Nachbarschaftsrecht erschöpft sich nicht in materieller Hilfe und das wäre auch keine rechte Annäherung an dieses Thema. Man sollte in jedem Fall die Nachbarn grüßen, sie nach dem Befinden fragen, sich gegenseitig besuchen und durch Einladungen die Möglichkeit schaffen, andere kennen zu lernen, und so unter den Menschen den Weg der Liebe bahnen. Und wenn es welche gibt, die dies zunächst ablehnen, sollte man versuchen, die negativen Gefühle zu beseitigen – das ist sehr wichtig.

Das gilt auch für die Gläubigen, die im Ausland leben. Sie sollen alle nur möglichen Gelegenheiten ergreifen, um mit ihren Nachbarn auf derselben Etage oder im selben Wohnhaus, die über oder unter einem wohnen, in Kontakt zu treten und Beziehungen aufzubauen. Zum Beispiel an besonderen Tagen wie Feiertagen soll man ihnen kleine Geschenke machen und sie damit erfreuen. Sie zu besuchen, ist ebenfalls sehr wichtig. Denn bei solchen Gelegenheiten werden die gläubigen Seelen die Seelen der Nachbarn viel leichter öffnen können. Dabei kann man die Möglichkeit nutzen, die Vorurteile gegenüber dem Islam zu beseitigen, und den Nachbarn die eigenen Werte vorstellen.

Ich glaube, aus dieser Perspektive betrachtet wird klar, warum die materielle Hilfe bei dem Nachbarschaftsrecht nicht ausreichend ist und weshalb man das nicht auf einen engen Kreis beschränken sollte.

Der Nährboden für katastrophale Sünden

In den Überlieferungen gibt es noch ein Thema, dass eine Sünde sogar vervielfacht; wenn man nämlich eine Sünde wie Unzucht mit einem Nachbar oder einer Nachbarin begeht. Auch das ist eine Angelegenheit, mit der man sich unbedingt beschäftigen sollte. Es ist allgemein bekannt, dass Verbotenes und Untersagtes eine eigenständige Hierarchie haben. Zum Beispiel dem Allmächtigen Ungehöriges zuzuschreiben, ist eine so große und schwerwiegende Schandtat, dass dies im Koran folgendermaßen beschrieben wird:

تَكَادُ السَّمٰوَاتُ يَتَفَطَّرْنَ مِنْهُ وَتَنْشَقُّ الْأَرْضُ وَتَخِرُّ الْجِبَالُ هَدًّا

„Die Himmel könnten darüber nahezu zerbersten und die Erde sich spalten und die Berge zertrümmert niederstürzen." (Maryam 19: 90)

Und so wie das, gibt es auch weitere untersagte Dinge, die so schwerwiegend sind, dass angesichts solcher Sünden „die Erde sich spalten und die Berge zertrümmert niederstürzen" können. Unzucht unter Verwandten gehört in diese Kategorie. Aber in den Überlieferungen wird die Unzucht unter Nachbarn auch so gewertet, und es zählt als doppelte oder gar vielfache Versündigung, worauf ausdrücklich hingewiesen wird. Denn unter Verwandten und Nachbarn müsste ein Gefühl von Vertrauen und Sicherheit herrschen. Deshalb ist eine böse Tat, die jemand begeht, dem man mit Vertrauen gegenübertritt, nicht einfach eine gewöhnliche Sünde. Im Gegenteil, dieses Vergehen wird größer, es vervielfacht sich und wird zu einer mehrdimensionalen Schandtat.

Brücken der Freundschaft, die man mit einer Schale Aşure schlagen kann

Leider erleben wir in unseren Tagen einen ernst zu nehmenden Riss in den Nachbarschaftsbeziehungen. Das ist auch aus der Perspektive unserer eigenen Werte eine nicht zu leugnende Tatsache. Die führt uns ins Chaos. Das geht so weit, dass sogar in muslimischen Ländern Hochhäuser mit kleinen, schachtelartigen Wohnungen gebaut werden, in denen die Bewohner in ihrer eigenen kleinen Welt leben. Die Nachbarn nimmt man nur noch wahr, wenn sie lärmen oder wenn sie einen stören und man sie ermahnen will und deshalb an ihrer Tür klopft. Deshalb also sollte man alle sich ergebenden Möglichkeiten nutzen, um, soweit es einem möglich ist, dieses Problem aus der Welt zu schaffen. Aber man darf auch nicht vergessen, dass alte Gewohnheiten und Weltanschauungen der Menschen nicht so schnell abzustreifen sind, wie man ein Kleid vom Leibe streift. Das ist keine einfache und mühelose Angelegenheit, die man schnell verwirklichen kann. Darum sollte man diese Frage langfristig mit Nachdruck verfolgen und sich ständig bemühen, ohne dabei zu resignieren. Manchmal kann man einen Aşure-Tag dazu verwenden und mit einer Schale dieser traditionellen Süßspeise zu den Nachbarn gehen. Manchmal wiederum kann man einen Geburtstag dazu nutzen, Kontakt zu den Nachbarn aufzunehmen, oder aber einen anderen Tag, der für sie wichtig ist. Man darf nicht vergessen, dass der

Mensch als ein gnädiges Wesen erschaffen worden ist. Er ist ein Diener des Guten. Man kann also sicher davon ausgehen, dass jede gute Tat früher oder später ihre Wirkung zeigen wird. Man wird Sie vielleicht über eine längere Zeit auf die Probe stellen, aber im Endeffekt wird man sehen, dass Sie keine eigennützigen Interessen verfolgen. Dann werden Ihnen allmählich die Türen geöffnet werden. Und dann beginnt das gegenseitige Besuchen.

Gottes Prophet (Friede und Segen sei mit ihm) verglich die Beziehungen der Gläubigen zueinander mit den Ziegelsteinen eines soliden Hauses, die miteinander fest verbunden sind (al-Buchari, Salât 88; Abu 'l-Husain Muslim, al-Birr 65). Auf diese Weise kommt eine Gesellschaft zustande, in der man, wie es auch im heiligen Buch geschrieben steht, die Eltern respektiert, die Verwandtschaftsbeziehungen stärkt, und sich um die Bedürftigen kümmert. Ebenso kommt man dem Nachbarschaftsrecht nach. Weil aber im Rahmen des modernen Lebens die Nachbarschaftsbeziehungen ernsthaft beschädigt wurden, kann es geschehen, dass die Bemühungen zur Verbesserung anfänglich nicht erwidert werden. Aber gutes Benehmen, das entschlossen und zielstrebig fortgeführt wird, um den anderen einen Gefallen zu tun, wird nach einiger Zeit die Eisberge zum Schmelzen bringen, die zwischen den Menschen stehen und in den Seelen Interesse wecken. Dieses Interesse wird mit der Zeit zu einer festen Beziehung, so dass zwischen den Individuen der Gesellschaft Ketten entstehen werden, die man nicht so leicht zerreißen kann. So werden sich die Menschen gegenseitig unterstützen ohne Erwartung einer Gegenleistung. Wenn einer ein Problem hat, wird ihm der andere behilflich sein. Man wird sich geradezu ereifern, einander Gutes zu tun. Schließlich kann die ideale Gesellschaft, in der sich die Menschen nicht gegenseitig bekämpfen, sich das Leben nicht gegenseitig schwer machen, nur aus solchen Einzelnen bestehen.

Nach der Aussage von Bediüzzaman Said Nursi kann eine Gesellschaft, die aus sündigen Teilen besteht, keine gesunde Ganzheit ergeben. Wenn das so ist, müssen sich die Individuen vor Fehlern in Acht nehmen und sich von ihnen fernhalten. Sie müssen sich gegenseitig helfen und sich unterstützen, damit sie eine gesunde Gesellschaft bilden können – das ist eine sehr wichtige Aufgabe. Schließlich hat auch der Allmächtige seinen Gläubigen in der Absicht, dass sie sich gegenseitig ihre Sorgen erzählen, geboten:

وَتَعَاوَنُوا عَلَى الْبِرِّ وَالتَّقْوَى وَلَا تَعَاوَنُوا عَلَى الْإِثْمِ وَالْعُدْوَانِ

„Helft einander vielmehr in Rechtschaffenheit und Frömmigkeit und helft einander nicht in Sünde und Schändlichkeit und Gewalttätigkeit“. (al-Māʼida 5: 2)

Eine solche vom Koran befohlene Nachbarschaftshilfe und Solidarität, solche Nachbarschaftsbeziehungen sind meiner Meinung nach eine sehr wichtige Basis und eine gute Gelegenheit, die man nutzen soll, die man nicht verpassen darf.

Die Ehe und das Familienleben[18]

Frage: In unserer Zeit haben familieninterne Konflikte und die Zahl der Ehescheidungen in einem erschreckenden Maße zugenommen. Was empfehlen Sie, damit die Ehen auf eine sichere Basis gebaut werden können und damit in den Familien das Glück zu einer Konstante werden kann?

Antwort: Wie in vielen Fragen unserer Zeit ist leider auch bei der Institution Familie festzustellen, dass eine Entfremdung stattfindet. Neben einer Selbstentfremdung ist ebenso eine Entfremdung von den eigenen Werten zu beobachten. Dabei haben wir, als wir alles auf unsere eigene Art und Weise lebten, auf diesem Gebiet keine ernsthaften Sorgen gehabt. Aber später scheint etwas geschehen zu sein, so dass wir mittlerweile unsere Werte als alte Brauchtümer wie abgetragene Gegenstände ablegen wollen oder sie bereits in eine Ecke geworfen haben. Und dann ist es passiert, dass wie auch auf anderen Gebieten in der Institution Familie ernsthafte Sorgen aufgetreten sind.

Übereinstimmung auf der Basis gemeinsamer Werte

In einer der Überlieferungen wird berichtet, dass unser Prophet (Friede und Segen sei mit ihm) gesagt hat:

تُنْكَحُ الْمَرْأَةُ لِأَرْبَعٍ لِمَالِهَا وَلِحَسَبِهَا وَلِجَمَالِهَا وَلِدِينِهَا فَاظْفَرْ بِذَاتِ الدِّينِ تَرِبَتْ يَدَاكَ

„Man kann eine Frau aus vier Gründen heiraten: wegen ihres Vermögens, wegen ihrer guten Abstammung (Familie), wegen

[18] Gülen, Fethullah: „Evlilik ve Aile Hayatı"(Ehe und Familienleben). In: Kırık Testi, 15 Mayıs 2011, http://www.herkul.org/kirik-testi-arsiv/

ihrer Schönheit oder wegen ihrer Gläubigkeit. Du solltest ihre Gläubigkeit als Grund bevorzugen, damit du Frieden findest." (al-Buchari, Nikâh 15; Abu 'l-Husain Muslim, Radâ' 53)

Also sollte eine Frau, die man heiratet, neben anderen Eigenschaften insbesondere gläubig sein. Das wird in den Vordergrund gestellt und darauf wird großer Wert gelegt. Also sollte diese Empfehlung unseres heiligen Propheten (Friede und Segen sei mit ihm), dessen Worte den Charakter von Edelsteine haben, zum lebenswichtigsten Maßstab für Männer werden, die heiraten wollen. Und wenn eine Frau sich einen Ehemann sucht, soll für sie dieses Kriterium ebenfalls gelten, was unser Prophet (Friede und Segen sei mit ihm) in seiner Empfehlung in Worte gefasst hat. Denn nur ein hohes Amt, eine gute Stelle, Geld und Einkommen oder Schönheit, also weltliche Werte bzw. materielle Verdienste, auf deren Basis eine Heirat zustande kommt, sind letztlich unerheblich. Ja, ein Heim, das ein Garten unter den Gärten im Paradies werden soll, kann sich in eine Höllengrube in der Hölle verwandeln. Deshalb kann man sagen, dass der Familienfrieden nur dann anhält, wenn die Eheleute in einer vollkommenen Übereinstimmung leben. Also ist die Ehe von einer dauerhaften Harmonie abhängig. Und um diese dauerhafte Harmonie zu erreichen, benötigt man zunächst gemeinsame Bindungen und Werte, die das Paar zusammenhalten werden.

Als Zweites ist die Ehe eine Institution, die auf soliden Prinzipien wie Verstand, Logik und Denken aufgebaut werden soll. Das ist der Grund, weshalb jemand, der zu heiraten gedenkt, nicht nur seine eigene Vorstellungen mitteilen, sondern auch die Meinung seiner Eltern einholen sollte, denen er vertraut und die über Erfahrung und Kompetenz verfügen. Wenn man nämlich denkt, dass diese Angelegenheit niemanden sonst etwas angeht, und man dementsprechend handelt, kann es passieren, dass man nicht wiedergutzumachende Fehler macht. Aber bei einer solch wichtigen Angelegenheit, die das diesseitige und jenseitige Glück beeinflusst, sollten so viele Meinungen von erfahrenen Menschen gehört werden wie nur möglich. Dann wird das Ergebnis sicher und solide sein.

Der Mensch besteht ja nicht nur aus Fleisch und Blut. Er verfügt zugleich über eine Seele, ein Herz, über Gefühle, Bewusstsein, Logik und Denkvermögen. Er hat Ideale und Erwartungen an die Zukunft. Außerdem wird aus einer Ehe eine neue Generation hervorgehen. Also muss der Heiratswillige all das mit in seine Planung und seine Überlegungen einbeziehen und dementsprechend eine Entscheidung treffen. Bedachtes Handeln entspricht dem Willen des Barmherzigen. Der Allmächtige erschafft alles mit einer freien Zeitspanne. Sowohl bevor er belohnt als auch bevor er bestraft, gibt er dem Menschen einen Zeitrahmen. Andererseits ist es der Satan, der zur Eile drängt. Der Ungeduldige muss oft seine Arbeit mehrmals machen. So gesehen sollte man auch eine Heirat nicht übereilt eingehen. Man soll nicht vergessen, dass sie nicht mit Gefühlsseligkeit, sondern mit Vernunft und nach gutem Überlegen entschieden sein will.

Ich habe den Menschen in meiner Umgebung stets Folgendes gesagt: Wenn ich etwas tue, dann lege ich sehr viel Wert auf die Meinung derer, die mich mögen, die mich wertschätzen. Und ich betrachte das, was ich vorhabe zu tun, aus einer engen Perspektive. Es könnte sein, dass ich aus einem momentanen Impuls heraus agiere. Aber diese Menschen, die sich mehr Gedanken um mich machen als ich selbst, treffen solidere und bessere Entscheidungen als ich. Die gleiche Auffassung gilt auch für die Ehe. Weil die Ehe das ganze Leben betrifft, darf man keine Entscheidungen treffen, die kurzfristig sind. Man wird ja schließlich ein ganzes Leben zusammen verbringen, man wird alles gemeinsam tun und das Leben miteinander teilen. So hat man die Möglichkeit, den Glauben fest in das Leben zu integrieren und somit seinen Kindern als Erbe seine Religion (und die damit verbundenen Werte) zu vermachen. Bei einer so wichtigen Frage verzichte ich lieber auf meine Sichtweise und verlasse mich auf die Meinung der Älteren, denen ich vertraue und die ich respektiere, und höre auf ihre Ansichten, Ratschläge und Bewertungen.

Wie viele Menschen gibt es, die sagen können: „Ich habe das Buch İlmihal (islamische Verhaltensregeln) drei Mal gelesen"?

Leider kennen die Muslime heute die wichtigsten Dinge, die man über den Islam wissen muss und wie er unser Leben regelt, nicht in dem Maße, wie sie es wissen müssten. Überdies genügt ein theoretisches Wissen bei weitem nicht, um den Islam im wahrsten Sinne zu spüren und zu begreifen. Man muss die Religion leben, damit sie lebendig wird. Auf diese Weise muss sie zur Natur des Menschen werden. Weil also der Islam nicht in seiner wahren Tiefe und Breite bekannt ist und weil man auf diese Weise kein vorgeschriebenes Leben lebt, sind die Menschen nicht bereit, manche Schwierigkeiten in Kauf zu nehmen, obwohl sie durch ihren eigenen Willen manche Verantwortungen auf sich genommen haben. Zum Beispiel hat einer der Ehepartner in den innerfamiliären Beziehungen ein Defizit, einen Makel. In einem solchen Fall muss der Betroffene zuerst sich selbst fragen: „Wie kann ich wohl dieses Defizit, dieses Manko beheben? Auf welchem Wege kann ich dieses Problem beseitigen?" An diesem Punkt muss er die religiösen Gebote studieren, nach den Empfehlungen und Ratschlägen forschen, die vorhanden sind. Aber ich bin überzeugt, dass in dieser Frage kaum eine ernst zu nehmende konstruktive Idee existiert. Denn in unserer Zeit denkt niemand daran, seine eigene Religion wirklich gut kennen zu lernen. Wie viele Menschen gibt es wohl unter uns, die sagen können: „Um mich in meiner Religion gut auszukennen, habe ich das Buch über die Verhaltensregeln (Ilmihal) drei

Mal gelesen"? Und wie viele Menschen gibt es, die Arabisch gelernt haben, um die Texte über die *Ni'metu'l-Islam* (Segen des Islam) nachzulesen oder das *Multekâ* in der Frage der Ehe zu Rate zu ziehen?

Ja, leider kennen wir unsere eigenen grundlegenden Werte nicht. Und als Folge dessen sind uns unsere eigenen Werte fremd geworden. Wir haben ein uns fremdes Moralverständnis verinnerlicht, das nun unsere Seelen beherrscht. Vor einiger Zeit wurde in der türkischen Gesellschaft darüber diskutiert, ob es uns schaden oder nützen würde, wenn wir EU-Mitglied werden würden. Aber in Wirklichkeit haben wir schon sehr viel früher einen Zusammenbruch (unserer Werte) miterleben müssen. Und in unserer Zeit hat sich die Sache so weit entwickelt, dass Männer und Frauen ein verantwortungsloses Leben leben: Das Zuhause hat sich in ein Restaurant verwandelt, zuhause ist der Vater ein Wächter, die Ehefrau eine Köchin, und die Kinder sind wie die Gäste in einem Restaurant. Natürlich sind in einem solchen Heim moralische und geistige Werte wie das Gefühl von Verantwortung, Geduld, gegenseitigem Ertragen und Akzeptieren, füreinander Opfer zu bringen und füreinander da zu sein, kaum vorhanden. Noch weniger existieren die daraus resultierende Liebe, Achtung und Verehrung. Und wenn es das alles nicht gibt, dann gibt es in einem solchen Heim auch keine dauerhafte und anhaltende Harmonie.

Einklang bei Eheleuten mit unterschiedlichem Temperament

Früher habe ich tatsächlich Familienmitglieder gesehen, die als Mann und als Frau eine große Verbundenheit ihrem Heim gegenüber verspürten. Erlauben Sie mir, an dieser Stelle ein, zwei Beispiele zu nennen. Mein Großvater war ein ziemlich strenger Mensch. Ich habe ihn niemals lachen sehen, er war immer ernst. Wenn er das Haus verließ und in die Moschee ging, nahmen sich alle auf der Straße in Acht und sagten: „Şamil Ağa kommt!“ Und sie erzitterten vor seiner Autorität. Er lebte ein frommes Leben. Er verbeugte sich beim Gebet in der Nacht vielleicht 50 bis 100 Mal. Meine Großmutter war, zu ihrem Namen Munise ganz passend, eine liebevolle Frau.Sie war von Ehrfurcht vor ihrem Schöpfer erfüllt. Wenn man einmal in ihrer Anwesenheit „Allah!“ sagte, füllten sich ihre Augen mit Tränen. Diese zwei Menschen, die von Natur aus als völlig unterschiedliche Temperamente beschrieben werden können, harmonierten miteinander auf wunderbare Weise. Sie wurden im Laufe ihres Leben so zusammengeschweißt, dass – wie es mir meine Mutter erzählte – meine Großmutter ständig Gott anflehte: „Mein Gott! Lass mich bitte keine Stunde ohne ihn erleben. Mein Glück liegt in Deinen Händen, ich kann ohne ihn nicht leben.“

Kurz vor ihrem Tod wurde meine Großmutter krank. Sie lag über zehn Monate im Bett. Nicht einmal in dieser Lage vernachlässigte sie ihr tägliches Gebet. Wie meine Mutter es mir erzählte, hatte sie kurz vor ihrem Tod meine Mutter gebeten, ihr Wasser für die rituelle Waschung zu bringen. Nachdem sie die rituelle Waschung vorgenommen hatte, lachte sie und sagte zu meinem Großvater: „Unsere Wünsche in dieser Welt wurden erfüllt. Unsere Körper bleiben in dieser Nacht zuhause.“ Mein Großvater war bis zu diesem Tag nicht krank. Nach kurzer Zeit verstarb meine Großmutter. Als meine Mutter ihre Augen zudrückte, brach im Nebenzimmer ein Geschrei los: „Großvater ist tot!“ So eine große Harmonie gab es zwischen meinem Großvater und meiner Großmutter.

Wenn Sie mir erlauben, möchte ich noch ein Beispiel erzählen. Eines Tages ärgerte sich mein Vater wegen einer Sache über meine Mutter. Ich habe meinen Vater wohl nur ein einziges Mal in meinem Leben in diesem Zustand gesehen. Meine Großmutter war auch anwesend. Mein Vater zog seine

Augenbrauen zusammen und zeigte meiner Mutter seinen Ärger. Aber ihre Schwiegermutter hatte sie so ins Herz geschlossen, mochte sie derartig, dass sie sofort dazwischenging und meinen Vater ermahnte: „Ramiz! Wenn du sie anrührst, werde ich dir das nie verzeihen."

Das ist ein Wesensmerkmal unserer Kultur und in dieser Kultur sind die Eheleute einander anvertraut. Beide Seiten müssen sich dessen bewusst sein. Das wiederum hängt von einer guten Erziehung ab. Diese Erziehung wird heute auf der Straße und in der Schule nicht geleistet. Und so sieht man mitunter, dass manche heiratswillige junge Männer und junge Frauen sich in dieses große Wagnis begeben wollen, ohne die Ehemündigkeit erreicht zu haben. Deshalb habe ich stets darauf bestanden, dass die Menschen in zwei Bereichen unbedingt unterrichtet und geprüft werden bzw. ein „Diplom erhalten". Das eine ist die Pilgerfahrt und das andere die Ehe.

Ja, jemand, der eine Pilgerfahrt unternehmen will, sollte ein Zertifikat erwerben müssen, das ihm bescheinigt, dass er dazu in der Lage ist. Das gilt auch für die Ehe. Ohne ein solches Zertifikat sollte es nicht erlaubt sein, eine Pilgerfahrt anzutreten bzw. zu heiraten – das ist meine Überzeugung. Man könnte diesen Vorschlag mit dem Argument ablehnen, dass solche Vorschriften in unserer Religion nicht existieren. Aber man sollte wissen, dass es in der Religion keinen Platz für Unwissenheit und Ignoranz gibt, ebenso wenig dafür, dass man sein Leben als Unwissender lebt.

„Waisenkinder", deren Eltern noch leben

Aus diesem Grund möchte ich noch einmal zum Ausdruck bringen, dass die Verantwortung und Verpflichtung, die eine Ehe mit sich bringen, zumindest in den Grundzügen zu erlernen, eine Pflicht sein sollte. Und man sollte das in die Praxis umsetzen. Man sollte auf jeden Fall in einem gewissen Maße mit entsprechendem Wissen ausgestattet sein. Wer nicht über dieses Grundwissen verfügt, sollte nicht heiraten. Denn sonst wird es in der Institution Ehe von vornherein Brüche und Spaltungen geben. Denn das Gebäude sitzt auf einer Grundlage, die für Brüche sowieso prädestiniert ist. Letztlich müssen die Kinder am meisten darunter leiden. Sie bleiben mit einer tiefen inneren Spaltung zurück.

Wenn man zuhause Eltern hat, die sich ständig streiten, bedeutet das, dass sie im Netz der Konflikte und gegenseitigen Quälereien fortwährend ihre eigenen Werte, ihr Ansehen und ihre Vertrauenswürdigkeit aushöhlen und verspielen. So wie die Kinder das Leben von uns lernen, lernen sie auch die Moral von uns. Verletzende Worte, die die Eltern während eines Streites von sich geben, bewirken in der Seele der Kinder Negatives und haben schlimme Folgen. Eltern werten sich in den Augen ihres Kindes angesichts einer solchen Szene selbst ab. Als Folge davon wird es eine innere Zerrissenheit erleben. Und es wird seine Eltern verlieren, obwohl sie noch am Leben sind. Das Kind wird zu einem „Waisen“ mit lebenden Eltern.

Als Letztes möchte ich noch Folgendes sagen: Eine so wichtige Sache wie die Ehe sollte man auf Prinzipien gründen, wie die Religion sie befürwortet, sowie auf der Grundlage von Vernunft und Logik. Aber das Individuum kann sich trotz allem in der einen oder anderen Frage irren. Dann muss diese Person seine Intelligenz und seinen Scharfsinn benutzen und versuchen, das Problem zu entschärfen. Man soll sich fragen, ob man einen Fehler gemacht hat, und prüfen, wo die Defizite und Mängel auftreten. Man sollte die eigenen Grenzen der Belastbarkeit ausloten und dann zusammen mit den Älteren, die kompetent und erfahren sind, nach der Lösung des Problems suchen.

Wenn ich die Probleme sehe und höre, die man in vielen Familien erlebt, insbesondere aber die Benachteiligung der

Frauen, bin ich sehr traurig. Leider will man heutzutage einerseits die Frauen zu Götzen machen – insbesondere einige Feministinnen bezwecken dies. Sie kämpfen deshalb gegen eine Reihe von Gegebenheiten, die eigentlich zu ihren natürlichen Eigenschaften gehören. Andererseits verhalten sich manche Männer den Frauen gegenüber taktlos und rüde. Solche Männer erleben ihre eigene Unwissenheit, Leere und negativen Eigenschaften in Form von Zorn und Wut, die sie dann an den Frauen auslassen. Diese Gegebenheit berührt mich so tief, dass es mir zum Weinen zumute ist, wenn ich die hilflose Lage dieser Frauen sehe. Meine Mutter nannte alle, die tyrannisch behandelt wurden, unterdrückt oder benachteiligt waren, „kanayak", also „blutende Füße". Damit wird ausgedrückt, dass sie viel erleiden müssen. Erst werden sie ausgenutzt, dann werden sie auch noch bedroht. Das ist nichts, was man hinnehmen und dulden kann. Dazu hat niemand das Recht. Wer diese Grausamkeit begeht, sollte sich vor Gott fürchten und Buße tun. Er sollte um Vergebung flehen. Unser Prophet (Friede und Segen sei mit ihm) hat in seiner Abschiedspredigt für die Frauen folgendes gesagt: „Sie sind euch von Gott anvertraut". Jedes hässliche Wort, jede schlechte Behandlung, jedes hässliche Benehmen ihnen gegenüber ist ein Verrat an dem, der sie euch anvertraut hat. Daher sollte man es sich sehr gut überlegen und sie anständig behandeln, damit man keinen Verrat an Gott begeht.

Der Maßstab positiven Handelns[19]

Frage: Es heißt, dass es „unsere Aufgabe ist, positiv zu handeln". Was ist der Maßstab für eine positive Handlung?

Antwort: Die Bedeutung des Begriffes „positive Handlung" ist laut den Büchern, die wir darüber lesen und mit denen wir mehr oder weniger vertraut sind, sowie entsprechend unserer Terminologie Folgendes: Positive Handlung bedeutet, dass der Mensch mit dem Gefühl lebt: „Das ist mein Weg, und meine Methode zu helfen ist schön". Soll heißen, dass man seinen Lebensweg gerne geht und niemals Feindschaft gegen andere Menschen in seinem Herzen hegt.

Wer sich, statt die Zuwendung für den eigenen Lebensweg lebendig zu halten und diese Zuwendung auch mit anderen Menschen zu teilen und sie dadurch zu motivieren, damit beschäftigt, andere Lebenswege in Verruf zu bringen, handelt negativ. Wer zum Beispiel über andere Lebenswege lästert und sie kritisiert, nur um seinen eigenen Lebensweg aufzuwerten, begeht einen Fehler. Anstatt mit der Liebe zu seinem Lebensweg zu leben, lebt er mit der Feindseligkeit gegenüber anderen. Doch damit schadet er auch seinem eigenen Lebensweg.

Es wurde schon vielfach beobachtet, dass ein Mensch, der anstatt mit der Liebe zu seinem Lebensweg zu leben, andere zu ruinieren versucht, oft seine eigenen Ideen ruiniert und sich selbst schadet. Aber man darf niemals eine Tatsache aus dem Bewusstsein drängen, und zwar die Tatsache, dass es Gott gibt, der unser aller Beobachter und Beschützer ist. Er behandelt die Menschen nicht aufgrund von Behauptungen, sondern nach ihren inneren Erwägungen. Wenn wir uns auf dem rechten Weg

---

[19] Gülen, Fethullah: *Kendi İklimimiz (Prizma-5).* Nil: İstanbul, 2007, S. 218–222

befinden und unsere Taten gottgefällig sind, wird Er alles, was für uns ein Hindernis darstellen könnte, aus dem Weg räumen. Doch insbesondere, wenn es uns an Aufrichtigkeit und Ehrlichkeit fehlt, wenn wir andere, die aufrichtig und ehrlich sind, an ihrem Aktivwerden und an der Lenkung unseres Schicksals hindern, ist das ein Fehlverhalten Gott gegenüber. Aus diesem Grund sollte man nicht damit beschäftigt sein, andere Menschen zu ruinieren, sondern darauf bedacht sein, aufrichtig zu handeln. Man sollte alle seine Taten so ausrichten, dass es dem Allmächtigen gefällig ist. Man sollte alles in diesem Sinne planen und dementsprechend handeln.

Was den Maßstab positiven Handelns betrifft, so ist zu sagen, dass wir die Gemeinschaft einer Religion bilden, die von unserem Propheten übermittelt wurde und die die letzte Offenbarungsreligion ist. Als Rechtsschule gehören wir zu den Hanafiten. Also würde sich daraus folgende Handlungsweise ableiten:

Der Islam hat den Monotheismus gebracht. Die Liebe zu unserem Lebensweg bedeutet für uns, gegen den Polytheismus und gegen die Götzenverehrung zu sein, gleichzeitig Gott samt der Beweise seiner Existenz zu erläutern, so wie wir Ihn in unseren Büchern kennen gelernt haben. Den Gedanken des Monotheismus an einem so sicheren Platz zu verankern, dass der Teufel ihn nicht erreichen kann, dies ist eine Ausdrucksform der Liebe zum eigenen Lebensweg. Doch obwohl wir eine solche Verantwortung haben, wäre es sicherlich bedenklich, sich mit dem Verständnis und den Interpretationen der Christen zu diesem Thema zu beschäftigen und diese zu bewerten. Denn diese Haltung würde zu einer Konfrontation mit der christlichen Welt führen. Was dagegen richtig ist, wäre die Logik des Monotheismus zu erklären und auf diese Weise auf die Widersprüche und Unstimmigkeiten der Dreifaltigkeit hinzuweisen und zudem logisch darzulegen, dass Gott nicht aus drei Teilen bestehen kann. Sonst entsteht eine unnötige Anfeindung mit den Christen, was zu gegenstandslosen Angriffen führt und unnötige Spannungen nach sich zieht. Da besonders in unserer Zeit das Leugnen und Ablehnen Gottes, der Atheismus, also der Gedanke der Verleumdung Gottes ein so ferner Gedanke ist, ist der Streit mit Menschen, die an Gott und an die Propheten sowie an vorhergehende Propheten glauben, ganz sicher eine völlig falsche Auslegung des Islam.

Wenn Sie möchten, können wir dieses Thema noch weiter veranschaulichen: Wie schon gesagt, gehören wir zur Rechtsschule der Hanafiten. Als ein Hanafit hat diese Rechtsschule für mich im Vergleich zu den Rechtsschulen der Schafiiten, Malikiten und Hanbaliten einen besonderen Stellenwert. Doch dieses Gefühl hat mich niemals dazu verleitet, die Imame Schafii, Malik oder Ahmad Ibn Hanbal zu kritisieren. Ich lebe mit der Liebe zu meinem Lebensweg und beschäftige mich damit, wie Abu Hanifa[20] die Prinzipien seines Lebensweges dargelegt hat. Und erst recht kümmere ich mich nicht um die Mängel, die ich meine bei den anderen zu erkennen.

Wenn wir das Thema noch etwas weiter vertiefen, sehen wir, dass auch wir eine bestimmte Methode haben, unserer ehrenamtlichen Arbeit (Hizmet) nachzukommen. Die Leitlinien, an denen wir uns orientieren, bilden für uns zugleich einen Rahmen, innerhalb dessen wir versuchen, unsere Aufgabe zu erfüllen. Manche bilden eine Gruppe, gehen auf die Straße und verkünden ihre Ideen bei Versammlungen. Manche andere versuchen den Unachtsamen und den Irrenden die Richtung zu weisen, und wieder andere wenden andere Methoden an. Was uns betrifft, so gehen wir davon aus, dass viele „in unserer Zeit im Herzen oder im Denken verwundet wurden".

---

[20] Die Imame Abu Hanifa, Schafii, Malik und Ahmad Ibn Hanbal sind die vier Gründer der großen Rechtsschulen im sunnitischen Islam.

Deshalb versuchen wir ihre Wunden zu heilen, ihren Seelen ein ruhiges und sicheres Vertrauen zu geben, wohl wissend, dass dies bis zu jenem Augenblick unerreichbar ist, bis man die wahre Harmonie und Stille erlangt. Deshalb wenden wir uns den Fragen des Glaubens und Vertrauens zu. Unserer Ansicht nach war dies auch der Weg unseres Propheten (Friede und Segen sei mit ihm). Denn als man ihm die Rolle des Stammesführers und Führers einer Gruppe angeboten hatte, antwortete er nur: „Und wenn man mir die Sonne auf die eine, den Mond auf die andere Schulter legte, würde ich nicht von meiner Aufgabe absehen; ich würde also mit den Menschen immer wieder die Wichtigkeit des Glaubens erörtern." Und er bestand darauf, und das war auch der Hintergrund seiner dreizehn Jahre andauernden Bemühungen in Mekka.

Und genau das ist unser Lebensweg. Wir sind dazu verpflichtet, auf diese Art zu handeln. Deshalb haben politische Parteien eine nachrangigere Bedeutung, auch wenn es in manchen Parteien Menschen gibt, die uns nahestehen. Jeder gibt dem Ausdruck, was ihm gefällt. Aber er macht dies nicht zum Thema einer Auseinanderssetzung. Er handelt stets mit dem Gedanken, dass Andersgläubige Freunde des Glaubens und der Lichtstrahlen des Korans werden könnten. Deshalb legt er auf die Sympathie aller Menschen wert und sieht sich in der Pflicht, andere nicht zu kränken. Das ist unser Stil – und wenn man das Lebensweg nennen will – unser Lebensweg, der uns sehr am Herzen liegt.

Wenn wir also die Möglichkeit haben, die Prinzipien unseres Lebenswegs zu vermitteln, und wir den Menschen auf diesem Wege nützlich sein können, und wenn wir dank unseres Lebenswegs die Möglichkeit haben, den Wahrheiten des Glaubens zu dienen, dann werden wir das nicht links liegen lassen. Wir werden uns nicht damit beschäftigen, den Lebensweg von anderen zu ruinieren, denn das wäre eine völlig abwegige Handlung. In dieser Frage gibt uns der Koran an einer

Stelle folgenden Grundsatz an die Hand: „O ihr, die ihr glaubt! (Beschäftigt euch nicht mit denen, die andere Wege befolgen!) Ihr seid nur für euch selbst verantwortlich (deshalb kümmert euch darum, wie ihr auf eurem eigenen Weg vorankommt). Jene, die irregehen, können euch keinen Schaden zufügen, solange ihr selbst rechtgeleitet seid (und darum den richtigen Weg erkennt und ihn deshalb ohne Abweichung befolgt)." (al-Mā'ida 5: 105)

Dieser Koranvers sagt den Gläubigen quasi: Kümmert euch um euren eigenen Weg. Ist euer Weg richtig? Wendet ihr eure Blicke zu Gott? Ist eure Seele von der Freude der Aufrichtigkeit erfüllt? Ja, ihr sollt nur darauf schauen. Dann ist es nicht nötig, sich vergebens mit anderen zu beschäftigen. Wie stark und mächtig auch andere sein mögen, sie schaden euch nicht. Kümmert euch um euch selbst, prüft, ob ihr aufrichtig seid oder nicht. Legt euren Gebetsteppich auf den Boden und zieht in der Gegenwart Gottes eine Bilanz. Versucht eure Mängel und Fehler zu erkennen. Und wenn ihr einen Fehler oder einen dunklen Punkt entdeckt, seht zu, dass ihr diesen behebt oder aufklärt. Nur das ist eure Aufgabe. Wenn euch im Himmel ein gutes Aufnehmen versprochen wurde und wenn Gott euch gesagt hat: „Ich liebe sie" und auch Gabriel „Ich liebe sie auch" gesagt hat und anschließend alle Engel das Gleiche tun, dann wird euch niemand aus den Herzen der Gläubigen verdrängen können und alle anderen werden ihre Sympathie euch gegenüber bekunden. Das ist eine Prüfung, und bis man diese Prüfung abgelegt hat, ist man dazu angehalten, sich in Geduld zu üben.

Um es zusammenzufassen: Man darf in keinem Fall negative (schlechte) Wege einschlagen, und man darf sich nicht damit beschäftigen, andere zu Fall zu bringen. Das ist der Maßstab des positiven Handelns. Möge uns Gott davor bewahren, egoistisch zu denken und unserem Trieb zu unterliegen und auf diese Weise falsche Wege einzuschlagen.

Teil 3: Der Islam

„Während Huntington in Konfliktszenarien denkt, den Islam gegen den Westen, vertritt Gülen eine ganzheitliche Sehweise der Weltpolitik. Gülen sieht den Islam und den Westen in einer durch Harmonie geprägten Zusammenarbeit."

Professor Richard Penaskovic, Auburn Universität[21]

---

[21] „Fethullah Gülen's response to the ‚clash of civilizations' thesis", http://www.todayszaman.com/newsDetail_getNewsById.action?load=detay&link=125789

Der weite Horizont des Islam[22]

Dank seiner heiligen und prophetischen Tiefe betrachtet der Islam alles, was sich auf den Menschen bezieht, auf das Universum und auf alles darüber Hinausgehende, sogar auf das, was jenseits des Vorstellbaren existiert, in allen seinen Details als vollkommen ganzheitlich. Er bewertet den Menschen sehr umfassend, anhand seiner animalischen und körperlichen Fähigkeiten, seiner intellektuellen, seelischen und emotionalen Tiefe, seiner willentlichen, mentalen, sinnesfreudigen und empathischen Dimensionen, seiner weltlichen und jenseitigen Bedürfnissen und Erwartungen. Er lässt das Universum durch all seine sichtbaren und unsichtbaren Bereiche, mitsamt seinen geistigen und physischen Bewohnern, seinen irdischen und transzendentalen Dimensionen und seinen unterschiedlichen physischen und metaphysischen Tiefen erkennbar und begreifbar werden. Der Islam lässt alle jenseitigen Verbindungen mit dieser Welt, die Eigenarten dieser Welt und die Mysterien der anderen Welt (des Jenseits), durch den diesseitigen Glauben, Aktionen und Aktivitäten erblühen. Durch deren Wandel und Veränderung verdeutlicht er, dass sich der Genuss von tausend Welten in einen Genuss und einen „Ort des Genusses“ verwandeln wird und dass alles nach einem übergeordneten Plan und einem lokalen Schicksal geschieht.

In diesem übergeordneten Plan – oder auch Makroplan –, den der Islam entwirft, fügt sich jedes Körnchen und jedes noch so winzige Teil eines Körnchens perfekt ineinander – man kann das „jedes Atom und jedes subatomare Teilchen“ nennen. Zugleich fügt es sich in ein übergeordnetes großes System und sogar jenseits dieses Systems in eine großartige

[22] Gülen, Fethullah: „İslam‘ın Engin Ufku“, Yağmur, sayı: 30, 2006

Einheit von allem Sichtbaren und Unsichtbaren, Bekannten und Unbekannten, Spürbaren und Nichtspürbaren zusammen. Alles steht und geschieht in den richtigen Proportionen und im richtigen Verhältnis zueinander und geht auf den Erhabenen Schöpfer zurück. In diesem Plan sind Diesseits und Jenseits stets voneinander durchdrungen. Die gesamte Existenz hat den Charakter eines gegenseitigen Ergänzens, einer vollkommenen Integration. Das geschieht auf einer Weise, dass Menschen und Engel die gleichen Dinge miteinander teilen, auch wenn dies in anderen Dimensionen geschieht. Beide spüren im gleichen Moment die Bürde des Irdischen und die Unbeschwertheit des Jenseitigen.

Aus dieser Sicht ist ein Gläubiger gleichzeitig irdisch und himmlisch, in seiner Körperlichkeit auch geistig … und – unter Berücksichtigung der Differenzen des Niveaus –, eine solche Überlegung gilt für beinahe alle Menschen. Manche Menschen profitieren vom Geist des Islam, und sie versorgen sich daraus stets sehr gut. Sie profitieren davon und werden den Engeln gleich. Manche Menschen aber können diese Stufe – wegen ihrer zu sorglosen Haltung den eigenen Fehlern gegenüber – nicht erreichen. Sie verfallen in einfache Nachahmung und folgen der Religion lediglich im Schatten der anderen. Andere wiederum erliegen ihrer Körperlichkeit völlig und können die Versprechungen des Islam an Herz und Seele niemals im vollen Umfang wahrnehmen. Sie können diese Versprechungen zwar nicht selbst hören, aber wenn sie ein wenig Interesse hätten, könnten sie sie durch die Intuition ihres Gewissens – auch wenn sie nicht sehr klar und deutlich ist – aus ihrer Umgebung wahrnehmen. Sie könnten auf diese Weise doch noch sehr ernsthafte Zeichen erhalten. Und wenn sie das erhalten würden, könnten sie – mehr oder weniger deutlich – die unzähligen Mysterien jener göttlichen Fürsorge und mystischen Handhabung spüren und sich in einer Reihe von Gott dienlichen guten Taten ergehen.

Der Islam betont ausdrücklich die Grundwahrheit, dass der Erhabene Gott „der Herr der Welten“ ist. Er lässt Seine Göttlichkeit erkennen und ruft uns ständig dazu auf, Ihm zu dienen. In diesem heiligen System wird durch die Sprache des Korans und der Sunna vielfach auf die Wahrheit der Göttlichkeit und auf die göttliche Fürsorge hingewiesen. Durch sie wird die Wahrheit der Dienstbereitschaft Gott gegenüber betont. Dies geschieht in einer Weise und einer Atmosphäre, durch die der Mensch jederzeit, neben jenem unermesslich großen Plan des Universums, auch seinen eigenen Handlungsplan deutlich und klar erkennen kann. In diesem koranischen System und in dieser prophetischen Vertretung wurde alles auf eine Art und Weise dargestellt, dass klar erkennbar wird, dass alles seinen exakten Platz und seine vollkommene Ergänzung hat. Das Universum und seine Eigenschaften, die Gebote der Schöpfung und die Aspekte ihrer möglichen Auslegungen befinden sich in einer perfekten Synthese. Das Gleiche gilt für den Platz des Menschen in der Schöpfung und seine Stellung in der Welt, jener Welt, deren Kandidat er letztlich ist, und für all die Segen, die als deren Ausstattung auf ihn warten, oder aber die Unglücksfälle, die ihm widerfahren werden. All das ist von einer Qualität, die eine perfekte Balance und Ausgewogenheit sowie Harmonie bilden, so dass der Mensch nur sagen kann: „Es gibt nichts Perfekteres als dieses System!“

Auch wenn wir uns für einen Augenblick vorstellen, dass der Grund des Seins all dieser Proportionalität und Harmonie, dieser Ordnung und Gesetzesmäßigkeiten Wissen und Verstand seien und sie durch manche außergewöhnliche Begabungen erdacht und geplant, erkundet und erbaut wurden, so kann dennoch niemand die Beziehung des Ganzen mit all seinen Teilen, die Harmonie der Teile untereinander vollständig ergründen. Ja, er kann sie sich nicht einmal vorstellen, noch weniger alles an seinen richtigen Platz setzen – denn das ist völlig unmöglich. Es ist unmöglich, denn hinter diesem System steckt ein Plan, der von einem endlosen Wissen, einer überwältigenden Kraft und einem allumfassenden Wissen zeugt. Es liegt daher jenseits des Möglichen, dass jemand, der nicht über unvorstellbar überragende Fähigkeiten verfügt, ja sogar Tausende solcher Personen, dieses ganze System, aber auch nur einen Teil davon planen und erschaffen könnten. Eigentlich erleben auch diejenigen, die nicht an jenes endlose Wissen und Weisheit, jenen allumfassenden Willen und Ermessen glauben, angesichts der Harmonie und Ordnung der Gebote und Gesetze der Schöpfung eine Verzauberung und ein Bewundern. Aber anstatt den Hintergrund des Plans zu ergründen, vergöttern sie – Gott bewahre uns davor – entweder die Materie oder die Existenz. Oder aber sie legen die Grenzen der Wirkungen und Mysterien der göttlichen Fürsorge so aus, dass sie als Kraftquellen des „allumfassenden Intellekts" oder des „allumfassenden Geistes" erscheinen, und schreiben diese einer Reihe unbekannter und fiktiver Existenzen zu.

Die Balance all dieser Dinge bewahren und das „Wesen der Wahrheit der Dinge" beurteilen, kann also nur jenes beschriebene, heilige System bewerkstelligen und am Laufen halten. Dieses System ist dank seiner eigenständigen und zuverlässigen Quellen in der Lage, alle Dinge so großartig zu beschreiben und zu interpretieren, dass keine Wahrheit entstellt wird, kein Gegenstand im Widerspruch zum „Wesen der Wahrheit der Dinge" erscheint, und das Gewissen letztlich zugeben muss, dass – „wessen Handwerk auch immer alle Gebote der Schöpfung sein mögen und welcher Weisheit Kind der Mensch auch immer sei" – „dieses System nur das Werk der gleichen Macht sein kann".

Weil begrenzte und vorurteilsbehaftete Denkweisen und einzig die materielle Welt akzeptierende enge Betrachtungen Gottes Schöpfung niemals als Gesamtheit, die Materie nie in ihrer Bedeutungstiefe und die Existenz und die Ereignisse niemals samt ihrer Hintergründe sehen und erkennen können, gelangen sie manchmal zu Annahmen und Einsichten und aus diesen folgend zu Theorien. Aus diesen kommen sie schließlich zu unterschiedlichen Systemen, die das Produkt dieser Theorien sind. In ihnen können sie sich kaum noch aus ihrem mentalen, logischen und emotionalen Vakuum befreien, denn sie betrachten den Menschen, das Universum und die Materie nicht aus jener breiten Perspektive, wie der Islam dies tut. Oft können sie sich daraus nicht befreien, und so verfangen sie sich ständig in der Leere der Empfindungslosigkeit.

Es wäre utopisch, zu behaupten und erst recht zu beweisen, dass das System des Islam – der sich auf die erhabensten Eigenschaften und Manifestationen Gottes stützt, nämlich auf sein Wissen, Willen und seine Offenbarungen – eine beschränkte und begrenzte Vorstellung und Überzeugung hinsichtlich der Menschen hätte. Und es ist nicht möglich, eine vergleichbare „göttliche Verkündung“ auszumachen, die den Gläubigen geschenkt wurde, die das heilige Wissen auf eigenständige Weise beinhaltet, die göttliche Offenbarung in ihrer Vollkommenheit manifestiert und den göttlichen Willen mitsamt der Grenzen des Erlaubten durch den Geist erfasst, oder auch nur etwas Vergleichbares zu finden. Denn eine solche Aufgabe übersteigt das Wissen, die Weisheit und das Genie des Menschen. Eigentlich kann jeder Mensch, der einigermaßen in der Lage ist, seine eigenen Ziele zu formulieren, mit ein wenig Aufmerksamkeit feststellen, dass diese Offenbarung jenseits des Himmels ihre Herkunft hat. Sie umfasst alles, das dem Leben des Menschen die wahren Farben, Muster und Akzente verleiht und etwas unvergleichlich Heiliges ist, weil sie keine Entsprechung hat. Doch wie merkwürdig, dass ihre Kinder diese offensichtliche Wahrheit nicht sehen wollen.

Und schaut euch all die wunderbaren Köpfe an, die von gestern bis heute anspruchsvolle Werke und Behauptungen aufgestellt haben und die Generationen, die sie erzogen haben! Ob sie trotz so vieler Versuche in der Lage waren, ein solches alles umfassende System zu erschaffen, das Millionen von Heiligen, Reinen, Wohltätigen und Hilfsbereiten auf den göttlichen Plantagen entstehen ließ? Nein, nie und nimmer! Nicht nur, dass sie kein solches System erschaffen konnten, man kann nicht einmal behaupten, sie hätten auch nur einen kleinen Teil dieses Systems einigermaßen funktionsfähig gestalten können.

Die islamischen Vorschriften haben für beinahe alle Bereiche und Angelegenheiten Bestimmungen und Aussagen, angefangen bei der Erschaffung des Menschen, seiner Beziehungen mit dem Universum, in dem er lebt, seinem weltlichen Wohlbehagen und seiner Sicherheit, bis hin zu seinen Hoffnungen, die sich bewahrheiten werden. Die Vorschriften enthalten Aussagen bis hin zu dem Versprechen einer ewigen Welt, von seiner seelisch-körperlichen Ausgeglichenheit bis zu deren Zweck, von den materiellen und geistigen Bedürfnissen aller Menschen und deren Befriedigung. Die erwiesene Barmherzigkeit ist sogar eine Referenz für spätere Gnaden – bis hin zu der Frage, wie alle diese Wünsche zur rechten Zeit befriedigt werden. Alles das wurde in einer klaren Form zum Ausdruck gebracht, und keine der Fragen bleibt ohne Antwort.

Diese Ordnung stützt sich in erster Linie auf ein solides Glaubenssystem. Diese göttliche Ordnung, die auf keiner Seite eine Schwäche aufweist, die Raum für Einwände bieten könnte, erneuert sich ständig. Sie erneuert sich einerseits durch die Tiefe der Religion und die Tiefe der Religiosität, die aus ihrem Geist entspringt, andererseits durch das richtige Studieren der Schöpfung sowie durch die richtige Interpretation dieser Studien im Spiegel der modernen Wissenschaften und der Erkenntnisse. Trotz der strengen Bewahrung der Grundlagen, die das substanzielle Grundgerüst bilden, werden auch zeitgenössische Erklärungen (Ictihat und Istinbat) in den Bereichen berücksichtigt, die für eine Auslegung (Tefsir) offen sind. In den Fragen des Menschen, des Universums und aller jenseitigen Themen werden ständig intellektuelle Netzwerke gebildet. Die Herzen und Köpfe der Angehörigen werden dauernd mit unterschiedlichen Erkenntnissen versorgt. Diese Erkenntnisse nähren die Gläubigen und flüstern denen, die mit einem Auge auf die Welt und mit dem anderen im Jenseits auf die menschlichen Tiefen schauen, viele Dinge ein.

Ja, der Islam schenkt dem Menschen einen solchen Blickwinkel, dass er dadurch ein Wissen erlangen kann, das anderen auch dann nicht gegönnt ist, wenn sie rund um die Uhr die ganze Materie und alle Ereignisse hinsichtlich ihrer Substanz und Bedeutung bis ins kleinste Detail erforschen. Der Mensch aber erlangt im Vergleich zu den anderen eine Menge Wissen und erkennt, dass alles, ob Lebewesen oder Gegenstand, auf den Erhabenen Gott hinweist. Je nach seiner Stufe der Frömmigkeit gerät er außer sich und verbringt jeden seiner Tage geradezu in einem Wartesaal des Paradieses.

Dank des Lichtes und des Glanzes, wie sie vom Islam beschrieben werden, konnte sich der Mensch selbst richtig interpretieren. Er begriff, dass er das Wunderwerk einer göttlichen Kunst ist. Er begriff, dass alles im Universum auch in ihm selbst als Quintessenz vorhanden ist, und er erhielt Einblick in unzählige Tiefen, die anderen verborgen bleiben.

Ja, jeder Gläubige blickt durch die Gunst des Islam auf die Dinge und die Ereignisse anders und wertet diese auch anders. Er kommt aber zu unterschiedlichen Ergebnissen. Er sieht die Existenz, seinen eigenen Platz innerhalb des Seins und die Verantwortlichkeiten, die diese Stellung mit sich bringen, sowie die Folgen, je nach Anfang und Ende und je nach Verhalten, viel klarer und deutlicher. Je nach Abwägung strotzt er voller Dankbarkeit, schäumt gelegentlich vor Liebe über, aber sicherlich verfällt er am Ende in Ehrfurcht und Achtung. Und dann handelt er mit Respekt.

Die Menschenrechte im Islam[23]

Frage: Erklären Sie uns bitte die Bestimmungen des Islam in der Frage der Menschenrechte?

Antwort: Der Islam ist in der Frage der Menschenrechte weitgehend ausgewogen, weitsichtig und eine universale Religion. Das geht so weit, dass der heilige Koran eine ungerechtfertigte Tötung eines Menschen als eine Tat gegen die ganze Menschheit wertet: „Wenn einer einen Menschen tötet, dann ist es so, als ob er die gesamte Menschheit getötet hätte." (al-Mā'ida 5: 32) Diese Auslegung ist in keiner Religion und in keinem modernen Rechtssystem enthalten. Zudem betrachtet keine Menschenrechtskommission und keine einschlägige Organisation diese Frage auf diesem hohen Niveau.

Ja, der Islam hat die Tötung eines Menschen als die Tötung der ganzen Menschheit gewertet. Denn die Tötung eines Menschen bringt den Gedanken überhaupt erst auf, dass man Menschen töten darf. Der erste Mensch auf der Welt, der einen anderen Menschen getötet hat, war Kain, der Sohn des heiligen Adam. In den Quellen des Korans und der Sunna werden die Namen Abel und Kain zwar nicht genannt, doch in den vorhergehenden heiligen Büchern sind diese Namen als die von zwei Brüdern angegeben, den ältesten Söhnen Adams. Kâin war auf seinen Bruder Abel neidisch und brachte ihn ungerechterweise um. Damit eröffnete er die Möglichkeit des Blutvergießens. Das ist der Grund, dass der heilige Prophet (Friede und Segen sei mit ihm) laut einer Überlieferung sagte:

---

[23] Gülen, Fethullah: „İslâm'da İnsan Hakları", Fasıldan Fasıla-4, İstanbul: Nil, 2011, S. 114–116

„Es gibt keinen Menschen auf der Erde, der zu Unrecht getötet würde, dass die Schuld seines Mörders nicht zu einem Teil auch Kain, dem ersten Sohn des heiligen Adam, zugeschrieben würde. Denn er war es, der den Weg zur unrechten Tötung eines Menschen eröffnet hat." (al-Buchari, Diyât 2, Enbiya 1, Abu 'l-Husain Muslim, Kasâme 27)

Dieses Beispiel wird im Koran auf folgende Weise wiedergegeben:

„27. Trage ihnen (o Gesandter) wahrheitsgemäß die beispielhafte Kunde von den beiden Söhnen Adams vor, als jeder von ihnen ein Opfer darbrachte, und es wurde von dem einen angenommen und nicht angenommen von dem anderen. ‚Ich werde dich ganz gewiss töten', sagte der (dessen Opfer nicht angenommen worden war). „Gott nimmt fürwahr (das Opfer) nur von den Aufrichtigen, wahrhaft Frommen an", sagte der andere.

28. ‚Wenn du deine Hand nach mir ausstreckst, um mich zu töten, so werde ich doch nicht meine Hand nach dir ausstrecken, um dich zu töten. Wahrlich, ich fürchte Gott, den Herrn der Welten.

32. Aus diesem Grunde haben Wir (der gesamten Menschheit, aber insbesondere) den Kindern Israels vorgeschrieben: Wenn einer einen Menschen tötet – es sei denn als (vom Gesetz geforderte) Strafe für einen Mord oder dafür, dass Unheil auf Erden und Verderben angerichtet wurde –, dann ist es so, als ob er die gesamte Menschheit getötet hätte; und wenn einer ein Leben rettet, dann ist es so, als ob er der gesamten Menschheit das Leben erhalten hätte. Unsere Gesandten sind fürwahr (einer nach dem anderen) mit klaren Beweisen der Wahrheit zu ihnen gekommen (um sie wiederzubeleben, sowohl den Einzelnen als auch das ganze Volk). Doch (trotz alledem) fahren viele von ihnen fort, Ausschweifungen auf Erden zu begehen." (al-Mā'ida 5: 27–32)

An einer anderen Stellen des Korans steht folgendes Gebot:

„Wer immer jedoch einen Gläubigen vorsätzlich tötet, dessen Vergeltung (im Jenseits) ist die Hölle, wo er (ewig) bleiben soll. Gott hat (seine Tat) auf das Äußerste verdammt und ihn aus Seiner Barmherzigkeit ausgeschlossen und ihm eine gewaltige Strafe bereitet." (an-Nisa 4: 93)

An dieser Stelle möchte ich auf das Wort „ewig" hinweisen, im Original „hâlidin". Im ursprünglichen Sinne bedeutet „hâlidin" nicht ewig. Im Koran wird der Sinn „ewig" mit dem Wort „ebeden" wiedergegeben. Hier aber wurde das Wort „hâlidin verwendet. Der Imam Ibn Abbas und einige der nachfolgenden Imame, die seine Schüler waren, interpretieren diesen Vers folgendermaßen: „Wer Gott leugnet, wird ewige Marter erleiden, und wer wissend und willentlich einen Menschen tötet – doch diese Sache ist anfechtbar – verdient ewige Marter." Meiner Ansicht nach ist eine solche Interpretation erschreckend.

Unser Prophet (Friede und Segen sei mit ihm) hat auch in anderen Überlieferungen gesagt: „Wer getötet wird, während er seinen Besitz verteidigt, ist ein Märtyrer. Wer getötet wird, während er sein Leben verteidigt, ist ein Märtyrer. Wer getötet wird, während er seinen Glauben verteidigt, ist ein Märtyrer. Wer getötet wird, während er seine Familie verteidigt, ist ein Märtyrer." Alle Prinzipien der Rechtssysteme der Welt und die Werte, die in den Überlieferungen tradiert sind, wurden unter Schutz gestellt. Diese Prinzipien sind nicht nur die Substanz unserer Rechtsbücher, sondern gelten in unseren Grundregeln als sehr wichtig und werden betont. Aus dieser Sicht ist die Religion verantwortlich für das Leben, die Generationen, für den Verstand und für das Hab und Gut und sorgt auch für die Verteidigung aller Menschen. Das ist ein Grundprinzip. Ja, und andererseits betrachtet der Islam die Menschenrechte aus diesem grundsätzlichen Blickwinkel.

Der Mensch wird nur im Islam als „Sachwalter Gottes" gesehen und damit geehrt – wie dies immer wieder betont wird.

Und damit nicht genug, gleichzeitig wurde ihm die Möglichkeit eingeräumt, Einfluss auf die Materie zu nehmen, zu arbeiten und Unternehmen zu gründen, und somit seinen Kopf zu erheben. Wie soll es also möglich sein, dass eine Religion, die dem Menschen so viel Wert beimisst, die Menschenrechte nicht achtete?

Die Rechte der Arbeiter im Islam und die Beziehungen zwischen Arbeitnehmer und Arbeitgeber[24]

1. Der Begriff „Recht" und die Rechte im Islam

a) Der Islam und sein Rechtsverständnis

Das Wort Islam bedeutet, Frieden, Heil und Eintracht zu finden, die Offenbarungen des Propheten Muhammed (Friede und Segen sei mit ihm) zu akzeptieren und sich ihnen zu ergeben, einen heilen und sicheren Weg zu beschreiten, zum Wohlergehen zu gelangen, allen und allem Sicherheit zu versprechen und niemanden und in keiner Weise zu belästigen.

Der Islam, dessen Prinzipien kraft der Offenbarungen an den Propheten (Friede und Segen sei mit ihm) auf Gottes Botschaften basieren und durch ihn mitgeteilt und vertreten werden sowie durch ihn leben und gelebt werden, ist eine himmlische Religion. Wer an diese Religion glaubt und sie in sein Leben integriert, ist ein Gläubiger und ein Muslim oder eine Muslima. In seinem Wesen trägt er Glauben, Vernunft und Hingabe, in seinem Äußeren Gehorsam, Unterwerfung und fromme Taten. Islamische Gelehrte der ersten Generation haben den Islam als „ein Gesetzeskanon, der die Menschen durch ihren eigenen Willen und ihre freie Entscheidung zum Guten motiviert" beschrieben. Und tatsächlich kann von einem solchen dynamischen System gesprochen werden, das

---

[24] Gülen, Fethullah: „İslam'da İşçi Hakları ve İşçi-İşveren Münasebetleri". In: Kırık Testi, 26 Mart 2006. (Dieser Artikel ist auf die Fragen des DGB entstanden, in dem verschiedene einschlägige Texte unseres verehrten Herrn Lehrer Fethullah Gülen zusammengestellt wurden, um zu zeigen, wie der Islam diese Fragen sieht.)

dem Leben Leben verleiht. In dem Maße, wie es vertreten wird, trägt es weltliche und jenseitige Früchte.

Das Wort „Recht“ hingegen, das ein breites Bedeutungsfeld hat, birgt Inhalte wie richtig, wahr und gerecht. Zugleich aber drückt es die Autorität des Menschen über Besitz und Macht aus. Im Gegensatz zu Unrecht ist das Recht für alle Personen gültig und steht jedem individuell zu. In Bezug auf unser Thema bildet das Recht die Befugnis, dass sich die Individuen durch die anerkannte Rechtsordnung ihre Vorteile sichern und im rechtmäßigen Umfang, kraft dieser Befugnis, sich von den Erträgen ihre Anteile nehmen und ihre materiellen und geistigen Bedürfnisse befriedigen, also ihre rechtlichen Ansprüche erfüllen.

Diese Rechte gehören nur dem Anschein nach den Personen oder den juristischen Personen. In Wirklichkeit ist der Erhabene Gott der wahre Inhaber des gesamten Rechts. Doch hat er diese Rechte zum Teil den zuständigen Ämtern gewährt, um dadurch manchen Personen ihre Vorteile zu sichern, anderen den rechtlichen Anspruch, wieder anderen Nutzen aus jenem Anspruch sowie das Verwendungsrecht des Anspruchs selbst. Die „Rechte Gottes“ schließen die Pflichten der Gläubigen und das öffentliche Recht mit ein. Die „kollektiven Rechte“ dagegen, die „Rechte der Menschen“ und Bereiche, die Besitztum, Profit, Erlöse und Gewinne umfassen, sind erweitert und betreffen aus der Perspektive von Interessen, Nutzen, Gewinn und Zuteilung sowohl den Einzelnen als auch die Gesellschaft. Die Beachtung der Bestimmungen dieser Rechte ist auch durch die islamische Rechtswissenschaft anerkannt. Die Begriffe sind auch für die Rechtsgelehrten Fachbegriffe, die Verwendung in der Praxis finden.

Nach der Auffassung des Islam sind die Menschen frei geboren. Rechtlich sind sie gleichgestellt, und ihr Wert ist ebenfalls gleich. Gedankenfreiheit, Redefreiheit, Gewissensfreiheit sind unverzichtbare Rechte. Zudem betont der Islam, dass alle Menschen ohne Rücksicht auf ihre Rasse, Geschlecht, Sprache und Religion gleich sind. Diese Grundrechte umfassen alle Rechte, die Körper und Seele der Menschen betreffen, und die damit zusammenhängenden weiteren kleinen und großen Rechte sowie die späteren und auch noch künftig entstehenden Rechte aller Art.

Der Koran hat in seiner spezifischen Sprache und in seinem eigenständigen Stil alle Fragen der Menschenrechte berührt und hinsichtlich ihrer Verteidigung einen beachtlichen Stand erzielt. Je nach Bewandnis hat er sachliche Sanktionen bzw. Bestätigungen in Aussicht gestellt. Und der Prophet (Friede und Segen sei mit ihm) hat durch seine eigene Praxis der Rechtsprechung alles sehr klar und deutlich offengelegt, zugleich darauf verwiesen, dass es sich dabei um Gottes Rechte handelt, die unbedingt eingehalten werden müssen.

Ja, die islamische Terminologie aller Rechte entstammt dem Willen Gottes und wurde von ihm den Menschen geschenkt, auf dass er sie beschütze und anwende. Solche Gnaden, die den Charakter eines Geschenkes haben, wurden bereits zu Zeiten der Schöpfung den Menschen gewährt. Sie sind unveräußerlich und nicht vermehrbar, nicht austauschbar und können nicht als Gegenleistung dienen, sie können nicht dem Ermessen der legislativen und exekutiven Kräfte überlassen werden. Insbesondere dürfen sie nicht als kommerzielle Waren be- und gehandelt werden. Diese Anforderungen müssen in jedem Fall erfüllt werden. Die beste Sicherheit für die Einhaltung dieser Anforderungen bieten bis heute charaktervolle und besonderes angesehene Personen, die die Gesellschaft repräsentieren und diese Prinzipien zutiefst verinnerlichen, sie so zu ihrem Charakter machen, sie als heilig erachten und mit Eifer beschützen und bewahren.

b) Die Sensibilität des Propheten (Friede und Segen sei mit ihm) in den Fragen der Menschenrechte

Als unser Prophet (Friede und Segen sei mit ihm) mit der Hidschra (Auswanderung von Mekka nach Medina, 24. September 622) die Stadt Medina geehrt hatte, gab es dort verschiedene Menschen unterschiedlichen Glaubens und unterschiedlicher Denkweisen sowie viele ethnische Gruppen, mit denen er ein Abkommen schloss (die sog. „Charta von Medina"). In ihr wurde folgenden Prinzipien Folge geleistet: Das Recht eines jeden wurde mit einer hochgradigen Sensibilität geachtet, unabhängig von seinem Glauben, seiner Rasse und seiner gesellschaftlichen Stellung. Die Charta von Medina machte die Stadt, im Vergleich zu den nahen und fernen Städten, zu einem „darü'l emân", zu einem „Ort der Sicherheit".

Sicherlich bestand jenes Abkommen nicht nur aus der Gemeindeordnung von Medina, denn es geht nur auf einige Punkte ein. Doch der Prophet (Friede und Segen sei mit ihm) hat sein wertvolles Leben lang stets und ständig die Rechte der Menschen angesprochen und deren große Bedeutung immer wieder betont. Er erinnerte daran, dass auch die Rechte der „Kleinen" nicht klein sind. Er sagte: „Solange man den Kleinen als klein betrachtet, ist er nicht klein." Und er versuchte zu verhindern, dass die Großen die Rechte der Kleinen verachteten, und er setzte dem mit Gottes Würde und Ehrfurcht Grenzen.

Kurze Zeit vor seinem Tod hat er während einer Pilgerfahrt, den er vor einer großen Gruppe von gesegneten und spirituellen Menschen hielt, einer Gemeinde von mehr als zehntausend Menschen, in Manier eines Abschieds mit seiner Predigt alle bis dahin erlassenen Regeln ein letztes Mal wiederholt und sie vor seinen Gemeindemitgliedern zusammengefasst und für alle Zeiten für gültig erklärt. Diese glänzenden Erklärungen hatten die Eigenschaft, jede für sich eine wichtige Erklärung der Menschenrechte zu sein.

Der Meister der Worte, der Prophet (Friede und Segen sei mit ihm) hat an dem Tag alle Themen berührt, angefangen von Gottes Rechten bis zu den Geboten des Familienrechts und hat geradezu eine Zusammenfassung seines Prophetentums, die Substanz seines Wirkens gegeben. Das größte Recht ist das Recht Gottes. Auch der Prophet (Friede und Segen sei mit ihm) begann damit, dann ging er alle einzelnen Rechte nach ihrer hierarchischen Ordnung durch. Zumindest kraft eines Sinnbildes oder eines Zeichens versuchte er alle Prinzipien zur Sprache zu bringen. Sein erstes Wort war: „Fürchtet Gott. Hütet euch davor, euch Ihm entgegenzustellen!" Dann empfahl er seinen Zuhörern, sich an die Gebote Gottes zu halten. Eigentlich ist die Einhaltung der Gebote Gottes, der Glaube an ihn und der Respekt für ihn, die Garantie und Anerkennung dafür, dass damit auch alle Rechte des Menschen geachtet würden. Umgekehrt, wenn diese Prinzipien nicht akzeptiert werden, ist die Achtung der Rechte der Menschen kaum oder gar nicht möglich.

Dann wandte er sich um und erinnerte in seiner ganzen Ehrlichkeit und Innerlichkeit daran, dass die Eheleute gegenseitig zu bestimmten Verantwortungen verpflichtet sind. Die Frauen sind jeweils ihren Ehemännern anvertraut – das betonte er mit Nachdruck. Er erklärte noch einmal, dass die Familien der ganze Stolz der Gesellschaft sind, und führte deren harmonisches Zusammenleben auf Gottesfurcht zurück. Damit hat er erneut auf die althergebrachten schlimmen Sitten der vorislamischen Zeit hingewiesen und diese nochmals geächtet.

Zu den Themen Besitz, Leben und Verstand, Religion und Verwandtschaft sagte er seine letzten Worte. Diese Themen fasste er sehr kurz zusammen. Denn vieles, was er zu sagen hatte, war bereits früher ausführlich kundgetan worden. So waren es bekannte Dinge. Aber diesmal haben die Art der Predigt, der Ort und der Stil des Abschieds den Themen eine eigenartige Färbung, ein anderes Muster und einen anderen Akzent verliehen. So kamen in den Seelen der Menschen eine bis dahin nie empfundene Furcht und Erschaudern auf. Als er seine Stimme mit den Worten erhob: „Ihr Menschen! Euer Gott ist eins, ihr alle stammt von Adam ab und Adam wurde aus Erde erschaffen", lenkte er die Aufmerksamkeit auf eine Seuche, die heute noch ein großes Problem darstellt. Er überreichte damit den Menschen, die seinen Wert kennen und die besonnen sind, einen goldenen Schlüssel der Lösung.

Ein Großteil der modernen Welt behandelt die Fragen der Menschenrechte sehr schleppend. Doch der Islam hat bereits vor Jahrhunderten in der Frage von Schuld und Sühne das Prinzip der Gesetzlichkeit versprochen. Solange die Schuld nicht eindeutig nachgewiesen werden kann, darf niemand als schuldig gelten. Der Verdächtige muss wie alle anderen Menschen behandelt werden, er hat auch bestimmte Rechte und diese dürfen ihm auf keinen Fall vorenthalten werden. Die Menschen dürfen nicht lediglich aufgrund eines Verdachtes verurteilt werden. Niemand darf gefoltert werden. Alle Rechte müssen geachtet und eingehalten werden. Nichts, was in Verbindung mit den Menschenrechten steht, darf geringgeschätzt oder verachtet werden. Die Macht muss dem Gesetz unterliegen, und niemals darf das Recht der Macht geopfert werden – an all das erinnerte er mit besonders großer Ernsthaftigkeit und bewies einmal mehr, dass er immer ein Beschützer des Rechts war.

Neben all diesen Prinzipien, die der Prophet (Friede und Segen sei mit ihm) stets mit großer Sensibilität betont hatte, erkennt der Islam eine Reihe weiterer Rechte den Arbeitern zu und empfiehlt in den Beziehungen zwischen Arbeitnehmern und Arbeitgebern gerechte Regelungen.

2. Rechte der Arbeiter im Islam

Der Arbeiter als rechtlicher Begriff beschreibt eine Person, die eine Arbeit oder eine Dienstleistung für eine andere Person gegen eine Entlohnung ausführt, dafür eine angemessene Gegenleistung erhält und gegen diese Entlohnung ihre Arbeitskraft zur Verfügung stellt.

a) Arbeit und Arbeitgeber laut Koran

Die Zulässigkeit, einen Arbeiter gegen Entlohnung zu beschäftigen oder selbst als Arbeiter tätig zu sein, stützt sich auf den Koran, auf die Sunna und auf die übereinstimmende Meinung islamischer Gelehrten. Im Koran und in den authentischen Aussprachen des Propheten (Friede und Segen sei mit ihm) und manchmal auch in den vorhergehenden Offenbarungsreligionen gibt es Hinweise auf entlohnte Arbeit und auf Modalitäten, wie man mit solcher Arbeit umzugehen hat. Manchmal werden sogar unmittelbar Gebote und Urteile ausgesprochen.

Im Koran wird die Geschichte erzählt, dass der heilige Moses noch vor seiner Berufung zum Propheten sein Volk aus Ägypten nach Midian führte. Dort angekommen, half er zwei Schwestern, Wasser aus dem Brunnen zu ziehen. Eines der Mädchen bat den Vater, Moses als Arbeiter einzustellen. „Eine der beiden Töchter sagte: ‚Vater, nimm ihn in deinen Dienst, denn der Beste, den du in Dienst nehmen kannst, sollte jemand sein, der stark und vertrauenswürdig ist (so wie es auf ihn zutrifft)'." (al-Qasas 28: 26)

Danach hat Moses im Dienste des Vaters dieser zwei Schwestern – wahrscheinlich bei dem ehrenwerten Shuaib –, zehn Jahre gearbeitet. Eigentlich hat der glückliche Prophet, während er die Schafe jener Familie hütete, auch die Mysterien und das Wissen eines Propheten kennen gelernt. Andererseits hat das aufgeweckte Mädchen, das den heiligen Moses ihrem Vater als Arbeiter empfohlen hatte, später die Ehre gehabt, Ehefrau des Propheten zu werden. Die zwei Eigenschaften, die ein Arbeiter haben sollte, die das Mädchen betont, sind offenbar besonders wichtig: erstens, dass der Arbeiter die ihm zufallende Arbeit zu verrichten körperlich und kräftemäßig in der Lage ist, zweitens, dass er ein zuverlässiger und vertrauenswürdiger Mensch ist.

Als im Koran die Reise Moses' und Al-Khaders erzählt wird, gibt es einen Hinweis auf Arbeit gegen Entlohnung. Während der Reise sieht Al-Khader eine Mauer, die einzustürzen droht. Er repariert sie, aber er verlangt dafür keine Gegenleistung. Daraufhin sagt der heilige Moses: „Wenn du gewollt hättest, hättest du eine Vergütung dafür von ihnen nehmen können." (al-Kahf 18: 77)

Die islamischen Gelehrten betrachten diese und ähnliche Koranverse als Beispiele dafür, dass es rechtmäßig ist, eine Person gegen eine bestimmte Entlohnung mit einer Arbeit zu betrauen.

Außerdem gibt es noch weitere Koranverse, die in dieser Frage wegweisend sind: „Darum gebt volles Maß und Gewicht (in all euren Handelsgeschäften), und tut den Menschen nicht Unrecht, indem ihr ihnen das vorenthaltet, was ihnen zusteht; (al-A'raf 7: 85) – „Gebt ihnen (den geschiedenen Frauen während ihrer Wartezeit) Unterkunft (in einem Teil des Hauses), wo ihr wohnt, und versorgt sie, wie es euch eure Mittel erlauben. Belästigt sie nicht, um ihre Lage unerträglich für sie zu machen (und sie so zum Verlassen zu zwingen). Wenn sie schwanger sind, dann sorgt für ihren Unterhalt, bis sie ihre Last niedergelegt haben. Und wenn sie (nach der Niederkunft und dem Ende der Wartezeit, das Baby) für euch stillen, dann entlohnt sie auf angemessene Weise. Beratet euch miteinander (über die Angelegenheit und die Entlohnung für das Stillen) entsprechend dem üblichen guten und religiös annehmbaren

Brauch. Wenn sich Schwierigkeiten für euch ergeben (und ihr deshalb nicht zu einer Vereinbarung kommen könnt), dann soll eine andere (Frau das Baby) für ihn (den Vater des Babys, der die Kosten zu tragen hat) stillen." (al-Talaq 65: 6)

Da der Inhalt dieser letzten Sure mit unserem Thema nicht im engeren Sinne zu tun hat, werde ich sie nicht kommentieren. Aber ich konnte sie auch nicht übergehen, denn sie verweist auf eine wichtige Sache: Die Ernährung eines Kindes, seine Pflege und Versorgung ist in erster Linie dem Vater aufgebürdet. Deshalb muss er im Falle einer Scheidung der Mutter eine Entlohnung für das Stillen bezahlen. Das gehört zu den Menschenrechten, insbesondere zu den Rechten der Frauen. Das ist eine jener Feinheiten des Islam, über die man nachdenken muss.

In einer anderen Sure aus dem Koran wird darauf hingewiesen, dass der Allmächtige Schöpfer alle Menschen auf der Welt und im Jenseits dazu einlädt zu arbeiten: „Und dass der Mensch nur das bekommt, wofür er sich anstrengt." (an-Nadschm 53: 39) Das bedeutet, dass der Mensch nur das bekommt, was ihm für seine Arbeit (Taten) zusteht.

b) Arbeitnehmer und Arbeiter in den Erklärungen des Propheten (Friede und Segen sei mit ihm)

Im Islam wird die Arbeit eines Gläubigen, der vor allem seine Pflichten Gott gegenüber erfüllt, als Dienst an Gott gewertet. Deshalb ist die Arbeit eines Arbeiters heilig und wertvoll. Schließlich hat unser Prophet (Friede und Segen sei mit ihm) gesagt: „Niemand kann ein reineres Einkommen erzielen als durch seine Hände Arbeit." Und dabei hat er als gutes Beispiel den heiligen David gezeigt, der, obwohl er der Gesandte Gottes war, sein täglich Brot im Schweiße seines Angesichts verdiente. (Ibn Madscha, Ticârât, 1) Und mehr noch, unser Prophet (Friede und Segen sei mit ihm) hat gesagt, dass ein

Mensch, der für Mutter und Vater sorgen muss oder für den Unterhalt der Kinder aufkommt, oder um sich selbst zu ernähren, sein Geld außer Haus verdienen muss, genauso wie eine heimkehrende Mutter ist und er befindet sich also auf Gottes Weg. Außerdem wurde die gute Nachricht kundgetan, dass jemand, der arbeitet, um nicht von anderen abhängig zu sein und um seine Eltern und Kinder nicht betteln zu lassen, für jeden seiner Schritte Gottes Gnade erhalten wird.

Eines Tages traf unser Prophet (Friede und Segen sei mit ihm) auf einen seiner Gefährten, auf den heiligen Muaz. Nachdem sie sich begrüßt hatten, sagte der Prophet (Friede und Segen sei mit ihm): „Muaz, deine Hände sind schwielig geworden!" Und Muaz antwortete: „Ja, Gesandter Gottes, ich arbeite mit der Hacke auf dem Feld und verdiene so den Unterhalt meiner Kinder." Der Ehrenbürger des Universums, unser Prophet (Friede und Segen sei mit ihm), küsste daraufhin den heiligen Muaz auf die Stirn – geradezu so, als würde er damit alle ehrlich und anständig arbeitenden Menschen die Stirn küssen – und sagte: „Höllenfeuer wird diese Hand nicht verbrennen."

An einem anderen Tag saß unser Prophet (Friede und Segen sei mit ihm) mit seinen engsten Freunden zusammen, als ein ganz junger armer Bettler ankam. Der Arme sagte, dass seine Familie und er selbst hungern würden und bat um eine milde Gabe. Der Prophet (Friede und Segen sei mit ihm) schickte daraufhin den heiligen Ali ibn Abi Talib in das Haus des Bettlers. Ali ibn Abi Talib sah, dass es im Hause außer einer Decke nichts gab, mit der die Kinder bedeckt waren, und einem Topf. Daraufhin befahl der Prophet (Friede und Segen sei mit ihm) dem heiligen Ali ibn Abi Talib, die Decke und den Topf zu verkaufen und für das Geld eine Schnur zu kaufen. Der heilige Ali ibn Abi Talib tat, was ihm aufgetragen worden war. Dann reichte unser Prophet die Schnur dem Mann und sagte: „Nimm das und gehe in die Berge. Sammele Holz und versuche, damit Geld zu verdienen. Geh' vierzig Tage lang gar nicht nach Hause. Während dieser Zeit werden wir für alle Bedürfnisse deiner Familie sorgen." Der Mann kam vierzig Tage später mit dem verdienten Geld zum Propheten (Friede und Segen sei mit ihm). Der Prophet (Friede und Segen sei mit ihm) ließ ihn in Medina ein Ladengeschäft eröffnen und der Mann begann so, für seinen Lebensunterhalt durch Arbeit zu sorgen. Über diese Geschichte hat unser Prophet (Friede und Segen sei mit ihm) Folgendes gesagt: „Es ist nützlicher, dass jemand sein Seil schultert und in den Bergen Holz sammelt, dann diese auf seinem Rücken auf den Markt bringt und verkauft, als dass er bei anderen Menschen um etwas bittet." (al-Buchari, Buyû, 15)

Außerdem hat der Prophet (Friede und Segen sei mit ihm) auch empfohlen, dass die Rechte der Arbeiter geschützt werden müssen. Ihr Lohn muss rechtzeitig und vollständig bezahlt werden und man muss sie gut behandeln. Diese prophetischen Empfehlungen werde ich noch an entsprechender Stelle vollständig ausführen, hier begnüge ich mich damit, zwei Überlieferungen zu nennen. Einmal sagte unser Prophet (Friede und Segen sei mit ihm): „Bei Gott dem Erhabenen, wer seinem Arbeiter seinen Lohn oder einen Teil davon vorenthält, obwohl er durch seine Arbeit einen maximalen Ertrag erwirtschaftet hat, wird im anderen Leben ein Feind!" (al-Buchari, Icâre, 10) Und in einer heiligen Überlieferung hat er folgende Drohung ausgesprochen: „Drei Personen werden mich am Jüngsten Tag vor sich sehen: Derjenige, der meinen Namen verwendet und Unrecht tut; derjenige, der einen freien Menschen verkauft und sein Geld wegnimmt, und jemand, der einen Arbeiter nicht bezahlt!" (al-Buchari, Icâre, 12, 15)

c) Allgemeine Vorschriften in Bezug auf die Arbeiter

Die islamischen Gelehrten haben die Rechte der Arbeiter sowohl als individuelle als auch als gemeinschaftliche Arbeiter behandelt. Sie haben folgende Kategorisierungen vorgenommen:

1. Individueller Arbeiter ist eine Person, die mit einem Vertrag in einer festgelegten Zeit für einen vereinbarten Lohn für einen einzigen Arbeitgeber arbeitet. Dieser Arbeiter ist in dieser Zeit an seinen Arbeitgeber gebunden und darf eine andere Arbeit nicht annehmen. Im Falle, dass er an seinem Arbeitsplatz anwesend und bereit ist, es jedoch keine Arbeit zu verrichten gibt, muss sein Lohn vollständig bezahlt werden. Ein Diener, der für einen Monat verpflichtet wird, Saisonarbeiter in der Landwirtschaft oder Tagelöhner und tageweise bezahlte Meister auf Baustellen sowie Staatsbeamten gehören auch in diese Kategorie.
2. Gemeinschaftliche Arbeiter sind Ärzte, Buchhalter, Schneider oder Tischler und Menschen in ähnlichen Berufen, die nicht nur für einen Arbeitgeber oder Institution tätig sind, sondern für jeden tätig werden können oder als Freiberufler arbeiten. Die Menschen in dieser Gruppe sind nicht von einem Arbeitgeber abhängig. Sie können gleichzeitig für mehrere Arbeitgeber tätig sein. Aber wenn sie die angenommenen Aufträge nicht ausführen, erhalten sie keine Bezahlung. Mit anderen Worten, sie werden nur für ausgeführte Arbeiten bezahlt.

Der Islam verbietet es, einem Arbeiter eine schwierigere Arbeit aufzubürden, als er sie auszuführen in der Lage ist. „(Dann wisst, dass) Gott keiner Seele mehr aufbürdet, als sie zu tragen vermag." (al-Baquara 2: 286) Durch diesen Koranvers lehrt Gott den Gläubigen die heilige Moral und – neben den weiteren Bedeutungen – er betont, dass den Menschen nicht mehr Arbeit aufgebürdet werden darf, als dass sie verkraften können. Unser Prophet (Friede und Segen sei mit ihm) hat in einem Hadith erklärt, der sich auch auf dieses Thema bezieht, wie Muslime die Arbeiter behandeln müssen: „Eure Arbeiterbrüder sind Personen, die eure Arbeiten ausführen. Gott hat sie euch ausgeliefert. Wenn er gewollt hätte, hättet ihr ihnen ausgeliefert werden können. Wenn das so ist und wenn ihr für euch Arbeiten ausführen lässt, gebt ihnen von euren Speisen, von eurer Kleidung. Bürdet ihnen keine Arbeiten auf, die ihre Kräfte übersteigen. Wenn ihr von denen die Ausführung einer schweren Arbeit verlangt, dann helft ihnen dabei!" (Abu 'l-Husain Muslim, Iman, 38,40)

Der Islam, der den Menschen nur so viel Verantwortung überträgt, wie sie zu tragen in der Lage sind und der die Situation und die Lage aller Menschen berücksichtigt, hat diese Prinzipien auch hinsichtlich der Kinder betont. Er erlaubt nicht, sie für Arbeiten einzusetzten. Zuerst müssen sie ihre Ausbildung abschließen, heißt es, und nur wenn eine Arbeit diesem Ziel (der Ausbildung) dient, darf sie von Kindern ausgeführt werden. Daraus folgt, dass im Islam Kinder nur mit Einwilligung der Eltern oder des Vormunds Arbeiten ausführen dürfen, die ihrer beruflichen Ausbildung unmittelbar dienen. Wie dezidiert der Islam in diesem Punkt ist, kann man auch an anderen Stellen sehen. Demnach dürfen Eltern ihr Kind gegen eine angemessenen Entlohnung am eigenen Arbeitsplatz beschäftigen. Aber Kinder dürfen ihre eigenen Eltern nicht beschäftigen, auch nicht bei Entlohnung. Denn der Islam verpflichtet erwachsene Kinder dazu, ihren Eltern Unterhalt im Alter zu gewähren.

Andererseits wurde im Islam kein Arbeitszweig gebilligt, der die Gesundheit der Arbeiter gefährdet. Denn das Leben eines Menschen ist für Gott genauso wertvoll wie das Leben aller Menschen. Es wird dementsprechend wertgeschätzt. (s.a. al-Mā'ida 5: 32) Wenn das aber so ist, akzeptiert der Islam niemals, dass etwa ein Arbeiter in die Tiefen der Erde heruntergelassen wird und dort arbeitet, wenn nicht im ausreichenden Maße für die Sicherheit und Gesundheit Sorge getragen werden. Aber es wird sicher kein bewusster muslimischer Arbeitgeber eine solche Unverantwortlichkeit auf sich nehmen wollen. Meiner Ansicht nach darf eine solche Angelegenheit nicht dem Belieben einer einzelnen Person überlassen werden. Es ist Aufgabe des Staates, solche Arbeitsplätze zu kontrollieren und ständig zu überprüfen.

Außerdem haben Arbeiter das Recht, ihre religiösen Pflichten wie Fasten und Beten zu erfüllen. Einer der Rechtsgelehrten, Ibn-i Abidîn, erklärt, dass der Arbeitgeber den Arbeitern verweigern kann, dass sie zum Beten in die Moschee gehen, wenn es viel Arbeit gibt. Aber sie haben dann das Recht, das Gebet am Arbeitsplatz zu verrichten. Allerdings darf man ihnen nicht verweigern, das Freitagsgebet, das gemeinsam in einer Moschee verrichtet werden soll, und ebenso die Festtagsgottesdienste zu besuchen, denn diese sind Ausnahmen. Arbeitgeber dürfen den Arbeitern nicht mit der Ausrede, es würde zu Zeitverlust führen, verbieten, ihre religiösen Pflichten zu erfüllen. Im Gegensatz, sie müssen ihnen Möglichkeiten schaffen, um diese Pflichten erfüllen zu können. Die Arbeiter ihrerseits dürfen diese Toleranz der Arbeitgeber nicht ausnutzen und müssen ihre Arbeit ordentlich ausführen.

Der Islam hat das System der Großkapitalisten und der Stammesfürsten aus den Fugen gehoben, die in der Zeit der cahiliya (Unwissenheit), also vor der Zeit des Propheten (Friede und Segen sei mit ihm), tyrannisch herrschten, arrogant und unersättlich waren und ihre Arbeiter und Sklaven ausbeuteten. Durch Gottes Befehl hat er ein neues gesellschaftliches System und ein Rechtssystem eingeführt, das gerecht war. Dieses neue System begreift Armut und Reichtum als eine Prüfung und verbietet die Ausbeutung der Arbeiter. In einem gewissen Sinne hat der Islam eine klassenlose Gesellschaft gebracht. Deshalb gelten in der islamischen Gesellschaft die Arbeitgeber nicht als besser oder als bevorzugter als die Arbeiter und umgekehrt, die Arbeiter verdienen nicht weniger Respekt als die Arbeitgeber. Denn im Islam zählt nur eine strenge Frömmigkeit als Überlegenheit und als menschlich wertvoll. Nur wer durch Wissen und Taten herausragt und Gott gegenüber von Respekt erfüllt ist, zählt als überlegen.

Die islamischen Rechtsgelehrten erklären, dass, wenn die Menschen, die arbeiten wollen, keine Arbeit finden, der Staat für sie Arbeit suchen muss. Der Staat ist verpflichtet, für ihren Lebensunterhalt zu sorgen bzw. für Arbeitsplätze, die ihnen den Lebensunterhalt sichern. Der Staat muss einerseits das Betteln, die Korruption, die Zinsen und das Glücksspiel verbieten und diese abwehren. Andererseits muss er zur Arbeit verpflichten und für alle Menschen für die passende Arbeit sorgen. Der Staat muss sich auch um die Kranken und Behinderten, Alten und Waisen sowie Armen kümmern und ihren Lebensunterhalt sichern.

3. Der Lohn

Der Lohn bedeutet: „Das Recht, das als Gegenleistung für eine Arbeit oder einen Dienst gegeben wird, es ist die Gegenleistung für die Arbeit und den Einsatz." Der Lohn ist das Ziel der Arbeit und ihre natürliche Folge.

a) Lohntheorien

Die Fragen, nach welchen Kriterien der Lohn festgesetzt wird, wie und wann er ausgezahlt wird, beschäftigen die Wirtschaftsfachleute bis heute am meisten. In dieser Frage wurden auch zahlreiche Theorien entwickelt.

Adam Smith zum Beispiel hat gesagt: „Die Nachfrage nach Arbeit hängt von dem Angebot des Kapitals ab.“ David Ricardo bewertete die Arbeit als Ware und machte den Lohn von dem Prinzip der Nachfrage abhängig: „zu gewissen Zeiten bestimmt der Lohnfonds, der aus dem nationalen Kapital gebildet wird, die Höhe der Löhne, indem die Summe durch die Zahl der Arbeiter geteilt wird.“ John Stuart Miller hat, von diesem Gedanken ausgehend, seine „Lohnfondstheorie“ formuliert. Karl Marx aber widerlegte diese Theorien und sagte: „Der Gewinn ist ein Recht, das von dem Lohn des Arbeiters gestohlen wurde und beruht vollständig auf der Arbeit, deshalb müsste bei allen entstehenden Produkten ein gleicher Lohn bezahlt werden.“ Seine Theorien fanden im Westen viele Anhänger, denn er hat als Erster eine umfassende Lohntheorie ausgearbeitet.

Eine der Theorien, die im Westen eine große Akzeptanz gefunden hat, ist die „Grenznutzentheorie“. Demzufolge wird die Höhe des Lohns nach der Produktivität des langsamsten Arbeiters bestimmt, der an der Produktion teilnimmt. Das bedeutet, dass je mehr die Produktivität der Arbeit steigt, umso mehr würde auch der Lohn steigen. Doch in Wirklichkeit wird der Lohn, der nach dieser Auffassung gezahlt wird, zum Nachteil der Arbeiter. Es ist noch nie vorgekommen, dass man diese Theorie zu ihrem Vorteil angewendet hätte. So wurden die Arbeiter stets nach dem Mindestlohn bezahlt. Manchmal kam es sogar vor, dass die Produktivität als extrem niedrig eingestuft wurde, und die Löhne galten damit als angeblich zu hoch. Letztlich blieben die Löhne der Arbeiter stets so niedrig, dass sie damit gerade einmal satt werden konnten.

Eine weitere Theorie, die ebenfalls im Westen entwickelt worden wurde und die als wohlwollend galt, ist die „Theorie der Marktkräfte“. Diese Theorie verteidigt die Idee, dass Arbeiter sich organisieren können und mit dem Arbeitgeber gemeinsam den Lohn aushandeln. Der Bestimmung der Lohnhöhe wird dieses gemeinsame Abkommen zugrunde gelegt.

Diese wohlwollenden Lohntheorien sind, sofern sie nicht missbraucht werden, scheinbar zum Vorteil der Arbeiter gewesen. Allerdings werden sie in Wirklichkeit doch stets mit der Grenznutzentheorie gekoppelt. Die Feststellung der Produktivität ist vollständig dem Arbeitgeber überlassen, was den Weg für den Missbrauch ebnet. Andererseits kann die Anwendung der Theorie der Marktkräfte, wenn sie missbraucht wird, zum Nachteil des Arbeitgebers praktiziert werden.

In unserer Zeit hat sich die Situation um einiges verändert. Insbesondere in den industriell hoch entwickelten Ländern werden die Arbeiter im Vergleich zu früheren Zeiten doch relativ humaner behandelt. Natürlich kann auch in den Theorien, die ich beschrieben habe oder auf die ich gar nicht eingegangen bin – wie in allen schlechten Dingen und im falschen Glauben –, ein Körnchen Wahrheit stecken, kann es logisch erscheinende und dem guten Charakter der Menschen entsprechende Prinzipien geben. Aber ich kann es mit gutem Gewissen sagen, dass der Islam ein Lohnsystem und eine Höhe des Lohnes empfiehlt, wie dies noch von keinem Wirtschaftssystem praktiziert wurde.

b) Der Lohn im Islam

Der Arbeiter konnte das, was er sucht, bis heute weder im kapitalistischen noch im liberalen System, weder im Kommunismus noch in anderen kollektivistischen Systemen finden. Auch wenn der Lebensstandard der Arbeiter im Westen im Vergleich zu früher ein wenig gestiegen sein mag, werden sie immer noch nicht nach den Gesetzen des Marktes, also nicht nach den Prinzipien von Angebot und Nachfrage entlohnt. Weil es bis heute dem Monopol des Staates oder der Einsicht der Großkapitalisten unterliegt, welche Höhe die Löhne haben, haben die Arbeiter keine Chance, mitzubestimmen, wie sie entlohnt werden möchten. In der heutigen Welt, in der alle Prinzipien eines objektiven Vergleichs abgeschafft wurden, muss sich der Arbeiter damit begnügen, was ihm gegeben wird, und dafür auch noch dankbar sein. Die einzige gemeinsame Seite dieser Systeme ist, dass die Arbeiter in ihnen allen – also überall – ausgebeutet werden. Während in einem System diese Ausbeutung gut getarnt ist, ist sie im anderen in ihrer vollen Hässlichkeit sichtbar.

Ja, ich wiederhole: Bis heute hat kein einziges Wirtschaftssystem jenes Entlohnungsmodell eingeführt, das der Islam vorschlägt, und auch keine Theorie hat bislang diese Prinzipien berücksichtigt. Doch um dieses System begreifen zu können und seine Überlegenheit zu erkennen, muss man den Islam ganzheitlich betrachten und ebenso bewerten. Denn die Frage der Entlohnung ist nur eine der vielen Beziehungen zwischen Arbeiter und Arbeitgeber. Deshalb kommt man zu keinem Ergebnis, wenn man diese Frage gesondert behandelt. Vielmehr müsste man die Frage der Entlohnung zusammen mit anderen rechtlichen Fragen und zusammen mit allen Verantwortungen behandeln und den Lohn lediglich als ein Glied in einer langen Kette von Beziehungen betrachten. Diese Frage sollte sogar – nach den Prinzipien des Islam – je nach der Lage der Gesellschaft und der Wirtschaft sowie nach dem Ort und der Lage der Parteien bewertet werden.

Im Islam gibt es keinen Koranvers und keine direkte Überlieferung, die die Entlohnung der Arbeiter, insbesondere die Höhe des Lohns, genau bestimmen würde. Die ständigen Veränderungen der Zeit und der Bedingungen würden dies sowieso nicht möglich machen. Aber unter den Koranversen und den Überlieferungen gibt es viele Hinweise auf die Festlegung und auf die Maßstäbe eines gerechten Lohns. Denn die Art der Arbeit, ihre Dauer, die wirtschaftliche Lage der Gegend und die Fähigkeiten des Arbeiters sind bestimmende Faktoren in dieser Frage. Der Islam verspricht, alle diese Faktoren zu berücksichtigen und Regeln dafür zu verwenden. Angefangen bei dem Satz: „Darum gebt volles Maß und Gewicht (in all euren Handelsgeschäften), und tut den Menschen nicht Unrecht, indem ihr ihnen das vorenthaltet, was ihnen zusteht.“ (al-A'raf 7: 85), bis hin zu den Warnungen, dass jede gute Tat im Himmel belohnt wird. Im Gegenteil, jede noch so kleine Bosheit, die der Mensch in dieser Welt anstellt und die im Jenseits bestraft wird, hat der Islam im Rahmen der Ethik und Moral gezeichnet und verortet, und wie alle religiösen Befehle hat er auch die Rechte der Arbeiter mit dem Recht Gottes gleichgestellt. So muss die Auffassung der Muslime in der Frage der Entlohnung aus dieser Sicht bewertet werden.

Obwohl im Islam die Lohnhöhe für die unterschiedlichen Berufe und Arbeiten nicht festgelegt ist, ist dies beim Abschluss der Arbeitsverträge dennoch erwünscht. Wenn dies nicht geschieht, kann der Arbeitsvertrag ungültig werden. Der Arbeiter muss dann für die geleisteten Arbeitstage einen vergleichbaren Lohn erhalten. Oder anderes gesagt: Der Lohn ist das Ergebnis der Verhandlungen zwischen Arbeiter und Arbeitgeber. Allerdings wird, wenn vorher keine andere Vereinbarung ausgehandelt worden war, der Vergleichslohn gezahlt, also jener Lohn, der für den entsprechenden Tag durch Fachleute für die gleiche Arbeit üblicherweise festgelegt wurde. Eigentlich ist dieses Verfahren zum Vorteil des Arbeiters gedacht, zugleich schützt es auch den Arbeitgeber vor eventuellen Verlusten.

Die Festlegung der Höhe der Entlohnung muss sich daran orientieren, dass der Arbeiter seinen vollen Lebensunterhalt sowohl für sich als auch für die von ihm abhängigen Personen bestreiten kann. Unser Prophet (Friede und Segen sei mit ihm), der diese Prinzipien betont hat, weist ausdrücklich darauf hin, dass: „wenn jemand als unser Arbeiter mit einer Aufgabe betraut wird, müssen wir, wenn er keine Bleibe hat, dafür sorgen, dass er sich eine besorgen kann. Wenn er ledig ist, müssen wir dafür sorgen, dass er heiratet, wenn er einen

Diener braucht, dass er eine Person für diesen Zweck findet, und wenn er ein Fahrzeug benötigt, dass er eines bekommt. Wer sich aber damit nicht begnügt und mehr verlangt, der wird entweder Hab und Gut veruntreuen oder sogar zu einem Dieb." (Ahmad Ibn Hanbal , al-Musnad, IV, 299)

Dieser Hadith verweist auf die Entlohnung und auf das Lebensniveau, das man den Arbeitern sichern muss. Demnach muss ein Arbeiter so viel Lohn erhalten, dass er bei entsprechender Sparsamkeit nach einer gewissen Zeit ein eigenes Haus erwerben kann, wenn er ledig ist, heiraten kann, und wenn er über kein Fahrzeug verfügt, eines kaufen kann. Einige islamische Gelehrte unserer Zeit sind der Ansicht, dass bei der Festlegung der Lohnhöhe auch berücksichtigt werden muss, dass der Arbeiter über weitere materielle Möglichkeiten verfügen soll, die ihm erlauben, das Fahrzeug sorgenlos nutzen zu können. Das bedeutet streng genommen, dass innerhalb der Wirtschaftswerte, die der Arbeiter produziert, ein Arbeitswert enthalten ist, der die oben genannten Ausgaben deckt.

So wie es nicht möglich ist, die Preise der Waren langfristig stabil zu halten, so ist es auch nicht möglich, die Löhne für längere Zeit einzufrieren. Deshalb müssen die Löhne regelmäßig neu verhandelt und in dem Maße erhöht werden, wie ich es versucht habe dazulegen, damit die Grundbedürfnisse befriedigt werden und die Preiserhöhungen ausgeglichen werden können. Nachdem ein gerechter Lohn im Rahmen der Grundmaßstäbe vereinbart worden ist, müssen die Löhne in dem Maße erhöht werden, wie die Preise der Waren steigen bzw. das Geld an Wert verliert.

c) Unterschiede in den Löhnen

Ein weiterer Punkt, den man bei der Festlegung der Lohnhöhe berücksichtigen muss, sind die unterschiedlichen Löhne. Der Allmächtige hat die Menschen mit unterschiedlichen Begabungen und Fähigkeiten erschaffen und ausgestattet. Diese Unterschiede bei der Begabung spiegeln sich nicht nur bei der Ausführung der Arbeiten wider, sie sollten sich auch in der Bezahlung widerspiegeln. So wie die verschiedenen Arbeiten und Berufe nicht auf der gleichen Arbeitsleistung und gleichen Begabung beruhen, sind auch ihre Gefahren unterschiedlich. Deshalb sollen auch diese Faktoren berücksichtigt werden. Daraus folgt, dass die Arbeiter unterschiedlich bezahlt werden könnten. Zum Beispiel: Ein einfacher Bauarbeiter kann ohne besondere Ausbildung und ohne besondere Fähigkeiten seine Arbeit ausführen. Aber der Bauingenieur, der Fliesenleger oder der Steinmetz benötigen eine besondere Ausbildung und besondere Fähigkeiten.

Die Welt ist der Ort, an dem die Menschen ihre Gefühle und Begabungen entdecken sollten. Deshalb kennt der Islam das Prinzip der Belohnung nach der Entdeckung von Gefühlen und Begabungen. Der Koranvers: „Und dass der Mensch nur das bekommt, wofür er sich anstrengt" (an-Nadschm 53: 39) verweist trefflich nicht zuletzt auch darauf, dass Begabung und Fähigkeiten eine besondere Behandlung und Wertschätzung verlangen. Das ist im Islam ein unveränderbares Prinzip der Entlohnung und der Anerkennung.

Ja, dieses heilige System verpflichtet dazu, sowohl demjenigen, der geistig arbeitet, als auch dem, der körperlich arbeitet, eine Entlohnung zu zahlen, die derer Arbeitsleistung vollkommen entspricht. Also ist die Anerkennung einer Person, die die Klugheit des heiligen Kalifen Umar besitzt, anders als diejenige einer Person, die ohne seinen Verstand auch nur im geringsten zu bemühen, körperliche Arbeiten verrichtet. Das ist und kann nicht als gleich gewertet werden. Und natürlich ist es nicht gerecht, die Leistung eines Menschen, der Tag und Nacht über seine Arbeit nachdenkt und geradezu vierundzwanzig Stunden Dienst tut, mit der Leistung eines Menschen gleichzusetzen, der einige Stunden am Tag arbeitet, dann den

Rest des Tages nur noch herumfaulenzt. Deshalb hat jede Theorie, die die gleiche Entlohnung propagiert, überall auf der Welt die menschliche Natur und den Charakter außer Acht gelassen. Denn sie hat eine verkehrte Wirkung, sie konnte niemals überzeugen und konnte nicht akzeptiert werden, weil sie sich in der Praxis nicht bewährt hat.

Wenn das aber so ist, dann müssen Begabung und Fähigkeiten nach ihrem Umfang entlohnt werden. Allerdings sollte der Lohn, der einem einfachen Menschen gezahlt wird, so hoch sein, dass er davon ordentlich leben kann. Was darüber liegt, soll je nach den Fähigkeiten und Geschick der Menschen in dem betreffenden Bereich festgestellt und der Lohn dementsprechend festgelegt werden.

4. Die Beziehungen zwischen Arbeiter und Arbeitgeber

Jemanden, der eine Arbeit oder eine Dienstleistung für eine andere Person in deren Auftrag gegen Bezahlung ausführt, nennt man „Arbeiter". Denjenigen, der die Arbeit innehat (vergibt) bzw. das Kapital in seinem Besitz hat und der andere gegen eine Bezahlung beschäftigt sowie die Arbeitsordnung bestimmt, nennt man Arbeitgeber. Der Arbeitgeber kann eine einzelne Person sein oder eine Stiftung, eine Firma oder aber der Staat sowie eine juristische Person.

Die Entstehung von Arbeitern und Arbeitgebern als eigenständige Schichten geht auf die Zeit zurück, als wirtschaftliche Unternehmungen in großem Umfang gegründet wurden und eine Produktion im großen Ausmaß einsetzte. Das war in erster Linie in den westlichen Ländern der Fall. Die Begriffe „Arbeiter" und „Arbeitgeber", die mit dem Anbieten und dem Nutzen der Arbeitskraft im Arbeitsleben zusammenhängen, gibt es auch in der islamischen Welt. Aber diese Unterscheidung ruft nicht Begriffe wie Arbeiterklasse, Proletariat,

Chef oder Bourgeoisie in den Sinn, sondern wird völlig anders ausgelegt.

Im idealtypischen gesellschaftlichen Leben der Muslime kann von einer Trennung, einer Fehde oder einem Konflikt niemals die Rede sein. Denn die islamische Gesellschaft stützt sich auf den Gedanken einer religiösen Brüderlichkeit und glaubt daran, dass jeder eine Verantwortung trägt, ähnlich einem Hirten. Sowohl jede noch so kleine gute Tat wird im Jenseits belohnt, wie jede böse Tat bestraft wird. Auf diese Vorstellung baut die islamische Ethik und Moral auf, und aus diesem Grunde sind Begriffe wie Arbeiter und Arbeitgeber für einen Muslim individuelle Ausdrücke. Schließlich müssen die Menschen in diesem gerechten System nicht ewig Arbeiter oder Arbeitgeber bleiben. Ihr Status kann sich ändern, sie können von heute auf morgen zu Besitztum gelangen. Ein Arbeiter, der heute seinen Lebensunterhalt mit seiner Hände Arbeit verdient, kann morgen zum Beispiel durch eine Beteiligung an einer industriellen oder landwirtschaftlichen Produktion gemeinsam mit anderen zum Arbeitgeber werden.

a) Der Kampf zwischen Arbeit und Kapital

Die Frage von Arbeit und Lohn, Unternehmen und Kapital ist in die Geschichte der sozialen Revolutionen eingegangen und ist ein sehr bedeutendes Thema. Demnach hat Said Nursi auf die Frage: „Was ist die Revolution dieser Welt?" geantwortet: „Es ist der Kampf zwischen Arbeit und Kapital." Damit hat er auf den Umstand hingewiesen, dass die Reichen die Armen für eine sehr niedrige Bezahlung für sich arbeiten lassen und zu ihren Dienern machen, also, dass die Besitzer des Kapitals die Angestellten und Arbeiter gegen eine geringe Entlohnung beschäftigen, was zu großen Revolutionen führt. Ja, in der Form von Sozialismus und Bolschewismus geriet zuerst Russland in einen erbärmlichen Zustand, später verbreitete sich der Kampf zwischen Arbeit und Kapital über die ganze Welt und führte zu einem sehr tief verwurzelten Hass und Feindseligkeit zwischen Arm und Reich. Im Herzen eines armen Menschen, der für ein paar Groschen Entlohnung den ganzen Tag schwer arbeiten muss und der nur mit Mühe sein Leben fristet, durch den aber die Banken tagtäglich Millionen verdienen, haben sich Hass und Feindschaft gegen die Kapitalisten sehr tief verwurzelt. So haben sich Volksaufstände überall ausgebreitet und der Klassenkampf, der auf diese Weise begonnen hatte, dauerte Jahre.

Eigentlich ist die Frage, die zu dem Streit führt, sehr einfach: „Was ist das Wesentliche? Das Kapital oder die Arbeit?" Alles, was bis heute gesagt wurde, hat sich um diese grundsätzliche Frage herum bewegt. Doch eigentlich ist man damit in eine Sackgasse geraten und man kommt nicht mehr heraus.

Manche der Wirtschaftssysteme betrachten das Kapital als das eigentlich Wichtige und behaupten, dass ohne Kapital nichts passieren würde. Die Verteidiger dieser Idee haben die Arbeit und die Mühen der Menschen gar nicht als Wert angesehen. Sie sind der Ansicht, dass der Arbeiter sehr wohl untertage in den Bergwerken schwer arbeiten soll. Mag er in den unterirdischen Gängen lungenkrank werden oder gar ersticken, auf den Feldern seine Sichel schwingen, Steine auf dem Rücken tragen, von seinem Wert ist dennoch kaum die Rede. Der Lohn, der einem Arbeiter gezahlt wird, ist abhängig von dem Nutzen des Kapitals, dem er dient, und ist kaum mehr als ein Almosen. Wie man sieht, ist man bei dieser Weltbetrachtung bemüht, das Kapital geradezu zu vergöttlichen und zu einem Götzen zu machen. Doch diese Auffassung hat die Welt, wie sie früher war, aus dem Gleichgewicht gekippt und die Harmonie zerstört. Noch heute werden viele Länder und Nationen von diesem System weiterhin zerstört.

Was andere Systeme betrifft, die als Reaktion auf diese oben geschilderte Weltbetrachtung entstanden sind, so kann man sagen, dass sie die Arbeit als unantastbar betrachten. Sie sagen, dass alles auf der Arbeit beruht und daraus hervorgeht und machen sie damit zu einem anderen Götzen. Dieser Auffassung nach ist das Kapital lediglich ein Mittel der Ausbeutung. Und der Kapitalist ist ein Parasit, der das Blut des Arbeiters aussaugt.

Die verhärtete Polarisierung zwischen diesen beiden extremen Auffassungen hat zu bestimmten Zeiten dazu geführt, dass großes Chaos und Anarchie herrschten. Das reichte so weit, dass in diesem unglücklichen Zeitraum die Massen auf die Straßen strömten, um zu protestieren. Darauf folgten weitere Unruhen und letztlich erlebte die Welt eine dunkle Zeit, in der es zu Konflikten und Auseinandersetzungen kam. Natürlich wurde währenddessen ständig nach Lösungen gesucht, durch Tarifverträge, Streiks und Aussperrungen. Doch man muss sich fragen, ob alles das ausreichend war, um alle Wunden zu heilen. Oder wurden sie sogar noch mehr aufgerissen und führten zu Wundbrand und Absterben von lebendem Gewebe? Das wird wohl die Zeit zeigen.

b) Arbeit und Kapital aus der Sicht des Islam

Wenn wir dieses Thema aus der Perspektive des Islam betrachten, sehen wir, dass Arbeit und Kapital in einer Beziehung stehen wie die Seele und der Körper. Die Seele, also die Arbeit, ist das Wesentliche. Der Körper, also das Kapital, ist von der Seele, also von der Arbeit abhängig. Die Ordnung des Kapitals, das System, die Harmonie und die Lebendigkeit hängen unmittelbar mit der Arbeit zusammen und hängen davon ab.

Marx, der gesagt hat, dass „das heutige Kapital das Ergebnis der gestrigen Arbeit ist“, drückte damit einen wesentlichen Aspekt der Beziehung zwischen Arbeit und Kapital aus. Ich sage deswegen „einen Aspekt“, weil es nicht ganz zutrifft, dass sich das Kapital ausschließlich auf die Arbeit stützt, sich nur daraus bildet. Denn wenn wir unseren eigenen Charakter und die Welt, in der wir leben, sehr genau analysieren, werden wir feststellen, dass unzählige primäre Fähigkeiten und Gegebenheiten ohne jedes menschliche Zutun entstehen bzw. es gab und es gibt sie. Es gibt viele Dinge, die wir kostenlos erlangen können, ja, wir haben sogar unser Leben lang einen wahren Niederschlag an Gnaden, der uns ständig zuteil wird.

Wenn wir die Angelegenheit aber aus einer ganz anderen Perspektive betrachten, werden wir auch sehen, dass die Aussage von Marx zu einem Teil sehr wohl zutreffend ist. Denn Gott sagt:

„39. Und dass der Mensch nur das bekommt, wofür er sich anstrengt, 40. Und seine Anstrengung wird zu sehen sein. 41. Und danach wird ihm dafür vergolten mit vollster Erstattung." (an-Nadschm 53: 39–41) Wenn wir dieser wunderbaren Aussage des Korans den Glauben hinzufügen, werden wir die Wahrheit erkennen, dass im Kapital die Arbeit ihren Anteil hat. Wenn wir dann von diesem Punkt ausgehen, können wir sagen, dass also die Arbeit doch das Wesentliche ist, und das Kapital hängt davon ab. Aber so wie bei dieser Betrachtungsweise das Kapital nicht als wertlos erachtet wird, so wird man auch die Arbeit nicht vergöttern und zu einem Götzen machen.

Andere mögen dieses Thema behandeln, wie es ihnen beliebt, im Islam steht die Arbeit gleichwertig neben dem Kapital, so dass jeder Berechtigte sein Recht bekommt, und dies geschieht ohne zeitliche Versäumnis. Schließlich hat der Prophet Gottes (Friede und Segen sei mit ihm) gesagt: „Jemand, der einen Arbeiter einstellt, soll noch vor Beginn der Arbeit den Lohn bekannt machen!" (Nesaî, Aymân ve'n-Nuzûr, 44) und „Bezahlt den Lohn der Arbeiter, die ihr eingestellt habt, noch bevor ihr Schweiß auf der Stirn trocknet!" (Heysemî, Mecmua az-zevâid, IV/97) So hat er einerseits die Arbeit begrüßt, auf der anderen Seite hat er auch den Inhaber des Kapitals vor Augen und erklärte jedes Unrecht gegenüber dem Arbeiter und die Missachtung seiner Rechte als unrechtmäßig und als verboten.

Andererseits hat unser Prophet (Friede und Segen sei mit ihm) in einem Beispiel, das er der Versammlung erzählte – wie er das auch sonst regelmäßig tat –, die Aufmerksamkeit darauf gelenkt, dass einmal ein gläubiger Arbeitgeber den Lohn des Arbeiters verzinst hatte und ihn auf diese Weise dazu ermunterte, ebenfalls Kapital zu besitzen. Diese Geschichte ist als Hadith mit dem Titel „Hadith von der Höhle" bekannt und wird in den Hauptüberlieferungen wiedergegeben.

Drei Männer hatten in einer Höhle Schutz gesucht. Plötzlich versperrte ein Stück Felsen, der von dem Berg herunter gerollt war, den Eingang. Da der Ausgang damit versperrt war, konnten sie die Höhle nicht mehr verlassen. Dann haben sie durch das Versprechen einer guten Tat, von der sie glaubten, bei Gott damit Anerkennung und Gehör zu finden, inständig darum gebeten, dass das Felsstück von dem Eingang der Höhle irgendwie wegrollen möge. Der erste dieser Männer hatte Gott versprochen, seinen Eltern gegenüber gut zu sein und flehte so zu Gott. Der zweite Mann versprach, dass er vor einer künftigen Sünde, mit der er seine Ehre beschmutzen würde, gerade in dem Augenblick, als er sie begehen wollte, aus Respekt vor Gott sich zurückhalten würde, und flehte dadurch zu Gott. Nach diesen beiden Gebeten rührte sich der Stein ein wenig, gab aber den Eingang nicht frei.

Der Dritte aber flehte folgendermaßen:

„Mein Gott, ich hatte einen Arbeiter beschäftigt. Ich wollte seinen Lohn, wie den von allen anderen auch, bezahlen. Doch er fand den Lohn, den ich vorgeschlagen hatte, zu gering und sagte: „Ich nehme das nicht an" und ging weg. Wir hatten uns auf ein Schaf geeinigt. Als er weg war, nahm ich das Schaf und tat alles Nötige, damit es sich vermehrte. Jahre vergingen und aus dem einzelnen Schaf ist eine große

Herde geworden. Eines Tages kam der Mann zurück und klopfte an meine Tür. Er verlangte von mir sein Recht. Ich zeigte ihm die Herde und sagte: „Diese Herde ist dein Recht." Aber er erwiderte: „Ich bin ein armer Mann, mache dich nicht über mich lustig." Ich versicherte ihm, dass ich das nicht tat, und sagte: „Jenes Schaf, das du damals nicht mitgenommen hattest, hat sich vermehrt und ist jetzt eine Herde geworden. Nimm sie und treib sie nach Hause." Er freute sich sehr und trieb die Tiere nach Hause. Mein Gott, das hatte ich für Dich getan. Wenn Du diesen meinen Dienst an Dir annimmst, mach, dass der Felsen den Weg freigibt."

Nach diesem Flehen rollte das Felsstück ganz weg und der Eingang der Höhle wurde frei. Die drei Männer verließen die Höhle. (al-Buchari, Buyû' 98, İcâre 12: Ebû Dâvud, Buyû' 29)

Also, unser Prophet (Friede und Segen sei mit ihm) hat diese Geschichte erzählt und damit drei Beispiele zum Nachdenken gegeben, die zeigen, was im Leben der Gesellschaft für Harmonie und Vertrauen garantieren kann: Respekt vor den alten Menschen zu haben und das Recht der Eltern zu wahren, sowohl tugendhaft zu leben als auch die Ehre der anderen Menschen zu respektieren und sie nicht zu beschmutzen, ferner die Rechte der Arbeiter zu respektieren, ja sogar diese als Teilhaber zu sehen und zu akzeptieren und ihnen dazu zu verhelfen, dass auch sie zu einem Vermögen kommen können. Diese Dinge hat er also ganz besonderes betont.

Kurzum, der Islam erkennt sowohl die Existenzberechtigung des Kapitals als auch die der Arbeit an und hat in dieser Frage folgende Grundprinzipien festgelegt: Der Arbeiter verrichtet seine Arbeit gewissenhaft und unter Einsatz aller seiner Fähigkeiten. Der Arbeitgeber seinerseits muss den Lohn des Arbeiters rechtzeitig und in voller Höhe auszahlen. Der Islam schreibt außerdem vor, dass, wenn der Arbeitgeber dem Arbeiter gegenüber grausam ist, der Arbeiter nicht mit den gleichen Mitteln darauf antworten darf, also darf er nicht auch grausam handeln. Aber das Gleiche gilt auch umgekehrt. Denn Grausamkeit zu erfahren, entschuldigt nicht die Grausamkeit als Reaktion: „O ihr, die ihr glaubt! Seid Verteidiger und Vorkämpfer des Rechts für Gottes Sache, als Zeugen für die (Aufrechterhaltung) vollkommener Gerechtigkeit. Und lasst euch auf keinen Fall durch den Hass auf (bestimmte) Menschen (oder deren Hass auf euch) dazu verleiten, (die Sünde der) Abweichung von der Gerechtigkeit (zu begehen). Seid gerecht: Das ist näher an der Rechtschaffenheit und Frömmigkeit und ihnen angemessener. Strebt nach Rechtschaffenheit und Frömmigkeit und handelt stets in Ehrfurcht vor Gott. Wahrlich, Gott ist wohl vertraut mit dem, was ihr tut.“ (al-Māʼida 5: 8) Vor diesem Koranvers muss jeder erzittern, ob Arbeiter oder Arbeitgeber. Ja, der Islam hat seinen Anhängern ermöglicht, diese Angelegenheit in einem weiteren Sinn zu sehen, indem er ihr durch diese Perspektive eine geistige Dimension gegeben hat. Und er hat zwischen Kapital und Arbeit eine unzertrennliche Verbindung hergestellt.

c) Die praktischen Beziehungen zwischen Arbeiter und Arbeitgeber in der islamischen Gesellschaft

In dem Modell, das der Islam gezeichnet hat, sind Arbeiter und Arbeitgeber wie die Teile des gleichen Körpers. Zwischen ihnen gibt es keinen Hass, keine Feindschaft und keine Fehde sowie keine Übergriffe. Denn sowohl der Arbeiter als auch der Arbeitgeber sind der Ethik ihres Berufes treu und sie achten gegenseitig die Rechte des jeweils anderen.

Ja, der Arbeiter erhält seinen Lohn, noch bevor der Schweiß auf seiner Stirn getrocknet ist. Er erhält ihn, aber gleichzeitig betätigt er die Werkbank, an der er arbeitet, und erledigt seine Arbeit akkurat und präzise. Er hat die Rechte seines Arbeitgebers dabei auch vor Augen. Unser Prophet (Friede und Segen sei mit ihm) hat unter vielen anderen Geboten am ausführlichsten den Verdienst mit großer Sensibilität behandelt, denn durch den Respekt gegenüber dem Arbeitgeber erzielt man den Gewinn. Der islamische Arbeiter widmet seine Arbeit und alle seine Taten Gott und seinem Propheten (Friede und Segen sei mit ihm) und auch allen Gläubigen und führt sie nach bestem Wissen aus. Es ist unmöglich, dass eine solche Person das Recht des Arbeitgebers verletzt. Jemand, der dieser Auffassung ist, wird weder die Arbeit zeitlich hinauszögern (sabotieren) noch seine Arbeitskraft vermindert einsetzen. Denn er weiß, dass er für alles, was er tut, eines Tages zur Rechenschaft gezogen wird.

Was den islamischen Arbeitgeber betrifft, sind die Arbeiter, die er befehligt, seine Brüder. Er teilt mit ihnen sein Essen, seine Kleidung und bürdet ihnen nicht mehr Arbeit auf, als sie auszuführen in der Lage sind. Er betrachtet die Rechte seiner Arbeiter als die Rechte Gottes und ist sich bewusst, dass er jeden Bissen, den er ihnen vorenthält, eigentlich Gott vorenthält und dass das eine Sünde ist. Es ist unerlässlich, dass der Arbeitgeber zuerst die Rechte der Arbeiter festlegt und einen Zeitplan ausarbeitet. Wenn der Arbeitgeber seinen Arbeitern keinen Lohn zahlen kann, der seinem eigenen Lebensstandard entspricht, dann muss er sie zu einem bestimmten Anteil am Gewinn beteiligen.

Im Islam werden bestimmte Aktivitäten nicht befürwortet, wie zum Beispiel der Streik oder das Aussperren, auch wenn durch den Streik die Arbeiter um ihren Lohn kämpfen und dadurch einen Vertrag erreichen wollen, ebenso wenig akzeptiert wird als Reaktion darauf, die streikenden Arbeiter aus dem Betrieb auszusperren. Denn ein Streik betrifft nicht nur die Produktion und den Konsum, sondern auch die Arbeiter. Wegen des Streiks bleibt die Arbeit liegen, aber der Arbeiter hat dadurch auch einen Verlust. In gewissem Sinne wird auch bei der Aussperrung – was das Gegenteil des Streiks ist – die Produktion unterbrochen, und das zeigt sich als Arbeitslosigkeit. So sind die Folgen von Streik und Aussperrung, dass die Interessen auf beiden Seiten verletzt werden. Diese Situation führt zu gesellschaftlichen und wirtschaftlichen Reaktionen, die nicht zu verhindern sind, ja sogar zu Konflikten und Streitereien.

Natürlich gibt es bei den weltlichen Beziehungen manche Ungereimtheiten. Deshalb muss es unbedingt eine Institution geben, bei der sich diejenigen beschweren können, die sich benachteiligt fühlen. Und im Islam gibt es eine Institution namens „Hisbe Teşkilatı“ (Wohltatorganisation), die genau diesem Zweck dienen soll. In der Welt des Islam gibt es seit der Zeit unseres Propheten (Friede und Segen sei mit ihm) diese Institution, die im allgemeinen Sinne „das Gute befiehlt und das Schlechte verbietet“. In der Zeit des heiligen Kalifen Umar wurde diese Einrichtung zu einer vollständigen Institution, die dem Wohl der Gemeinde diente und seither eine sehr wichtige Rolle spielt. Neben der Sicherung der allgemeinen Ruhe und Sicherheit sorgt sie auch dafür, dass die Mittel der Grundversorgung zu einem bezahlbaren Preis der Bevölkerung angeboten werden. Deshalb kontrolliert sie die Handwerker und die Handelstreibenden, alle Geschäftsleute und Händler. Zu ihren Aufgaben gehört auch, die Probleme zwischen Arbeiter und Arbeitgeber zu schlichten und zu lösen.

Ja, im Gegensatz zu manchen Systemen, die eine Reihe von „Kräften“ entstehen lassen und dann deren Macht für die Methoden sowie für die Mittel der Auseinandersetzungen organisieren, sorgt der Islam für eine Balance zwischen den Streitparteien. Er versucht, die Interessen seiner Mitglieder unter einen Hut zu bringen. Im Wirtschaftsleben ist sein oberstes Ziel, Arbeitslosigkeit zu verhindern und die Kontinuität der Produktion sicherzustellen. Er motiviert die Menschen zu diesen Zielen und versucht dabei, die möglichen Missverständnisse aus dem Weg zu räumen und eine für beide Seiten akzeptable Lösung zu finden. Er versucht zu verhindern, dass eine Seite die andere Seite unterdrückt und dadurch die Gesellschaftsstruktur Schaden nimmt – das würde der Islam nie erlauben. Mehr noch, durch seine grundsätzlichen Prinzipien unterscheidet er nicht zwischen Herr und Diener, Beamten und Arbeiter, reich und arm. Auf diese Weise sichert er eine Annäherung und sogar einen Zusammenhalt zwischen den einzelnen Mitgliedern der Gesellschaft.

In der islamischen Gesellschaft trägt das Volk den Staat und die Regierenden auf seinen Schultern. Der Staat und die Regierenden ihrerseits dienen den Staatsangehörigen ehrenhalber. So wie ein gutherziger Hirte oder ein liebevoller Vater finden sie ihr Glück darin, ihre Schützlinge und Schutzbefohlenen glücklich und zufrieden zu machen.

In einer solchen Gesellschaft entwickeln auch alle Institutionen die Kultur und das Gefühl der Tugend und öffnen ihre Türen für Liebe und Menschenfreundlichkeit. Sie lehren den Menschen Freundlichkeit und sich mit allen zu vertragen. Sie halten sie von allerlei herzlosen Taten, niederen Gefühlen und allerhand Grobheiten ab und bewahren sie davor, ein Schandfleck der Menschheit zu sein. Insbesondere aber erziehen sie gegenüber allem, was heilig ist, zu Respekt.

Und mehr noch, diese intelligenten Menschen haben sichere und bleibende Vorkehrungen für die nichtmuslimischen Minderheiten getroffen, die sich in der Gesellschaft benachteiligt fühlten, für Kinder und Kranke, Behinderte und Schutzlose, für Arbeitslose und Bedürftige, so dass man ihnen Hilfe zukommen lassen muss. Sie haben verschiedene Hilfsfonds gegründet und jeder versucht, diesen Menschen zu helfen.

Im Hinblick auf das Gleichgewicht zwischen Armen und Reichen hat der Islam zahlreiche Grundsätze geschaffen, die das gesellschaftliche Leben detailliert regeln. Die wichtigsten sind: die Armensteuer, die freiwilligen Gaben, die Opfergaben, Bußgaben, Spenden, Darlehen und Ähnliches. Aus der Geschichte wissen wir auch mit Sicherheit, dass in der Zeit des Propheten (Friede und Segen sei mit ihm) zwischen den gesellschaftlichen Schichten – im Gegensatz zu heute – keine unüberwindbaren Abgründe existierten, schon gar nicht ein tiefer gegenseitiger Hass und Feindseligkeit. Denn die Muslime handeln unter sich – wenn dieser Ausdruck erlaubt ist – wie Beamte Gottes, die die Güter unter dem Volk verteilen – sie verteilen die Spenden und Gaben rechtmäßig und geben den Bedürftigen großzügige Gaben. Auch deshalb ist es nicht üblich, dass im Islam eine Schicht reich und wohlhabend ist und eine andere arm und hungrig. Denn die Anhänger dieses Systems schreiben das unserem Propheten (Friede und Segen sei mit ihm) zu, der gesagt hat: „Wenn jemandes Nachbar hungert, während er selbst satt ist, der kann nicht von uns sein!" Dieses Bekenntnis wurde im Alltagsleben weitestgehend praktiziert.

Ja, im Islam begnügt man sich nicht allein mit der Anwendung der Gesetze. Man handelt auf der Grundlage der Überlegung, dass an allem Besitz, der den Muslimen gehört, auch andere einen Anteil haben. Arrogantes und dünkelhaftes Benehmen wird abgelehnt, stattdessen sind Dankbarkeit und die Respektierung des Rechts der anderen wichtig. Man sorgt dafür, dass die Bedürftigen am Reichtum beteiligt werden.

In diesem heiligen System wurde nie toleriert, dass Arbeitgeber arrogant und derb handelten, dass sie ihr Vermögen und ihren Besitz hemmungslos aufhäuften, sondern es herrschte die Auffassung, dass alles geteilt werden muss, ob Freude oder Leid. Das ist der Grund dafür, dass der heilige Abu Bakr sein ganzes Vermögen für das Wohl des Volkes ausgab und – obwohl er der erste Kalif war – als er starb, besaß er nur noch einen einzigen Anzug, in dem er auch beerdigt wurde Umar, führte sein Leben in Zeiten der Hungersnot als Kalif fort, in dem er Brot in den Essig eintauchte. Er hatte sein einziges Reittier abwechselnd mit seinem Diener geritten, und er betrachtete den Umstand, dass sie das Kamel unter sich teilten, als eine normale Sache, so bescheiden war er. Zu einer Zeit, als die Armee von Abu Ubeyde b. Cerrah mit einer Hungersnot konfrontiert war, hat er sich, genau wie seine Soldaten auch, mit ein, zwei Datteln am Tag begnügt. Der heilige Abu Zer hat den Anzugsstoff, den er eines Tages erstanden hatte, in zwei Teile geschnitten. Den einen Teil behielt er selbst, von dem anderen aber ließ er für seinen Arbeiter einen Anzug anfertigen. Denen, die nach dem Grund dieser Tat fragten, antwortete er mit einer Überlieferung von unserem Propheten (Friede und Segen sei mit ihm): „Sie sind eure Brüder, die eurem Schutz anbefohlen wurden. Gibt ihnen zu essen von eurem Essen und gibt ihnen Kleidung von eurer Kleidung. Bürdet ihnen nicht mehr Arbeit auf, als sie kräftemäßig auszuführen in der Lage sind, und wenn ihr ihnen eine schwere Arbeit gibt, so helft ihnen dabei."

Zum Schluss möchte ich Folgendes zum Ausdruck bringen: Diese Wahrheiten, die ich zu erklären und zu schildern versucht habe, sind nicht die idealisierten Märchen einer utopischen Lebensweise. Im Gegenteil, das ist das Bild eines heiligen Systems, das nicht einmal durch die brutalsten Schläge einer seit Jahrhunderten grausamen und unbarmherzigen Welt erschüttert werden konnte. Ja, al-Farabi ist in seinem Werk „Mabādi' ārā' ahl al-madīna al-fādila" (Der ideale Staat) utopisch. Platon ist auch ein Autor der Utopie. Aber das, was in Medina geschehen ist, ist ein konkretes Ereignis. Der Prophet Gottes (Friede und Segen sei mit ihm) hat in sehr kurzer Zeit einen Staat gegründet und eine solche Atmosphäre der Tugenden ins Leben gerufen. Und wenn der allgemeine Zustand der heutigen Muslime nicht in dieses Bild passt, dann liegt der Fehler nicht im Islam, sondern bei den Muslimen, die ihre Religion nicht kennen und die ihr kein wahres Leben einzuhauchen vermögen.

Kurz und gut, der Islam vertritt die Ansicht, dass man zuerst im Denken, in der geistigen Konzeption und in der religiösen Lehre Fortschritte erzielen muss. Dann erst können die wirtschaftlichen Ziele auf einer soliden Grundlage und in Harmonie verwirklicht werden. In der Beziehung von Arbeit und Kapital ist die Situation gleich. Der Arbeitgeber muss einen Arbeitslohn zahlen, und der Arbeiter muss die Arbeit verrichten. Beide sollten das Bewusstsein haben, dass sie unter Gottes Aufsicht und Prüfung stehen und dies keine Sekunde aus den Augen verlieren, jede Tat muss in diesem Sinne ausgeführt sein. Dann werden sowohl Arbeit als auch Kapital geheiligt und der Konflikt und der Widerspruch „Ausbeuter und Ausgebeutete" wird endgültig aus der Welt sein. In einer solchen Gesellschaft steht der Arbeitgeber dem Arbeiter bei und behandelt ihn wie ein Familienmitglied. Er hilft ihm bei allen seinen Angelegenheiten, bei seiner Ernährung, seiner Kleidung und in allen seinen rechtlichen Verpflichtungen. Und der Arbeiter steht seinem Arbeitgeber ebenfalls bei. Feindschaft gegen seinen Chef und Neid stehen ihm fern. Er ist auf dem besten Weg, ein Musterbeispiel von Aufgabenerfüllung und Einsatzfreude zu werden. Er verrichtet seine Arbeit nach bestem Wissen und Gewissen und weiß, dass ihm dafür die Zustimmung der Heiligen und Gottes Lob sicher sind. Weil er das merkt, tut er alles mit einer seelischen Befriedigung und der Fröhlichkeit der Gottesverehrung.

Islam und Demokratie[25]

Frage: Verträgt sich der Islam mit der Demokratie? Wie sehen Sie die Tatsache, dass es in den meisten islamischen Ländern keine Demokratie gibt? Oder wie weit ist diese Situation ein Defizit?

Antwort: Wenn man vom Islam und der Demokratie spricht, muss man vor Augen halten, dass Ersteres eine heilige und himmlische Religion ist, das Zweite dagegen eine weltliche Regierungsform. Die grundsätzlichen Ziele einer Religion sind Glaube, Frömmigkeit, Gotteserkenntnis und eine gute Moral, die als universale Prinzipien gelten. Der Koran ruft durch seine Hunderte von Versen die Menschen dazu auf, an Gott zu glauben und Ihm zu dienen, die Ergebenheit in Ihn zu vertiefen und das Bewusstsein einer hohen Persönlichkeit zu erwerben. Außerdem ruft er zu einer guten Moral auf. Der Koran betont mit Nachdruck, dass man „glauben muss und gute Taten verrichten", zudem muss man sich so verhalten, als würde Gott jede Tat sehen oder als ob Ihm alles ständig sichtbar wäre. Man muss mit diesem Bewusstsein alle Beziehungen zu Gott ausbauen und darüber hinaus alles mit einer guten moralischen Einstellung tun. Das sind die Dinge, an die der Koran erinnert.

Die Demokratie hingegen ist nicht an und für sich eine Regierungsform. Man kann sogar sagen, dass sie im großen Maße verschlossen und kompliziert ist. Deshalb wird dieser Begriff selten ohne eine Ergänzung verwendet. Meistens wird er zusammen mit einem anderen Wort wie „liberal", sozial", christlich" oder „radikal" verwendet, doch selbst diese sehen jeweils die anderen Formen in der Praxis nicht immer als vereinbar mit der Demokratie.

---

[25] *The Muslim World*, Temmuz 2005, sayı 3

Doch in unseren Tagen wird der Begriff Demokratie stets als eine reine, eindeutige Form angenommen. Man bezieht die unterschiedlichen Erscheinungsformen und Beziehungen nicht mit ein. Auf der anderen Seite meinen viele, wenn von der Religion die Rede ist, ausschließlich den politischen Aspekt. Dieser ist neben sehr vielen weiteren Aspekten nur ein Aspekt der Religion. Dabei achten sie nicht einmal auf die geringe Gewichtung dieses Aspektes im Gegensatz zu den anderen. Und diese zwei Annahmen führen zu den unterschiedlichen Sichtweisen in Bezug auf die Vereinbarkeit von Islam und Demokratie. Obwohl diese Sichtweisen sich nicht ausschließen bzw. von Grund auf unterscheiden, weisen sie dennoch große Unterschiede auf.

Einer Auffassung zufolge ist der Islam nicht nur eine Religion, sondern zugleich ein politisches System, eine bestimmte Staatsform. Er habe sich in allen Bereichen, in den individuellen, familiären, gesellschaftlichen, politischen und wirtschaftlichen Angelegenheiten zum Ausdruck gebracht und tue es bis heute. Wenn man ihn also lediglich mit einem Glauben und einer Zeremonie gleichsetzen würde, wäre das eine unzulässige Verengung seines Interventions- und Verfügungsbereichs. Um diese kurz gefasste Darstellung herum haben sich neue Ideen entwickelt. Das hat oft dazu geführt, dass man dem Islam eine politische Ideologie angedichtet oder ihn auf diese Weise wahrgenommen hat. Manche Menschen sind sogar der Ansicht, dass eine solche Denkweise den Islam zu einer beliebigen politischen Ideologie gemacht hätte. Das aber widerspricht dem Geist des Islam, der sich voll und ganz auf Gesetze stützt. Er unterdrückt grundsätzlich keine Gruppen und Schichten, ja stellt sich sogar einer solchen Unterdrückung im vollen Umfang entgegen und praktiziert stets die Ansichten des Volkes – auf den Gebieten, die für eine Abstimmung offen sind. Die gleichen Menschen vertreten die Ansicht, dass man den Islam statt als eine politische Ideologie darzustellen, lieber als einen ergänzenden Faktor der Demokratie auffassen sollte. Diese Darstellungsweise des Islam würde angeblich dazu beitragen, dass die lokalen Versionen der Demokratie in der islamischen Welt bereichert werden könnten und die Beziehungen zwischen der materiellen und geistigen Welt der Menschen besser verstanden werden könnten. Ich bin überzeugt, dass der Islam die Demokratie bereichern kann, die breitgefächerten Bedürfnisse der Menschen, die ja durch nichts außer der ewigen und endlosen Zuneigung Gottes Befriedigung erfahren.

Ja, es ist bitter, dass in der islamischen Welt und folglich auch in der Türkei Menschen dem gleichen Irrtum erliegen. Sie reden oft von den Beziehungen zwischen Religion und Demokratie, manche von ihnen reden im Namen der Religion und geben eine Reihe von Erklärungen ab, andere sind Anhänger der Demokratie. Und zwar erliegen sie dem Irrtum, dass sich Religion und Demokratie niemals vertragen könnten. Denn die Religion stünde unter dem Befehl Gottes, während die Demokratie sich auf den Willen des Volkes stütze. Aber ich glaube, an diesem Punkt entgeht eine bestimmte Betrachtung in der Menge der Meinungen der Aufmerksamkeit, dass zwar die Macht ohne Wenn und Aber dem Volk gehört – doch diese Macht wurde – Gott behüte – nicht von Gott genommen und den Menschen übertragen, sondern von Gott den Menschen zum Verwenden übereignet, und zwar nicht einzig irgendeiner Person. Sie wurde nicht einer unabhängigen Person oder einem Diktator gegeben, sondern ist ein Prinzip, das dem Volk vollständig übertragen wurde. In diesem Sinne waren es die Praktiken der berechtigten Vertreter des Propheten – nämlich der ersten Kalifen. Es gibt keinen Zweifel daran, dass Gott im kosmologischen Sinne über alles herrscht. Wir stehen mit unseren Gedanken und Plänen stets unter Seiner überlegenen Weisheit. Das bedeutet allerdings nicht, dass wir keinen eigenen Willen, eigene Neigungen und Entscheidungen haben. Die Menschen können in ihrem individuellen

Leben ihre freie Wahl und ihre freien Entscheidungen treffen. Ebenso haben sie auch im gesellschaftlichen und politischen Bereich ihren Willen – bis zu einem gewissen Grade. Zum Beispiel können die Menschen bei der Wahl der Legislative und der Exekutive unterschiedliche Personen oder Gruppen oder Parteien wählen. Das war in der glücklichen Zeit, als der Prophet (Friede und Segen sei mit ihm) gelebt hat, gar keine Frage. Aber bei der Wahl des ersten Kalifen, Abū Bakr, wurde ein anderer Weg beschritten. Ebenso bei der Wahl des heiligen Umar, des heiligen Uthman und schließlich beim heiligen Ali ibn Abi Talib, den weiteren nachfolgenden Kalifen. Das Richtige weiß nur Gott allein.

Außerdem ist die Demokratie kein System, das nicht hinterfragt werden könnte. Wenn man sich ihre Entwicklungsphasen anschaut, wird man feststellen, dass es zu allen Zeiten Irrtümer gab und Korrekturen notwendig waren. Man musste manchmal einiges revidieren, und es war die Rede von dreißig Arten der Demokratie. Und gerade wegen der Abenteuer dieses verwinkelten Entwicklungsweges betrachten manche Menschen die Demokratie immer noch sehr skeptisch. Vielleicht ist das auch der Grund der Zurückhaltung der islamischen Welt. Und neben der Skepsis gibt es auch einige Despoten, die die Demokratie als die Bedrohung ihrer eigenen Macht und Position betrachten, und das kann auch als ein Hindernis gesehen werden, das für die islamische Welt charakteristisch wäre.

Islam und Politik[26]

Frage: Wie sehen Sie die Beziehungen zwischen dem Islam und der Politik in einer Zeit, in der der Begriff „politischer Islam“ populär geworden ist?

Antwort: Wie auch bei den anderen Fragen glaube ich, dass sowohl in der Religion als auch in der Politik eine Neigung zu Übertreibungen gegeben ist, die mit einer ziemlichen Unwissenheit einhergeht. Manche Menschen sind der Ansicht, dass die Religion in keiner Weise mit Politik zu tun hat. Andere wiederum zeigen sie nur als Politik, weil sie viele und tiefgehende Aspekte in diese Richtung aufweist. Im heiligen Koran gibt es zahlreiche Verse, die Verwaltung und Politik unmittelbar betreffen, und unser Prophet (Friede und Segen sei mit ihm) hat in diesen Fragen ebenfalls auf wichtige Personen und Prinzipien hingewiesen: die Regierung, Gesetzestreue, Beratung, die Krieg- und Friedensentscheidungen, die richterlichen Beschlüsse ... und noch viele ähnliche Prinzipien, die auf die Verwaltung und auf die Politik hinweisen.

Allerdings ist es nicht möglich, die Verwaltung und die Politik im Islam – im Gegensatz zu den Prinzipien des Glaubens und den Grundlagen der Religion – in ein bestimmtes Musterschema zu pressen. Die Geschichte zeigt uns, dass es seit der glücklichen Zeit (als der Prophet Muhammed – Friede und Segen sei mit ihm – gelebt hat) bis heute sehr viele Staatsformen gegeben hat. Unter diesen Staatsformen gab es – auch wenn zwischen ihnen in der Methodik nicht besonders große Unterschiede auszumachen sind – in den Details so viele Differenzen, dass diejenigen, die die Grundprinzipien dieser Angelegenheit nicht begreifen, diese Staaten als jeweils völlig andere Systeme

---

[26] *The Muslim World*, Temmuz 2005, sayı 3

auffassen – und das haben sie ja auch getan. Doch möchte ich gleich anmerken, dass es sich dabei um die interpretierbaren Seiten der Religion und um persönliche Meinungen handelt.

Um in dieser Frage solide Wertungen ausarbeiten zu können und um positive Ergebnisse zu erzielen, muss man die Grundquellen der Religion, also das Buch und die Sunna, als primäre Ausgangspunkte heranziehen. Außerdem sind in dieser Frage auch historische Erfahrungen wichtige Referenzen.

Im heiligen Koran gibt es neben Versen, die zur Ergebenheit Gott gegenüber aufrufen und die Aufgaben der Menschen bestimmen sowie inhaltlich Ausdruck von Gottesverehrung sind, auch solche Verse, die die Beziehungen unter den Menschen regeln. Obwohl beide Bereiche von Geboten und Ratschlägen von Gott stammen, wurden die Koranverse und Darlegungen in der Form bewahrt, wie sie unserem heiligen Propheten (Friede und Segen sei mit ihm) durch den Erhabenen Gott offenbart worden waren und wie auch seine Gefährten sie verstanden haben. Sie werden bis heute in der gleichen Form erhalten. Die heiligen Erlasse und prophetischen Erklärungen der zweiten Kategorie dagegen befinden sich entweder zwischen den Zeilen oder sind kurze Auszüge, die auf eine Reihe von allgemeinen Weisheiten, konkreten Angelegenheiten und Nutzen hinweisen. Sie haben mit dem gesellschaftlichen, wirtschaftlichen, politischen und kulturellen Leben der Menschen zu tun, basieren auf deren grundlegenden Prinzipien. Als Beispiele können Koranverse dienen, die sich auf Gerechtigkeit, Respekt vor dem Gesetz, auf das Verbot der Lüge, auf Barmherzigkeit und Freundlichkeit beziehen, und solche, die dazu motivieren, sich in allen Angelegenheiten beraten zu lassen, ehrenhaft zu leben und niemanden zu betrügen.

Wenn man diese Prinzipien in allen ihren Dimensionen richtig zu lesen in der Lage ist, dann geben sie den Fachleuten auch für zukünftig möglicherweise auftretende ähnliche Probleme, denen Muslime begegnen könnten, gute Leitfäden an die Hand. Die Deuter können sie als Referenzen verwenden und daraus manche Interpretationen erarbeiten. Die Koranexegeten können sie bis zu einem gewissen Grade ebenfalls berücksichtigen und unterschiedliche Wertungen daraus ableiten ... und so weiter.

Im heiligen Koran und in der wahren Sunna gibt es viele Fragen, deren Interpretation und Erhellung der Zeit überlassen wurden. Die Details wurden also der Zeit überlassen, weil es in diesen Bereichen keine eingehenden Gebote und Empfehlungen gibt. Deswegen ist es so, dass die Fragen von Politik, Staat und Führung der Gesellschaft, die diesbezüglichen Gebote und Empfehlungen, in anderer Form als die Beschreibung der Schöpfung der Wesen und der Erschaffung des Universums gehalten sind. Sie können auf diese Weise unterschiedliche Formen und Muster ergeben. Wenn man so will, kann man auch die Zeit als einen wichtigen Faktor miteinbeziehen und annehmen, dass ihr diese Fragen bewusst überantwortet wurden. Oder man könnte unter Beachtung der Adressaten die Universalität dieser Religion, die als „Religion der Toleranz" zu den Menschen geschickt worden war, annehmen. Denn wahrlich, unter den Angesprochenen des Korans gibt es sehr unterschiedliche Menschen und Gruppen, von den einfachsten Nomaden bis zu den zivilisiertesten Menschen, von den ungebildetsten Massen bis zu den höchsten Kulturvölkern, von einer prüden Schar bis zu aufgeklärten Gruppen, die sich auf höchster Stufe organisiert haben. Der Koran hat sie alle berücksichtigt und ihre unterschiedlichen Ansichten, Weltbetrachtungen und Wertungen, ja sogar ihre Lebensumstände beachtet und sie auf diese Weise angesprochen. Bei Bedarf hat er die Beziehungen der Menschen zum Allmächtigen auszugsweise zu beschreiben bevorzugt und die eingehende Erklärung und Öffnung der Frage der passenden Zeit und den großen Männern überlassen. Andere Fragen wiederum, wie die Beziehungen der Menschen untereinander, hat er in detaillierten Darlegungen und offenen Erklärungen kundgetan und sie als die soliden Stützen dieser Angelegenheiten ausgewiesen.

Aus dieser Perspektive betrachtet, hat hinsichtlich des zweiten Teils – dabei müssen die Interpretationen einiger irregegangener Gruppen ausgenommen werden – immer eine Einvernehmlichkeit geherrscht. Was den ersten Teil dagegen angeht, sind im jeweiligen Kontext der Bedingungen, der Zeit und der allgemeinen Lage der Welt sehr unterschiedliche Auslegungen gemacht worden. Natürlicherweise spiegelten sich diese Unterschiede in der Gesetzgebung und bei den Organen der Exekutive wider.

Trotz alledem wäre es völlig falsch, die unmittelbaren und erstrangig klaren Bezüge zur Politik im Koran so auszulegen, dass sie zu den Grundsatzprinzipien des „diakritischen Islam" zählten, und anzunehmen, dass diese in den Bereich der Religion eingedrungen seien. Offenbar haben manche Stellen im Koran zu dieser Fehlannahme geführt, die die Sichtweisen von einer oder mehreren Personen wiedergeben und die sich – auch wenn es nur im geringem Umfang geschieht – auf politische Bestimmungen, auf die Struktur des Staates und auf Formen der Regierung beziehen. Sie haben den religiösen Eifer und die historischen Erfahrungen außer Acht gelassen und gehen davon aus, dass man die Probleme der islamischen Gesellschaften mit politischen und bürokratischen Mitteln besser lösen könnte. Das hat zu einigen Missverständnissen geführt. Es ist offensichtlich, dass alle diese Betrachtungen eine Bedeutung im eigenen Sinne generiert haben. Aber ebenso offensichtlich ist auch, dass die Wahrheit nicht aus diesen Auslegungen besteht.

Auch wenn man die Rolle der Verwaltung und der Regierung bei der Regelung der zwischenmenschlichen Beziehungen nicht leugnen kann, spielen sie bei der Schaffung eines harmonischen Miteinanders des Einzelnen mit der Familie und der Gesellschaft dennoch neben den koranischen Werten eine nachrangige Rolle. Denn die „Grundsätze" des Glaubens sind auf der einen Seite Referenzen für Glaube, religiöse Praxis und Moral, die man in der Gesellschaft anerkennen lassen will, auf der anderen Seite aber bilden sie die Fundamente für Verwaltungs-, Wirtschafts- und politische Themen. Dennoch sollte man im Koran keine politischen Ansichten oder verschiedene Staatsmodelle suchen, auch wenn dieses heilige Buch eine Übersetzung aller ewig gültigen Schöpfungsbefehle enthält, alle Kommentare der geheimen und sichtbaren Welten, auch wenn es der Kommentator aller vorhandenen Phänomene und heiligen Namen im Himmel und auf Erden ist, das Rezept für vielerlei Probleme der islamischen Welt, der einzige Wegweiser zum weltlichen und himmlischen Glück, der unzweifelhafte Beweis für alle Reisenden des Jenseits, der sich nicht mit anderen Dingen abgibt, und die ewige und nicht endende Glücksquelle des Menschen. Ihn ausschließlich als ein Mittel zu politischen Zwecken zu benutzen, wäre nicht nur eine Respektlosigkeit, sondern man würde seine fruchtbaren Quellen und seine sonstigen Tiefen einengen.

Der offenkundige Koran erzeugt in den Seelen der Menschen eine Weite und Tiefe und damit vernünftige Politiker, die die Politik nicht als Glücks- bzw. Schachspiel betrachten.

Teil 4: Der globale Frieden

„Heute sind die Individuen mehr als jemals zuvor aufeinander angewiesen. Die Länder und die Staaten müssen engere Beziehungen als je zuvor in der Geschichte zueinander pflegen. Aus dieser Perspektive betrachtet, sind sowohl die Individuen als auch die Staaten und die Länder untereinander wie die Zahnräder einer Maschine in einer Fabrik miteinander verbunden. Ja, sie sind sogar in ein Gefüge wie die Organe eines einzigen Körpers eingebunden. Wie jedes Individuum ist auch jedes Land und jeder Staat von einer nicht zu unterschätzenden Bedeutung ... Heute benötigen wir eine Weltanschauung, die vor allem global ist, also die Probleme nicht aus der individuellen Perspektive, sondern als Teil des Ganzen betrachtet und vor allem im Blick behält, wo sich diese Länder befinden und welche Bedeutung sie haben. Wir brauchen Verhaltensmuster und Modelle des Habitus, die genau diese Punkte berücksichtigen."

Fethullah Gülen[27]

[27] *İnsanın Özündeki Sevgi*, İstanbul: Ufuk, 2003

Kein Platz für Diktaturen[28]

Die Welt wird immer kleiner, heute spricht man vom „globalen Dorf". Insbesondere die moderne Kommunikationstechnologie gibt den Diktaturen, genau wie rohe Gewalt auch, noch mehr Möglichkeiten der Unterdrückung und die Chance, dass sie ihre Willkürherrschaft fortsetzen können. Der Mensch ist ein edles Lebewesen – er kann weder Gefangenschaft noch erniedrigende Arbeiten lange Zeit ertragen. Deshalb sollten alle Staaten und alle Kräfte, die die Macht und die Verwaltung in den Händen halten, nach dem Prinzip „der Herr eines Volkes ist derjenige, der ihm dient" agieren. Sie sollten eine Struktur verwirklichen, die auf diesen Gedanken basiert, denn das ist letztlich auch ihr eigenes Interesse und eine wahre Notwendigkeit. Jeder einzelne Mensch verfügt im Rahmen seiner eigenen Maßstäbe über Ehre, Stolz und Würde. Solange diese Ehre, Stolz und Würde, die ihm der Schöpfer verliehen hat, nicht anerkannt werden, wird es weder in irgendeinem Land, geschweige denn auf der ganzen Welt möglich sein, dauerhaften Frieden zu erreichen. Es ist das Grundrecht eines jeden Menschen zu glauben, seinem Glauben entsprechend zu leben, autark zu denken und seine Gedanken frei zu äußern, Nachrichten untereinander auszutauschen und zu reisen. In einer Gesellschaft, in der die Menschen ihre Grundrechte, wie Leben, Sicherheit, Gesundheit, Arbeiten und Geld verdienen, eine Familie gründen und Kinder haben, nicht verwirklichen können und ihnen diese Rechte nicht garantiert werden, können sich Tugenden nicht entfalten. Zudem können jene Werte nicht geschützt werden, die eine Gesellschaft am Leben halten wie Produktion, Kon-

---

[28] Gülen, Fethullah: *İnsanın Özündeki Sevgi*, İstanbul: Ufuk, 2003, S. 225

sum und Verteilung, Recht und Gerechtigkeit sowie die Ausgewogenheit. Dann können in solchen Gesellschaften auch keine Tugenden wie Nächstenliebe, Respekt und gegenseitige Hilfe entstehen und sich entfalten. In diesem Kontext ist es auch kaum möglich, dass sich ein Regime in einer armen Welt lange halten kann. Und eigentlich wird sich eine Staatsführung und eine Verwaltung, die diese Grundwerte nicht ihr Eigen nennt, ständig unsicher fühlen und selbst das größte Unbehagen empfinden.

Wie sehr auch die Welt zunehmend an ein Dorf zu erinnern mag, gibt es dort unterschiedliche Formen des Glaubens, Farben, Rassen, Bräuche und Traditionen, und sie werden weiterleben. Jedes menschliche Individuum ist eine Welt für sich. Deshalb darf man die Menschen nicht als schematische Gegenstände betrachten, die einander völlig ähnlich sind, das wäre ein unmöglicher Wunsch. Deswegen hängt die Eintracht des (globalen) Dorfes davon ab, dass man alle diese Unterschiede anerkennt und sie als natürlich akzeptiert und dass deswegen niemand diskriminiert wird. Also gründet sich die Eintracht des globalen Dorfes auf Dialog und auf Toleranz. Wenn dies nicht geschieht, wird sich die Welt durch bewaffnete Auseinandersetzungen, Streitereien, Scharmützel und im Netz der blutigsten Kriege selbst vernichten. Und es wird unvermeidlich sein, dass sie ihr eigenes Ende damit besiegelt.

Der Weltfrieden[29]

Systeme, die sich für Kampf und Auseinandersetzungen als Lebensprinzip entscheiden, versprechen zwar ab und zu den Menschen auch Frieden und Ruhe. Doch in die Praxis konnten sie diese Versprechen noch nicht umsetzen. Im Gegenteil, die Menschen fanden sich stets mitten in Kämpfen und im Chaos wieder. Und der Stress, der das verursacht, endet immer im Leid. Sogar diese jetzige Lage, in der sich die Welt augenblicklich befindet, wurde von solchen Systemen verursacht – das können wir mit Gewissheit behaupten.

Doch der Islam kam zu jeder Zeit und an jedem Ort als ein Prinzip des Gleichgewichts zur Hilfe und hat die eigenen Grundsätze als jeweilige universale Botschaften an die ganze Menschheit kundgetan. Er hat sie kundgetan, und wenn man diese als eine Sammlung einzigartiger Regelungen betrachtet und als Person sie in das tägliche Leben integriert, hat man eine dauerhafte Rolle eines Retters auf sich genommen.

Durch unser wirtschaftliches und gesellschaftliches System, das wir Muslime nach den Prinzipien der Brüderlichkeit zustande gebracht und das wir seit Jahrhunderten gelebt haben, das wir heute aber mehr als je zuvor in der Geschichte benötigen, werden wir – so Gott es will – erneut zu Garanten des Weltfriedens. Denn nachdem wir in dieser Frage unsere Haltung aufgegeben haben, ist in der Welt kein Frieden und keine Ruhe mehr geblieben. Unsere Gegner haben uns durch unsere Auflösung unkontrollierbar gemacht, und sie haben unterschiedliche anarchistische Aktionen angeschürt.

---

[29] Gülen, Fethullah: *Enginliğiyle Bizim Dünyamız: İktisadî Mülâhazalar*, İstanbul: Nil, 2011, S. 267–268

Wir brannten für das Wohl der Menschheit, die Menschenliebe spornte uns an und wir sagten allen: „Selâmün Aleyküm – Allah möge Frieden über euch bringen, lebt in Frieden und in Sicherheit." Unsere Anstrengungen waren nicht umsonst. Sie waren nicht umsonst, und uns gegenüber wurden unsere Friedens- und Sicherheitsgrüße stets erwidert: „Ve Aleyküm Selâm – möge Allahs Friede auch über euch sein."

Gestern waren wir so und auch heute sind wir die Hüter der Harmonie, die Botschafter des Friedens und dessen Zeugen. Das haben wir in der Vergangenheit weltweit verwirklicht, und überall begegneten wir allen Menschen als unseren Brüdern. Wir haben nicht nur das Gleichgewicht gewahrt, wir hielten uns auch von Gewalt und Tyrannei zurück, und wir haben bei der Verbreitung dieser Haltung eine Pionierrolle gespielt.

Ja, wir sind in unserer Vergangenheit immer und überall als ein Verfechter des Ausgleichs aufgetreten, und wir waren die Garanten des allgemeinen Friedens. Gestern waren wir so, und so werden wir unser Leben lang auch bleiben. Sogar sterben werden wir so. Und wenn wir ins Paradies eingehen, wird man uns sagen: „Friede sei mit euch! Gut habt ihr es gemacht, und so seid ihr gereinigt (von den hässlichen Überresten der Sünde und befreit von jeglichem Leid), darum tretet ein (ins Paradies), um dort zu bleiben!" (az-Zumar 39: 73) Und bis zu dem Augenblick, in dem wir diese Belobigung erhalten, werden wir so bleiben.

Andere Systeme haben als Prinzipien Kampf und Auseinandersetzungen als das Wesentliche zum Fortführen des Lebens gewählt. Sie nehmen diese als unverzichtbare Regeln hin, um ihr Leben fortzuführen. Der Islam aber hat das Leben an die Prinzipien der Solidarität und der gegenseitigen Hilfe gebunden. Es gibt keine wichtigere Regel als den allgemeinen Frieden und den Weltfrieden zu wahren.

Wenn wir den Weltfrieden aus der Perspektive der wirtschaftlichen Organisation des Islam betrachten, werden wir erkennen, welche Atmosphäre der Sicherheit für Hab und Gut und des Vertrauens diese Wirtschaftsstruktur für die ganze Welt gebracht hat: Sie könnte diese Sicherheit auch künftig bringen, denn sie ist offensichtlich von jeder Ideologie frei.

In keinem anderen System der Welt ist der Frieden mit seiner praktischen Verwirklichung als Prinzip enthalten. Doch der Koran sagt: „Frieden ist eine Wohltat." (an-Nisa 4: 128). Nach dem Koran ist der Frieden ein weltweit gültiges Prinzip, und er empfiehlt, dieses umzusetzen.

Die Basis der wirtschaftlichen Struktur, auf die der Islam gegründet wurde, unterscheidet sich von Wirtschaftssystemen, die darauf gründen, dass sie andere Systeme vernichten. Er ist von denen weit entfernt, zugleich ist der Islam ein Beispiel für Güte und Menschlichkeit.

Es muss aber gesagt werden, dass die Menschheit noch nicht die Entwicklungsstufe erreicht hat, dieses System des Friedens zu erkennen und zu begreifen. Dabei ist der Islam vor eintausendvierhundert Jahren mit einem solchen Angebot auf- und angetreten und hat auch seine Wirtschaftsstruktur auf dieser Grundidee aufgebaut.

Selbstmorde und Selbstmordattentate[30]

Frage: In unserer Zeit sind die Selbstmorde zu einer regelrechten Plage geworden. Wie sieht der Islam dieses Phänomen? Was sind die Hintergründe und Anlässe, die einen Menschen in eine solch weltliche und jenseitige Katastrophe führen?

Antwort: Zwar gibt es im Koran in Bezug auf den Selbstmord keinen ausdrücklichen Hinweis, dennoch sind Koranverse und Urteile, die sich auf die Tötung eines anderen Menschen beziehen, auch für die Selbstmörder gültig – das können wir wohl sicher sagen. Denn so, wie es ein Mord ist, einen anderen Menschen zu töten, so ist auch der Selbstmord eine Form des Mordes. Der Erhabene Gott hat dazu gesagt:

مَنْ قَتَلَ نَفْسًا بِغَيْرِ نَفْسٍ أَوْ فَسَادٍ فِي الْأَرْضِ فَكَأَنَّمَا قَتَلَ النَّاسَ جَمِيعًا

„Wenn einer einen Menschen tötet, dann ist es so, als ob er die gesamte Menschheit getötet hätte." (al-Mā'ida 5: 32) Also zählt jeder Mord als die Tötung der ganzen Menschheit.

Andererseits ist das wichtigste der fünf Grundprinzipien, die der Mensch einhalten muss, sein Leben zu schützen. Ja, man könnte sogar sagen, dass – so wie es auch Şatıbî in seinem Werk Muvafakat innerhalb eines bestimmten Systems betrachtet – das gesamte Rechtssystem auf den fünf Ursprünge genannten Prinzipien „Leben, Religion, Besitz, Verstand und Nachkommenschaft" basiert. Dabei nimmt der Schutz des Lebens den ersten Platz ein, das ist das wichtigste Thema. Aus dieser Perspektive betrachtet, ist der Mensch nicht nur zum Beschützen seiner Religion verpflichtet, sondern auch zum Schutz des Lebens insgesamt. Das Leben ist

---

[30] Gülen, Fethullah: „İntihar". In: Kırık Testi, 19. Juni 2012, http://www.herkul.org/kirik-testi-arsiv/

so würdevoll und sein Schutz ist so notwendig und wichtig, dass, wenn jemand sich sein eigenes Leben nehmen will, es erlaubt ist, sich als Fremder einzumischen, um das Leben dieser Person zu wahren.

Verrat am Anvertrauten

Außerdem ist das Ego etwas Wichtiges, was von Gott dem Menschen anvertraut wurde. So wie der Glaube, die Frömmigkeit, der Dienst an der Religion jeweils den Menschen anvertraute Werte sind, so ist auch das Ego als „Fahrzeug" all dieser Werte dem Menschen anvertraut worden. Denn wenn es kein Leben gibt, kann man gar nichts von diesen Dingen verwirklichen. So gesehen, ist die eigenhändige Beendigung des Lebens eines Menschen, als würde er das „Fahrzeug" einiger Dinge vernichten, die dem Ego anvertraut sind.

Zudem kommt der Mensch auf die Welt und wird, genau wie ein Soldat, zum Dienst einberufen und mit einer Aufgabe betraut. Aus dieser Perspektive betrachtet, ist die Aufgabe, die dem Menschen zufällt, bis zu dem Augenblick geduldig zu warten, bis man ihn ruft. So wie ein Soldat nicht ohne die Unterzeichnung der Entlassungspapiere durch seinen Vorgesetzten das Militär verlassen darf, weil er sonst als Deserteur gelten würde. Genauso verhält es sich, wenn man seine Lebensaufgabe verlässt, ohne die Entlassungsunterlagen seitens des Besitzers zu haben. Auch dann zählt man als Deserteur und alle Verdienste, die man ein Leben lang erworben hat, werden ungültig. Ja, sogar jenseits des Selbstmords ist bereits der Wunsch eine Sünde, sich wegen mancher Schwierigkeiten, die man erlebt, töten zu wollen, das von Gott gegebene Leben wegwerfen zu wollen. Denn einen solchen Wunsch zu haben, kommt einer Auflehnung gegen das Schicksal und gegen den Erhabenen Gott gleich. Es ist eine

Rebellion. Das ist der Grund dafür, dass jemand, der ungewollt eine solche Aussage trifft, sich in sein Zimmer zurückziehen und zu Gott flehen sollte, als hätte er bereits eine große Sünde begangen: „Gott, verzeih mir. Denn ich habe Dir gegenüber einen Mord begangen." Und sogar wenn ein solcher Gedanke gegen das Leben noch viel weitreichender als nur bedenklich erscheint, zählt er als eine sehr große Sünde und als Respektlosigkeit. Sich vor den Aufgaben in diesem Leben zu drücken, anstatt mit den Schwierigkeiten zu kämpfen, ist eine Sünde. Denn in dieser Angelegenheit hat Er das Machtwort. Er ist es, der uns auf diese Welt und von hier ins Jenseits schickt. In dieser Frage hat keine weltliche Instanz das Recht, sich dagegenzustellen.

Schließlich kann der Mensch, während er sein Leben, seine Religion und seinen Besitz sowie all die Dinge, die er beschützen muss, beschützt, sein Leben verlieren. Bei einem solchen Ende mag es so aussehen, als würde der Mensch einen Einfluss daran haben. Doch in Wirklichkeit ist dies ein Gang ins Jenseits, der im Rahmen der Befehle Gottes erfolgt. Schließlich hatte der heilige Prophet (Friede und Segen sei mit ihm) in einem Hadith folgendes Gebot geäußert:

مَنْ قُتِلَ دُونَ مَالِهِ فَهُوَ شَهِيدٌ وَمَنْ قُتِلَ دُونَ دِينِهِ فَهُوَ شَهِيدٌ وَمَنْ قُتِلَ دُونَ دَمِهِ فَهُوَ شَهِيدٌ وَمَنْ قُتِلَ دُونَ أَهْلِهِ فَهُوَ شَهِيدٌ

„Wer für seinen Besitz sein Leben lassen muss, ist ein Märtyrer, wer für seine Religion getötet wird, ist ein Märtyrer, wer für sein Ego getötet wird, ist ein Märtyrer und wer für seine Familie getötet wird, ist ebenfalls ein Märtyrer." (at-Tirmidhī, Diyât 22; Nesâî, Tahrimu'd-dem 23) Also ist der Tod in einer solchen Situation auf der einen Seite die Erfüllung des Schicksals durch Gott.

Auch wenn manche der islamische Rechtsgelehrten die Ansicht vertreten, dass ein Mensch, der sich selbst tötet, wie ein Apostat zu sehen sei, dessen Totengebet nicht abgehalten werden kann, kann man die zeitweilige Bewusstseinstrübung eines Menschen, während er versucht, sich das Leben zu nehmen, nicht ausschließen. Ja, ein Mensch, der sich in diesem Zustand befindet und nicht in der Lage ist, klare Gedanken zu fassen, ist sich seiner Taten nicht bewusst, denn er hat eigentlich seinen Verstand verloren. Und weil wir also nicht wissen können, mit welchem Hintergrund und aus welcher Motivation heraus jemand sich das Leben genommen hat, und wir auch die Hintergründe seiner Erlebnisse nicht kennen, müssen wir trotz allem mit diesen Menschen tolerant umgehen. Wir müssen ihn nach den Vorschriften unserer Religion in ein Leichentuch hüllen und den Gottesdienst für ihn abhalten. Es ist nicht bedenklich, dass wir über ihn ein gutes Zeugnis ablegen.

Es gibt manchmal unerträglich gewordene Leiden und Qualen, die einen Menschen in den Selbstmord treiben können. Ein solcher Fall kam auch zu den Lebzeiten unseres heiligen Propheten (Friede und Segen sei mit ihm) vor. Eine Person namens Kuzman wurde bei der Schlacht bei Uhud sehr schwer verletzt. Er ertrug seine Schmerzen nicht, und um seinen Tod zu beschleunigen, hat er sich die scharfe Klinge seines Schwertes auf die eigene Brust gelegt und sie sich in die Brust gerammt, indem er sich darauf fallen ließ. Daraufhin hat unser heiliger Prophet (Friede und Segen sei mit ihm) über ihn gesagt: „Er ist ein Mann des Feuers!“ Denken Sie nur, er hatte neben dem Propheten (Friede und Segen sei mit ihm) gekämpft und wurde dabei so schwer verletzt, dass er hätte sterben können. Doch seine Schmerzen und sein Leid waren so groß, dass er sie nicht aushielt. So brachte er sich um. Deshalb hat dieser unglückliche Mensch seinen Status als Gewinner verloren. Ja, er hat vor der Entscheidung Gottes selbst eine Entscheidung getroffen. Er verließ seine Einheit, bevor man ihm den Entlassungsschein ausgestellt hatte. Als Ergebnis war für ihn „die Hölle“ vorgesehen.

Dabei ist das, was ein gläubiger Mensch in solchen Situationen tun sollte, die Zähne zusammenzubeißen und in Geduld das Ergebnis abzuwarten. Der Mensch muss, was auch immer geschehen mag, bis zu der Zeit, wenn Gott ihn zu sich ruft, alles aushalten und sein Glück allein im Erhabenen Gott sehen und dementsprechend sterben. Mit anderen Worten, sogar im Sterben muss der Mensch der heiligen Absicht Folge leisten. Wie es im Koran steht:

يَا أَيُّهَا الَّذِينَ آمَنُوا اتَّقُوا اللَّهَ حَقَّ تُقَاتِهِ وَلَا تَمُوتُنَّ إِلَّا وَأَنْتُمْ مُسْلِمُونَ

„O ihr, die ihr glaubt! Hütet euch vor Ungehorsam gegen Gott, in tiefer Ehrfurcht vor Ihm und in Frömmigkeit, so wie es Ihm gebührt; und achtet darauf, dass ihr nicht sterbt denn als Muslime (die Ihm ganz und gar ergeben sind).“ (al-'Imrān 3: 102)

Dieser Koranvers weist ausdrücklich darauf hin, dass der Mensch sich nicht selbst töten darf. Denn der Selbstmord ist ein Ergebnis der Verweigerung, sich Gott zu überlassen. Aber dieser Koranvers gebietet eindeutig: „achtet darauf, dass ihr nicht sterbt denn als Muslime (die Ihm ganz und gar ergeben sind)“. Außerdem ist die Selbsttötung eines Menschen – weil er damit seine ganze Vergangenheit opfert – eine sehr gefährliche Art, dem Leben ein Ende zu setzen.

Mehrfacher Mord: Die Selbstmordattentate

In unserer Zeit gibt es eine weitere Form des Selbstmordes: In manchen Ländern – beginnend in den westlichen Ländern – gab und gibt es leider eine Reihe von Selbstmordattentaten, darunter auch in einigen islamischen Ländern. Die Täter dieser Attentate werten diese Angriffe als „sinnvolle Selbstmorde“ und erlegen sich eine selbsternannte Mission auf. Um es anders auszudrücken, sie wollen durch diese Selbstmorde, die sie für ihre politischen Ideologien ausführen, angeblich einen Sinn und einen Wert schaffen. Sie meinen auf diese Weise sich, ihre Religion und ihre Frömmigkeit schützen zu können. Aber in Wirklichkeit sind diese Taten, die als eine Art lebende Bomben ausgeführt werden, in keiner Weise anders geartet als die Selbstmorde, die ich im vorausgehenden Teil geschildert hatte. Mehr sogar, diese Selbstmorde sind mehrfache Morde zugleich. Denn diese gedankenlosen Missetäter, die weder vom Geist der Religion eine Ahnung noch mit Menschlichkeit auch nur das Geringste zu tun haben, gelangen durch ihre Selbsttötung nicht nur selbst direkt in die Hölle. Sie töten daneben auch eine Reihe von unschuldigen Menschen. Deshalb werden sie vor Gott nicht nur die Verantwortung für sich selbst übernehmen müssen, sie werden auch Rechenschaft über den Tod all der Männer, Frauen und Kinder ablegen müssen, die sie mit in den Tod gerissen haben, die sie ohne Rücksicht darauf, ob sie Muslime oder Nichtmuslime waren, auf ihrem Gewissen haben. Sie werden für jeden Einzelnen vor Gott zur Verantwortung gezogen werden. Denn im Islam ist alles, was zu tun ist, ganz gleich ob im Frieden oder im Krieg, durch Gesetze und durch Disziplin geregelt. Im Frieden kann niemand einfach so einen Krieg ausrufen und beschließen, Menschen zu töten. Und während eines Krieges darf man Kinder, Frauen und Alte der Gegenseite nicht töten.

Unter Beachtung dieser Prinzipien ist es niemals möglich, die Selbstmordattentate und ähnliche Taten – aus welcher Sicht man sie auch werten mag – mit dem Islam in Einklang zu bringen. Eine Überlieferung über unseren Propheten (Friede und Segen sei mit ihm) gibt in dieser Frage eine klare Antwort:

لَا يَزْنِي الْعَبْدُ حِينَ يَزْنِي وَهُوَ مُؤْمِنٌ وَلَا يَشْرَبُ الْخَمْرَ حِينَ يَشْرَبُهَا وَهُوَ مُؤْمِنٌ وَلَا يَسْرِقُ وَهُوَ مُؤْمِنٌ وَلَا يَقْتُلُ وَهُوَ مُؤْمِنٌ

„Der Mensch bricht als Gläubiger nicht die Ehe, trinkt keinen Alkohol, stiehlt nicht und tötet keine Menschen.“ (Nesâî, Kasâme 48, 49)

Daraus entnehmen wir, dass ein Mörder während seiner Tat kein Gläubiger ist. Anders ausgedrückt: Ein Mensch, der diese Sünden begeht oder vorhat, ist in jenem Moment in einem Zustand, dass er wegen seiner Pläne, Vorstellungen und Projekte nicht „Muslim“ genannt werden kann. Ja, wenn man ihn in diesem Augenblick durch eine Lupe betrachten würde, würde man kein Porträt eines Muslims sehen. Ein solcher Charakter passt nicht in den islamischen Rahmen. Also, wir wollen nochmals betonen, dass aus dieser Perspektive die Person, die als lebende Bombe unschuldige Menschen tötet – mag sie beliebiger Nation und beliebiger Religion sein –, in gar keinem Fall mit dem Islam in Einklang gebracht werden kann und darf. Jemand, der so viele Menschen tötet, wird im Jenseits keine Vergebung finden. Natürlich ist es möglich, dass der Verbrecher, der diese größte aller Sünden begeht, sich an den Erhabenen Gott wendet und um Verzeihung seiner Sünden fleht und ihm mit der Zeit vergeben wird. In diesem Fall weiß nur der Allmächtige, welche Behandlung der Täter im Jenseits erfahren wird.

Auf der anderen Seite ist eindeutig, dass ein solcher Mord das glänzende Gesicht des Islam angeschwärzt hat. Die Tat hat also die Bedeutung, das Gesicht des Islam mit Pech zu bewerfen und es schwarz zu malen. Denn die Morde, die unter dem Vorwand des Islam und dem Anschein nach in dessen Namen begangen werden, werden zwar von Menschen begangen, die vom Islam keine Ahnung haben. Doch in den Augen derer, die den Islam nicht kennen, werden diese Taten dieser Religion zugeschrieben. Deswegen werden die Menschen, die diese Missverständnisse zu bereinigen versuchen, sich besonders große Mühe geben müssen. So gesehen, kommt es nicht darauf an, wer diese Selbstmordattentate verwirklicht. Sie sind so oder so doppelte Morde, ja sogar mehrfache Morde. Einige Menschen, die die Aspekte des Islam überhaupt nicht kennen, fragen mich hier solche Dinge wie: „Ist es die Sehnsucht der Muslime nach dem Paradies, die sie zu Selbstmordattentaten motiviert?“ Auf diese Frage gebe ich folgende Antwort: „Wenn diese Menschen aus dieser Ansicht heraus handeln, dann bedeutet das, dass sie eine falsche Ansicht haben. Denn niemand, der einen solchen Mord begeht, kommt ins Paradies, sondern landet mit einem Schlag in der Hölle.“

Um es kurz zusammenzufassen: Diese fürchterlichen Morde, die man unter dem Namen „Selbstmordattentate“ kennt, als religiös motiviert hinzustellen, verleiht diesem Phänomen eine viel gefährlichere Dimension. Deshalb möchte ich noch einmal betonen, dass eine derartige Grausamkeit – ganz gleich mit welchem Ziel sie auch geschehen mag und in welcher Form sie ausgeführt wird – in gar keinem Fall eine gottgefällige und von Gott gebilligte Tat ist. Sie kann nicht mit dem Islam im Einklang stehen.

Respekt vor dem Sakralen[31]

Frage: Wie soll die Haltung und die Reaktion der Gläubigen angesichts der Angriffe und Respektlosigkeiten gegenüber der Religion und den heiligen Werten sein?

Antwort: Gegenüber persönlichen Beleidigungen und Respektlosigkeiten sollte man die Zähne zusammenbeißen und schweigen, also wenn möglich gar keine Antworten geben. In unserer Religion gilt es als eine der höchsten Tugenden, die Steine, die einem an den Kopf geworfen werden, in der Luft zerfallen zu lassen wie Sternschuppen am Himmel. Doch wenn „Gottes Recht", des „Propheten Recht" oder das Recht des Korans beleidigt oder mit den Füßen getreten werden, wenn gegen diese Rechte Respektlosigkeit begangen wird, dann gibt es kein Vergeben. Denn hierbei handelt es sich nicht um Persönlichkeitsrechte. In einer solchen Situation kann der Gläubige nicht so tun, als wäre nichts geschehen. Er kann das nicht hinnehmen und den Vorfall ohne jede Reaktion auf sich beruhen lassen. Doch wie in allen anderen Angelegenheiten auch, muss man zu seiner Persönlichkeit passend und geziemend handeln, die Charakterzüge und Erfordernisse eines Muslimen unter Beweis stellen, eine Reaktion zeigen, die zu einem Gläubigen passt, den Stil und die Ehre wahren und dennoch niemals nachgeben.

---

[31] Gülen, Fethullah: „Kutsala Saygı". In: Kırık Testi, 30 Nisan 2013, http://www. herkul.org/kirik-testi-arsiv/

Leider sind in unserer Zeit unterschiedliche Instabilitäten entstanden, denen wir uns ausgesetzt sehen. Jeden Tag finden Ereignisse statt, die von Hass und Feindseligkeit geleitet sind, die aus Zorn begangen werden. Eine Menge unanständiger Worte, die von allen Seiten kommen, ebenso eine Menge provokanter Verhaltensweisen sind gang und gäbe geworden. Manchmal passiert sogar ein unglücklicher Vorfall und noch bevor man weiß, wer hinter diesem Ereignis steckt, werden einzelne Stimmen laut – voller beängstigender Feindseligkeit und voller Hass –, die die Muslime verurteilen. Dann erhebt sich ein anderer und gibt eine andere Beleidigung von sich. An anderen Stellen werden Plakate aufgehängt und die Menschen auf diese Weise provoziert. Doch in all diesem Durcheinander wird an eine Sache nicht gedacht: Wer den Erhabenen Gott beleidigt, Seinen Namen und Seine Eigenschaften in den Schmutz zieht, den Propheten und den Engeln und Erzengeln den Respekt verweigert, beleidigt durch diese Werte alle Menschen, die ganze Menschheit, und er verletzt sie alle. Denn manche Prinzipien, die sich auf die Welt nach dem Tod, auf das Jenseits, auf die Auferstehung und auf manche weitere heilige Glücksversprechen beziehen, sind nicht nur Teil des Islam. Ihre Beleidigung stört auch die Mitglieder anderer Religionen. So gesehen werden nicht nur die etwa anderthalb Milliarden Muslime auf der Welt verletzt, es sind auch die Mitglieder der anderen Religionen betroffen, die an das Jenseits glauben. Schließlich werden diese Themen und Fragen des Glaubens grundsätzlich auch von den anderen Religionen bejaht. Wenn man also neben den anderthalb Millionen Muslimen auch die Mitglieder der anderen Buchreligionen mit einbezieht, die ebenfalls an das Jenseits glauben, dann werden insgesamt etwa vier bis fünf Milliarden Menschen angesprochen. Wenn man also Heiligkeiten erniedrigt, die von vier bis fünf Milliarden Menschen verehrt werden, die darauf großen Wert legen und diese verinnerlichen, die diesen Dingen einen wichtigen Platz im Leben einräumen, wenn man diese mit üblen Worten beschimpft und respektlos behandelt, dann hat man letztlich diese fünf Milliarden Menschen respektlos behandelt und erniedrigt, sie alle in ihrer Ehre verletzt. Also muss derjenige, der so etwas tut, bedenken und im Gegenzug hinnehmen, dass man ihn genauso respektlos behandelt und erniedrigt. Ja, wenn jemand mit den Heiligkeiten von vier bis fünf Milliarden Menschen ein Spiel treibt, wenn er diese Heiligkeiten mit einem Speer bewirft, dann darf er sich vom Stich einer Nadel nicht verletzt fühlen. Denn wenn man die Ehre eines anderen Menschen verletzt – wer es auch immer tun mag –, entfacht man damit in ihm ein Gefühl der Herabwürdigung der eigenen Person. Doch wenn man ihm gegenüber respektvoll ist, dann erweckt man in ihm Respekt für sich.

Zudem ist es sowieso nicht richtig, dass jemand, der von einem Thema keine Ahnung hat und kein Fachmann auf diesem Gebiet ist, darüber irgendwelche aus der Luft gegriffene Aussagen trifft. Zum Beispiel, wenn sich jemand in der Philosophie nicht auskennt, dann macht er sich nur selbst lächerlich, wenn er eine philosophische Schule kritisiert und diese verhöhnt. Zugleich aber verhält er sich respektlos gegenüber den Wissenschaften und den wissenschaftlichen Methoden. Angenommen, Sie betrachten die meisten philosophischen Richtungen, die nicht durch die konstanten Disziplinen des Korans überprüft wurden, als falsches Denken. Doch wenn Sie selbst keine philosophischen Fachbücher gelesen haben oder zumindest Analysen und Kritiken über die betreffende philosophische Richtung gut kennen, wenn Sie in dieser Frage nicht ordentlich belesen sind und wenn Sie sich dann noch anmaßen, diese philosophische Richtung geradezu verschmähend in Frage zu stellen, ohne darüber gründlich recherchiert zu haben, dann machen Sie sich nur selbst lächerlich.

Genauso verhält es sich mit jemandem, der mit klassischer Musik nichts zu tun hat, aber sich dennoch anmaßt, über die musikalischen Regeln Äußerungen und Wertungen abzugeben und sich wie ein Fachmann zu äußern. Das wirkt ebenso lächerlich. Und jemand, der kein Journalist ist, aber sich über dieses Gebiet Urteile anmaßt, irgendwelche Wertungen vornimmt, schadet nicht nur dem Geiste des Journalismus, er ist auch den Menschen gegenüber respektlos, die diesen Beruf ausüben. Denn schließlich sind diese Fachgebiete, die ich aufgezählt habe, Arbeitsfelder von Menschen, die sich darauf spezialisiert haben und darin erfolgreich sind.

Aber heutzutage ist es so, dass Menschen, die den Koran und die Sunna überhaupt nicht kennen, diese attackieren. Sie haben von dieser Religion, die in der Geschichte der Welt mehrere revolutionäre Ereignisse bewirkt hat und gleichzeitig in den ersten fünf Jahrhunderten ihrer Existenz in ihrem Einzugsgebiet eine schwindelerregende Renaissance etablierte, keine Ahnung. Dennoch attackieren sie und ihre Anhänger den Koran mit Ausdrücken, die an Beleidigungen grenzen, und mit aus der Luft gegriffenen Beschuldigungen. Anschließend nennen sie das alles „Meinungs- und Redefreiheit", obwohl es in unserer Zeit, in der die Spezialisierung auf Fachgebiete immer mehr Bedeutung hat, nicht üblich ist, dass jemand, der von einem Wissensgebiet keine Ahnung hat, darüber unqualifizierte Reden halten kann. Diese widersprechen sowohl dem gesunden Menschenverstand, der üblichen Logik, der gesunden Urteilskraft und dem guten Gewissen und sind ihnen gegenüber respektlos. Jemand, der eine solche Respektlosigkeit begeht, sollte, wenn er dann infolge seiner Worte aufgeregten Menschen gegenübersteht und ihren Antworten ausgesetzt ist, nicht herumseufzen und skandalös weiterreden. Denn schließlich hat er mit den unpassenden Reden und Verhaltensweisen selbst angefangen. Er hat schließlich gegenüber vier bis fünf Milliarden Menschen diese Respektlosigkeit begangen. Und es ist nun einmal so, dass in einer so großen Gruppe auch Menschen sind, die emotional zu Überreaktionen neigen.

Wer im Glashaus sitzt …

Andererseits müssen wir als gläubige Seelen immer sehr achtsam mit unseren Worten, Verhaltensweisen und Haltungen umgehen. Bevor wir ein Wort sagen, müssen wir uns überlegen, in welcher Form diese Aussage zu uns zurückkehren kann. Deshalb sollten wir nicht sofort alles, was wir auf dem Herzen haben, unbedacht zum Ausdruck bringen. Ja, der Sinn der Worte, die den Mund verlassen, können von manchen hinterhältigen Menschen sehr unterschiedlich verzerrt werden. Das sollten wir niemals vergessen und wir sollten auch die Gefühle unserer Gesprächspartner stets mit einkalkulieren und auf diese Weise mit unseren Worten vorsichtig umgehen. Es ist ja so, dass, wer in einem Glashaus sitzt, nicht mit Steinen werfen sollte. Sonst schadet man eigenhändig dem eigenen Haus.

Der heilige Koran hat in dieser Frage einen Ratschlag:

وَلاَ تَسُبُّوا الَّذِينَ يَدْعُونَ مِنْ دُونِ اللهِ فَيَسُبُّوا اللهَ عَدْوًا بِغَيْرِ عِلْمٍ

„Und beschimpft nicht (o ihr Gläubigen) die Gegenstände und Wesen, die sie anstelle von Gott zu Göttern gemacht haben und anbeten, damit sie nicht (falls ihr es tut) versuchen, Gott zu beschimpfen aus Hass und in Unwissenheit.“ (al-An'ām 6: 108)

Ja, wenn Sie die Götzen Lat, Menat, Uzza, Isaf und Naile beschimpfen, dann werden sie Ihre Heiligtümer ebenfalls beschimpfen. Außerdem steht weder im Koran noch in der Sunna und auch nicht in den Auslegungen früherer Gelehrter auch nur ein Wort darüber, dass man die Ansichten oder die

Götzendiener selbst und ihre Götzen beschimpfen solle. Einen solchen Befehl oder eine solche Empfehlung gibt es nicht. Wenn Sie immer das Richtige sagen, wenn Sie Gottes Einzigkeit zum Ausdruck bringen und das ständig betonen, dann ist es eine andere Sache. Aber ein Gläubiger hat nicht die Aufgabe, Dinge, die in seinen Augen wertlos erscheinen oder banal wirken, zu kritisieren und zu erniedrigen. Es ist zu wünschen, dass wir das, was wir sagen wollen, stets nach den Kriterien des heiligen Koran und der Sunna sagen, ebenso das, was wir schreiben und tun wollen! Denn manche Haltungen und Verhaltensweisen, die in einer emotionalen Leere entstehen, können zu einem Rückschritt im Namen unserer Werte führen, und das würde sehr schwer wiegen.

Wie man sich sicher erinnern wird, gab es in der Geschichte einen Vorfall, bei dem unser hochheiliger Koran Opfer einer Beschimpfung wurde. Infolgedessen wurden an verschiedenen Orten Kirchen angegriffen, Gebäude beschädigt. Natürlich ist der Angriff auf den Koran Ausdruck von Ignoranz und Impertinenz. Aber die Reaktion auf eine solche Unverfrorenheit darf nicht der Angriff auf Kirchen sein, denn das ist Ausdruck einer anderen Form von Unausgeglichenheit.

Das ist der Grund dafür, dass bevor ein Mensch eine Haltung oder ein Verhalten an den Tag legt – wer es auch immer sein mag –, durch den er andere kränkt und verletzt, gründlich überlegen sollte, in welcher Form dies zu ihm zurückkehren könnte. Dann erst sollte er sagen, was er sagen will, tun, was er tun will. Die Menschen aber, die einer solchen Respektlosigkeit ausgesetzt werden, sollten ihre Reaktionen stets in einer positiven Form zeigen, sollten die Mittel der Wissenschaft und das Recht verwenden, um die Hässlichkeiten aus dem Weg zu räumen. Sie sollten niemals ihren guten Charakter opfern und in ihrem Stil Fehler begehen. Ja, man sollte sich immer zivilisiert verteidigen, ganz gleich, wie die Angriffe aussehen. Denn hinterher zu jammern, hat keinen Sinn.

Ich wünschte mir so sehr, dass in der Frage des Respekts gegenüber den Heiligkeiten ein internationaler Konsens zustande kommen könnte! Ich habe in dieser Angelegenheit versucht, meiner Stimme bei manchen Instanzen Gehör zu verschaffen. Doch wie es scheint, konnte ich mein Anliegen nicht besonders erfolgreich darstellen. In unserer heutigen Welt sind Meinungs- und Redefreiheit Begriffe, mit denen man sich intensiv auseinandersetzt. Aber leider sehen manche Kreise die Beschimpfung der Religion, der Religiosität und des Sakralen als Meinungs- und Redefreiheit an, während die gleichen Prinzipien der Beleidigung und Beschimpfung aber für andere Bereiche offensichtlich nicht gelten dürfen. Im Gegenteil, sie werden als Straftaten gesehen, die von Hass geleitet sind. Ein Gläubiger, der der eigentliche Vertreter von Sicherheit und Vertrauen auf der Welt sein sollte, wird niemals über einen anderen Menschen einfach so erniedrigende Worte sagen, erst recht nicht jemanden beschimpfen und verachten. Er wird wohl niemals auch nur solche Absichten hegen – das sollte in keinem Fall sein. Doch leider ist es so, dass die Gedanken- und Redefreiheit in manchen Bereichen offenbar erlaubt ist, während sie auf anderen Gebieten ganz offensichtlich verboten ist – und das ist eine Doppelmoral, eine verkehrte Sache. Und es ist eine Tatsache, dass das die glaubenden Seelen sehr tief verletzt.

Um es kurz zu sagen: Der Gedanke, die Heiligkeiten zu respektieren, sie zum Anliegen aller Menschen zu machen und im Namen der Menschheit dieses Gefühl in jedem Einzelnen zu erwecken, ist ein ernsthaftes Bedürfnis. Dieses Thema müsste endlich durch internationale Organisationen, die alle Nationen und Völker der Welt vertreten, ein für alle Mal in einer Form gelöst werden, dass kraft eines Machtworts kein Raum mehr für Debatten bleibt. Es müsste ein prinzipieller Konsens erzielt werden, der eine feste Abmachung bedeutet und einem bestimmten Fachbereich zugeordnet ist. Wenn es nur möglich wäre, dass sich die ganze Menschheit in dieser Frage einigen könnte! Wenn jeder seine Grenzen kennen und sie einhalten würde! Denn es ist ein wichtiges Prinzip des Zusammenlebens in Frieden, dass man die Heiligkeiten von anderen prinzipiell achtet. Denn wenn man sich nicht daran hält, entstehen in unserer heutigen,von Tag zu Tag kleiner und enger werdenden Welt Schwierigkeiten. Sie könnten immer größer und beängstigender werden und sich in noch größeren Problemen äußern.

Die Verschmelzung von Ost und West[32]

Die Verschmelzung von Ost und West im wahren Glauben und die Erlangung einer Schicksalsgemeinschaft wurden zu einem meiner wichtigsten Ziele und das Engagement meines Lebens. Wenn man mir in dem Augenblick sagen würde, in dem ich vor den Toren des Paradieses stünde, dass sich Ost und West geeinigt haben und zu einer Einheit wurden und sie sich in dieser Welt unter Wahrung ihrer eigenen Werte und im gegenseitigen Respekt verbündet haben, würde ich diese Nachricht als das größte Geschenk meines Lebens betrachten. Wer weiß, ich würde angesichts einer solchen guten Nachricht sogar darauf verzichten, ins Paradies einzutreten. Ich glaube sogar – so habe ich es einmal geträumt –, dass, wenn man mich für eine solche Mission ins Paradies aufnehmen und mir eine himmlische Tafel bereiten würde, ich mir wohl selbst sagen würde: „Ich muss hier wieder raus, denn ich will meine Gefühle und Gedanken, die ich mit meinen Tränen geknetet hatte, den Menschen erzählen. Denn es gibt sehr viel zu diesem Thema zu sagen. Um ihnen diese Wahrheiten erzählen zu können, will ich jetzt auch auf das Paradies verzichten." Und wenn es mir ermöglicht werden würde, würde ich das Paradies verlassen. Diese meine Gefühle und Gedanken mögen manchen Menschen als übertrieben erscheinen, vielleicht werden manche diese Gefühle als gekünstelt ansehen. Aber von den ersten Aufrichtigen bis hin zum Bediüzzaman unserer Zeit habe ich eine ganze Reihe von selbstlosen Menschen als Vorbilder vor mir. Bediüzzaman Said Nursi hat gesagt: „Weder strebe ich nach dem Paradies, noch habe ich Angst vor der Hölle. Für die Gemeinde, für den Glauben der fünfundzwan-

---

[32] Gülen, Fethullah: *Fikir Atlası (Fasıldan Fasıla-5)*, İstanbul: Nil, 2011, S. 102

zig Millionen Gemeinden türkischer Muslime ist nicht nur ein Said wert, sich zu opfern, es mögen tausend Said geopfert werden. Wenn unser heiliger Koran ohne Gemeinde auf der Welt zurückbleiben müsste, dann will ich auch das Paradies nicht, es würde mir zur Folter werden. Doch wenn ich den Glauben unseres Volkes gerettet wüsste, wäre ich bereit, im Höllenfeuer zu brennen. Denn während mein Körper brennt, würde meine Seele zum Rosengarten.“ Diese glänzende Gestalt hat diese Worte vor etwa siebzig, achtzig Jahren gesagt. Wäre es zu viel gesagt, wenn wir sie heute wiederholten?

Glossar

Abbasiden: Die zweite große Dynastie der islamischen Welt, die von 750 bis 1517 weiterbestand.

Apostat/Murtad: Ein Abtrünniger, der vom islamischen Glauben abgefallen ist bzw. der sich vom Islam abwendet.

Aschura: Der zehnte Tag des islamischen Monats Muharram, der erste Monat im Kalender. An diesem Tag bereiten die Muslime ein Dessert zu und verteilen dieses vor allem unter den Nachbarn und Freunden. Die Schiiten gedenken an den Tod des dritten Imam Husain, der während der Schlacht von Kerbela starb.

Charta von Medina: Damit ist die Verfassung von Medina gemeint, welche zwischen dem Propheten Muhammed und der Bevölkerung von Medina nach der Auswanderung (Hidschra) erstellt wurde.

Derwisch: Ein Sufi, der einer asketischen Ordensgemeinschaft angehört.

Dschahiliyya/Cahiliye: Zeit der Unwissenheit, besonders die vorislamische Zeit, in der die Araber Götzen anbeteten.

Fiqh: Erkenntnis oder Einsicht. Die Wissenschaft, die sich mit der islamischen Normenlehre auseinandersetzt.

Hadith: Äußerungen, Taten und Billigungen des Propheten Muhammed zu bestimmten Themen, die von Aussagen über das Leben nach dem Tode über Prophezeiungen bis hin zu programmatischen Mitteilungen etwa über die Poesie, Medizin oder Hygiene reichen.

Hadsch/Pilgerfahrt: Eine der fünf Grundsäulen des Islam. Jeder erwachsene Muslim, der finanziell und gesundheitlich in der Lage ist, die Pilgerfahrt anzutreten, ist verpflichtet, einmal im Leben nach Mekka zu pilgern.

Hisbe Teskilatı: Eine Institution, die vom zweiten Kalifen Umar ausgehend vom Koranvers (9: 71) konstitutiert wurde, um das Gute zu gebieten und das Schlechte zu verbieten. Sie kann als Urform des Ordnungsamts gesehen werden.

Idschtihad: Idschtihad ist ein Begriff im islamischen Recht, der die durch eigene Anstrengung erreichte Rechtsnorm bezeichnet.

Iktirān: Das Vorhandensein zweier Gaben (nebeneinander).

Ilmihal: Ein Buch, das die Grundfragen des islamischen Glaubens und Verhaltens beinhaltet. In ihm steht, wie der Muslim sich in diversen Gottesdiensten zu verhalten hat.

Istinbāt: Istinbāt ist die Ableitung von bestehenden Regelungen in neue Rechtsfragen aus dem Koran und der Sunna.

Madschalla: Gesetzessammlung, das von 1868 bis 1926 in Kraft gewesene türkische bürgerliche Gesetzbuch.

Märtyrer: Ein Muslim, der bei der Verteidigung seines Landes, seines Lebens, seines Eigentums, seiner Familie oder während eines sozialen bzw. wohltätigen Einsatzes stirbt.

Rechtsschulen: Es gibt vier anerkannte sunnitische Rechtsschulen: Hanafiten, Schafiiten, Malikiten, Hanbaliten.

Risale-i Nur: Ein Korankommentar, der von Bediüzzaman Said Nursi verfasst wurde. Er stammt aus 130 Schriften und umfasst 14 Bände mit über 6500 Seiten.

Rituelle Waschung: tr. Abdest. arab. Wudu': Eine rituelle Reinigung, die jedem Muslim vor dem Gottesdienst obliegt. Ohne die rituelle Waschung vorzunehmen, ist der Gottesdienst untersagt.

„Selâmün Aleyküm – Aleyküm Selâm": Islamischer Friedensgruß. Sehr üblich unter den Muslimen bei der Begegnung. Er bedeutet: „Gott möge Frieden über euch bringen, lebt in Frieden und in Sicherheit."

Sohbet: Gesprächskreis, in dem sich Muslime u. a. über religiöse Angelegenheiten unterhalten, diese diskutieren und analysieren.

Stadt Hunayn: liegt in Saudi-Arabien in der Nähe von Taif.

Uhud: Vorort von Medina, wo die zweite Schlacht zwischen den Mekkanern und Medinensern im Jahre 625 stattfand.

usul al-fiqh: Grundlagen der islamischen Normenlehre. Die Wissenschaft, die sich mit den Quellen und Methoden des Fiqh beschäftigt.

Umayyadan: Die erste Dynastie der islamischen Welt, die von 660 bis 1031 andauerte.

Nafs-Kategorien:

Lawwama: Die sich selbst tadelnde Nafs. Die Seele hat hier die Fähigkeit, die Fehler zu sehen, und tadelt sich selbst, um diese zu beseitigen.

Mutmainna: Die Seele, die die Vollkommenheit und somit die Zufriedenheit Gottes erzielt hat.

Ammara: Die Seele, die die Kontrolle über den Menschen zu gewinnen versucht. Dieser befiehlt das Böse und muss gebändigt werden.

Werke:

Al-Kutub as-sitta: dt. die sechs (authentischen) Hadith-Bücher. al-Buchari, Ebû Dâvud, An-Nasa', Ibn Madscha, Tirmizi und Sahih Muslim.

Al-Mustadrak: verfasst von al-Hakim im Jahre 393

Ni'metu'l-Islam: dt. Segen des Islam. Ein Buch über die Grundzüge des islamischen Glaubens, das vom Mehmed Zihni Efendi verfasst wurde.

Multekâ: Ein Werk über das hanafitische Rechtssystem. Es wurde verfasst vom hanafitischen Gelehrten Ibrahim b. Muhammed el-Halebi (gest. 956).

Majma al-Zawa'id: Ein Hadithwerk, das um die 20.000 Hadithe umfasst. Das besondere an diesem Werk ist, dass es seltene Hadithe beinhaltet. Der Verfasser ist Nuraddin al-Haysami.

Sunan al-Daraqutni: verfasst vom Hadith-Gelehrten al-Daraqutni (gest. 995).

Gelehrte/Philosophen:

Haysami: 1335 u. Z. Ein klassischer wichtiger Hadith-Gelehrter.

Tahawi: gest. 933. u. Z. Ein islamischer Rechts- und Hadithwissenschaftler. Er gilt als großer Kenner aller Rechtsschulen und machte sich als Jurist in Ägypten einen Namen, in dem er Rechtsverträge verfasste.

Yahya b. Sa'id al-Qattan: gest. 813 u. Z. Hadith-Überlieferer, der sowohl bei den Sunniten als auch bei den Schiiten als glaubwürdig eingestuft wird.

Al Farabi: gest. 950 u. Z. Auch bekannt als Alpharabius und Avenassar. Ein muslimischer Philosoph und Gelehrter, der mit Aristoteles verglichen wird.

Propheten:

Schuaib: Prophet, der ein Enkel Abrahams war. Seine Großmutter war eine Tochter Lots. Er wurde zu Midyan gesandt. Er war ein ausgezeichneter Redner. In der Bibel hat er den Namen Jithro.

Al-Khidr: Ein Heiliger, der in Notsituationen zu Hilfe kommt.

Moses: Der Sohn Imrans. Ein bedeutender Prophet in der islamischen Religion. Er hat die Bezeichnung Kelimullah, was „Der, mit dem Gott gesprochen hat" heißt. Diesen Beinamen bekam er, weil er laut Koran, auf dem Berg Tur mit Gott gesprochen hat.

Davūd: Der Prophet David, der nach dem Tode Samuels das Prophetenamt erhielt und nach dem Tod seiner Schwiegervaters Talut König der Israeliten wurde. Gott offenbarte ihm den Psalmen.

Kalifen:

Abū Bakr. Der erste Kalif des Islam. Er war aufgrund seiner Loyalität berühmt, woraufhin er auch den Beinamen As-Siddiq, der Loyale erhielt. Er regierte zwei Jahre, von 632 bis 634.

Umar: „Umar ibn Khattab", der zweite Kalif des Islam. Er regierte zwischen 634 und 644. Ein sehr großer Staatsmann und gleichzeitig äußerst frommer und gerechter Mann.

Uthman: Der dritte Kalif des Islam, der von 644 bis 656 regierte. Während seiner Regentschaft wurde der Koran standardisiert.

Ali ibn Abi Talib: Der vierte Kalif und der Neffe des Propheten Muhammad. Er regierte von 665 bis zu seiner Ermordung im Jahre 661.

Persönlichkeiten:

Fuzūli oder Fuḍūlī: gest. 1556 in Bagdad. Ein türkischsprachiger osmanischer Diwan-Dichter.

Necip Fazil Kisakürek: gest. 1983 in Istanbul. Türkischer Schriftsteller, Dichter und Philosoph.

Abdulkadir Geylani: gest. 1166 in Bagdad. Ein hanbalitischer Gelehrter und Sufi, auf ihn geht der Qadariyya-Orden zurück.

Naqshibandi: gest. 1389 in Buchara/Usbekistan. Gründer der Naqshibandiyya-Orden.

Abdulhamid II.: gest. 1918 in Istanbul. Er war von 1876 bis 1909 Sultan des osmanischen Reiches.

Nasreddin Hodscha: gest. 1284. Ein anatolischer Gelehrter, Weiser, Philosoph mit einem Sinn für Humor. Auch zu vergleichen mit Till Eugenspiegel.

Hadschi Bektasch Wali: Ein muslimischer Mystiker aus Khorasan, der Mitte des 13. Jahrhunderts lebte. Nach ihm ist der Bektaschi-Derwisch-Orden benannt.

Mehmet Akif Ersoy: gest. 1936 in Istanbul. Der Verfasser der türkischen Nationalhymne.

Hasan Schazili: gest. 1258 in Ägypten. Ein einflussreicher islamischer Gelehrter und Sufi. Er gründete den Schaziliyya-Orden.

Imam Rabbani: gest. 1624. Der eigentliche Name ist Ahmad Sirhindi. Ein berühmter islamischer Gelehrter der hanafitischen Rechtsschule.